すぐに役立つ

◆入門図解◆

最新 告訴・告発・刑事トラブル
解決マニュアル

弁護士 木島 康雄 監修

三修社

本書に関するお問い合わせについて

　本書の記述の正誤、内容に関するお問い合わせは、お手数ですが、小社あてに郵便・ファックス・メールでお願いします。お電話でのお問い合わせはお受けしておりません。内容によっては、ご質問をお受けしてから回答をご送付するまでに1週間から2週間程度を要する場合があります。

　なお、本書でとりあげていない事項や個別の案件についてのご相談、監修者紹介の可否については回答をさせていただくことができません。あらかじめご了承ください。

はじめに

　日々のニュースや新聞を見ていると、発生した事件に対する警察の捜査や、刑事裁判の様子を伝えているものがたくさんあります。ある日、事件に巻き込まれ、刑事事件の被害者や加害者になるかも知れないというおそれは、だれにでもあります。そのような時でも、刑事事件の捜査や手続について知っておくことで、焦らずに冷静な対応が可能になります。また、裁判員制度が導入されて以降、一般市民が刑事裁判への参加が求められているため、制度の理解はもちろん、刑事手続のしくみを十分に理解しておく必要があります。

　本書は、刑事事件の捜査や裁判の手続について定めている刑事訴訟法の規定を中心に、刑事手続の知識を十分に持っていない方でも理解できるように、刑事手続の全体をわかりやすく解説しています。

　第3章から第5章では、76のケースをとりあげ、それを解決していく形で、具体的な事例の下で、刑事事件の当事者がどのように行動すべきなのかを示すよう心がけました。交通事犯や加害者が少年であるような場合には、一般の刑事手続とは異なる過程を経る部分も多いのですが、ケースに対する回答を読み進めて頂くことで、特徴的な手続に関しても、無理なく理解できるようになっています。

　なお、平成29年に改正された刑事訴訟法についても、取調べの可視化や通信傍受など、重要な法制度をとりあげると共に、平成30年6月に導入が予定されている、日本版の「司法取引」と言われる、証拠収集などへの協議・合意制度や、刑事免責制度について、制度の全体像を平易に解説しました。

　本書を通じて刑事手続の理解を深め、必要な時に解決のお役に立てて頂ければ幸いです。

監修者　弁護士　木島　康雄

目　次

はじめに

第1章　民事事件と刑事事件の違い

1　訴訟には民事と刑事がある　　　　　　　　　　　　　10

2　犯罪とはどんなものなのかを概観しておこう　　　　　13

3　軽犯罪法について知っておこう　　　　　　　　　　　15

4　ストーカー規制法について知っておこう　　　　　　　17

5　被害届はどうやって出すのか　　　　　　　　　　　　19

6　告訴・告発はどのように行うのか　　　　　　　　　　21

7　告訴状・告発状の記載事項を知っておこう　　　　　　23

8　告訴人・告発人はどのように対応すべきか　　　　　　28

9　刑事訴訟の全体像をつかもう　　　　　　　　　　　　32

10　刑事手続きにかかわる当事者について知っておこう　　37

第2章　捜査から起訴・判決までの流れ

1　捜査のしくみについて知っておこう　　　　　　　　　42

2　捜査活動のきっかけになるものとは　　　　　　　　　45

3　取調べや任意同行・実況見分・鑑定について知っておこう　48

4　逮捕について知っておこう　　　　　　　　　　　　　54

5　逮捕後はどうなるのか　　　　　　　　　　　　　　　57

6　留置場や拘置所について知っておこう　　　　　　　　61

7　別件逮捕・勾留について知っておこう　　　　　　　　64

8　証拠を集めるための捜査にはどんなものがあるのか　　66

9　警察や裁判所から呼出しを受けたらどう対応すればよいのか　70

10　被疑者に認められている権利について知っておこう　　72

11　起訴するかどうかは検察官が決める　　　　　　　　　75

12　起訴状によけいなことを書いてはいけない　　　　　　79

13	公判の3大原則を知っておこう	82
14	公判の流れを見てみよう	87
15	誤った裁判を防ぐにはどうしたらよいのか	90
16	判決が確定した場合の効力や上訴・再審について知っておこう	96
Column	えん罪の悲劇とえん罪防止に向けた努力	100

第3章　犯罪被害者になった場合はどうする

相談 1	犯罪に対してどのような種類の刑罰があるのか	102
相談 2	正当防衛で相手にケガをさせてしまった	103
相談 3	酒ぐせの悪い男にケンカをふっかけられそうで怖い	104
相談 4	暴力団の組員から用心棒代を要求された	105
相談 5	ストーカー行為にはどう対応するのか	106
相談 6	ちかん被害にあった場合に示談交渉に応じるべきか	107
相談 7	盗撮被害にあった場合の責任追及	108
相談 8	宅配便を装った犯人にレイプされて傷害を負った場合の処罰	109
相談 9	いたずら電話で店の業務を妨害された	110
相談10	会社のコンピュータが何者かに侵入された	111
相談11	不正アクセスによるなりすましの被害	113
相談12	クレジットカードを不正に使用されたらどうしたらよいか	115
相談13	ネット掲示板で中傷された	116
相談14	ライバル業者の営業妨害行為を訴えたい	117
相談15	ピッキングによる被害にあった場合	118
相談16	腕時計を友人に貸したがその弟に勝手に処分された	119
相談17	強制わいせつにあったが刑事告訴の手続きを教えてほしい	120
相談18	時効により犯人が起訴されない場合	121
相談19	ひったくりの犯人が不起訴処分となった	122
相談20	犯人を現行犯逮捕しようとして死傷した場合	123
相談21	犯罪被害者を救済する制度の手続きを教えてほしい	124

| 相談22 | 夫のドメスティック・バイオレンスにどう対応すべきか | 125 |
| 相談23 | 保育士の体罰で子どもが死亡した場合 | 126 |

第4章 被疑者になった場合はどうする

相談1	返すつもりで顧客の預金を引き出したら横領罪になるのか	128
相談2	公務員の退職祝いに現金を贈るとどうなるのか	129
相談3	盗品を買い取ると犯罪になるのか	130
相談4	グルメサイトへの書き込みは業務妨害罪にあたるのか	131
相談5	ちかんに間違われた場合にはどうなるのか	132
相談6	ちかんとえん罪被害への賠償請求	134
相談7	ファイル共有ソフトの開発とインストールした場合の刑事責任	135
相談8	ウイルス供用罪の成否	136
相談9	裁判ではどのようにして刑罰が決められるか	137
相談10	裁判官はどのようにして刑を決めるのか	138
相談11	長男が逮捕されて警察から呼出しを受けた	139
相談12	自動車・自転車の検問にあったときの対応	140
相談13	任意同行を求められ長時間の取調べを受けた	141
相談14	人身事故を起こして警察の取調べを受けているが	142
相談15	警察官に呼び止められ所持品検査をされた	143
相談16	別件逮捕後の取調べで自白を迫られている	144
相談17	警察の取調べの後、検察庁からも呼び出された	145
相談18	人身事故で逮捕された家族と面会したい場合	146
相談19	ケンカで逮捕されたので弁護士を頼みたい	147
相談20	横領で逮捕されたが釈放されることはないのか	148
相談21	誤認逮捕された場合どのように対処すればよいのか	149
相談22	加害者として起訴されたがどのような準備が必要か	150
相談23	司法取引はどんな場合に認められるのか	151
相談24	執行猶予の判決とはどういうものなのか	152
相談25	罰金刑でも執行猶予がつけられる場合があるのか	153

相談26	人違いの起訴や判決文の読み間違えをした場合はどうなる	154
相談27	無罪判決を受けたので刑事補償を請求したい	155
相談28	一審で無罪となったが検察官に控訴されるとどうなるのか	156

第5章　こんな場合も犯罪になるのか

相談1	道路交通法違反で刑罰に科せられる場合	158
相談2	交通違反で懲役刑になる場合もあるのか	160
相談3	道路標識の見えない場所で交通違反をした	161
相談4	軽微な交通事故でも逮捕される場合があるのか	162
相談5	反則行為の内容と反則金の額に不服がある	163
相談6	反則金の納付だけではすまされない場合	164
相談7	過失運転致死傷罪が成立する場合	165
相談8	危険運転致死傷罪が成立する場合	167
相談9	てんかんなど意識障害を伴う持病と自動車運転	169
相談10	飲酒運転と自動車運転死傷行為処罰法	171
相談11	飲酒運転はどのように処罰されるのか	173
相談12	当事者ではない指導医や責任者は一切責任を負わないのか	175
相談13	急病死の原因が知りたいが、解剖を依頼できるのか	176
相談14	責任逃れのために医療記録を改ざんした医師を許せない	177
相談15	会社ぐるみで犯罪をしているので内部告発したい	178
相談16	デートクラブで女子児童といっしょにいたら摘発された	180
相談17	ホームページにわいせつな写真を載せると罪に問われるのか	181
相談18	個人で鑑賞する目的で外国のポルノを送ってもらったが	182
相談19	子どもが性的な被害に遭ったときはどうすればよいのか	183
相談20	警察から子どもに呼出しがあったときの対応	184
相談21	少年の起こした犯罪が刑事処分となるのは	185
相談22	17歳の息子が事件を起こして警察に保護された	186
相談23	16歳の息子が逮捕されたので弁護士をつけたい	187
相談24	直接的な加害者を特定できない	188

| 相談25 | 共謀罪とはどんな法律なのか | 189 |
| 資料 | 刑法上のおもな犯罪 | 190 |

第6章　裁判員制度・少年事件・その他の手続き

1	裁判員制度はどのようなしくみなのか	192
2	裁判員選任の流れを知っておこう	196
3	裁判員が参加する裁判・評議について知っておこう	201
4	少年法について知っておこう	205
5	弁護士をどうやって探せばよいのか	211
6	犯罪の被害者を救済する制度について知っておこう	213

第7章　民事事件の手続きと賠償制度の知識

1	民事上の損害賠償とはどんなものなのか	218
2	不法行為と損害賠償について知っておこう	220
3	損害にはどのようなものがあるのか	223
4	損害賠償請求権が時効消滅するのはどんな場合なのか	226
5	過失相殺と損益相殺について知っておこう	228
6	賠償問題を解決する法的手段について知っておこう	230
7	通常訴訟手続きの流れはどうなっているのか	235
8	交通事故の責任について知っておこう	238
9	交通犯罪についての刑事手続きを知っておこう	242
10	交通事故の示談交渉で必要なことは何かを知っておく	244
11	示談書の上手な作成のしかたを知っておこう	247
12	医療事故について知っておこう	251
Column	困ったときは交通事故相談所を利用する	255

第1章

民事事件と刑事事件の違い

1 訴訟には民事と刑事がある

刑事と民事は別個の手続きで裁判が行われる

民事事件と刑事事件がある

一口に「相手を訴える」といっても、大きく分けて2つの方法があります。1つは、**民事事件**として訴えること、もう1つは、**刑事事件**として訴えることです。この2つは、目的も手続きもその内容も根本的に違います。

民事事件は、貸した金を返してほしい、土地・建物を明け渡してほしい、損害賠償金を支払ってほしい、離婚してほしい、というような、日常生活から生じるさまざまな紛争に関するものです。これらのトラブルが話し合いで解決できないときに、裁判所に原告（訴えた側）と被告（訴えられた側）のどちらの言い分が正しいかという判断を求めます。

裁判所の判断が下されても、なお相手が従わない場合には、国の力で自分の権利を強制的に実現してもらいます。これを**強制執行**といいます。

一方、刑事事件は、刑罰法令に違反する行為をした者に対して、国家が刑罰を科すものです。刑事事件で相手を訴えるということは、犯罪行為で被害を受けた人などが、その相手に刑罰を与えてほしい、と司法機関（警察や検察）に申し出ることです。捜査を経て、検察官が被疑者（犯罪を犯した疑いのある者）を起訴すると、被疑者は被告人として裁判所の審理を受けることになります。

民事か刑事かを見きわめる

たとえば、詐欺にあって300万円

民事事件と刑事事件

事件発生
- 民事 ●訴えたいときは
  訴額（請求金額）に応じて
  簡易裁判所か地方裁判所へ訴える
- 刑事 ●訴えたいときは
  警察や検察に被害届や告訴状を出す

だましとられたとしましょう。この場合、警察がこの事件を捜査していなければ、相手を詐欺罪で告訴するか、被害届（19ページ）を出します。しかしそれは、だましとられた300万円を返せ、と請求したことにはなりません。お金を返してほしければ、別に民事事件として損害賠償の請求をしなければならないのです。

このように、刑事事件と民事事件では、基本的に直接の関係はありません。同じ事件でも、手続は別個に進められます。刑事事件になったからといって、相手に損害賠償を請求したことにはなりませんし、民事事件で訴えたからといって、相手を告訴したことにもならないのです。

たしかに、賠償が必要な民事事件は、同時に刑事事件になる場合もあります。しかし、民事上の問題だけで、刑事上の問題にならない紛争もたくさんあります。相手を訴える場合、民事事件にするか刑事事件にするかを、はじめにしっかり見きわめることが大切です。民事と刑事の両面をもつような事件では、この両面から厳しく相手の責任を追及することになります。

たとえば、お金を支払ったのに売主が品物を引き渡さず、売主が代金を持ち逃げして行方不明である場合について考えると、刑事事件では詐欺として警察に被害を届け出て、売主の捜索をしてもらいます。その後、警察に売主が逮捕されたら、民事事件として売主に対して損害賠償請求をします。

刑事訴訟法の役割とは

刑事訴訟法は、刑事事件を処理する際の手続について定めた法律です。

こうした刑事事件を引き起こした者は、**刑法**などに基づき刑罰を科されることが予定されています。

訴訟の当事者

しかし、刑罰を科す前提として、犯罪があったのかなかったのか、犯罪者と疑われている者（被告人）が本当に犯罪を行ったのかどうか、を確定する作業が必要になります。

犯罪に関する事実を明らかにして、明らかになった事実に刑法などを適用してはじめて、刑罰を科すことができるわけです。

刑事事件の手続というと、裁判所の審理を指すと考える人も多いと思いますが、刑事訴訟法は、その前提である、犯罪の捜査に関しても規定を置いています。

訴訟とは何か

犯罪事実の認定と刑罰を科す作業は、**訴訟**という方法を通じて行われます。訴訟とは、争いごとに対して、裁判所が中立的な立場から、解決のための基準を強制的に与える手続をいいます。

このことを刑事事件に則していうと、刑事事件では、国家（検察官）と犯罪者と疑われている者（被告人）との間の法律上の争いに対して、裁判所は、公正・中立な第三者の立場から、検察官の主張を認めて有罪にするのか、それとも被告人の反論を肯定して無罪にするのかを決めます。有罪にする場合には、どんな刑罰を科すべきかを判断し、最終的に、それを両者に対して示すことになります。この裁判所の判断は、強制的な力をもっています。

こうした刑事事件に関する訴訟を刑事訴訟といい、そのルールについて定めたのが刑事訴訟法です。

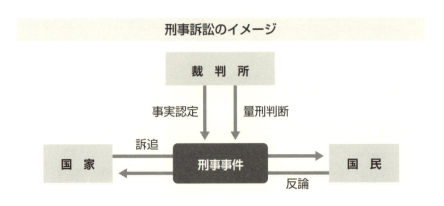

刑事訴訟のイメージ

2 犯罪とはどんなものなのか を概観しておこう

法律で新たに処罰されることになる犯罪もある

犯罪とは何か

犯罪というのは、簡単に言えば、刑罰を科せられる行為のことです。具体的にどのような行為が犯罪となるのかについては、刑法をはじめとする刑罰法令に定められています。

ここでは、刑法で定められているおもな犯罪について、ざっと見てみていきましょう。

個人の利益を侵害する罪

個人の利益を侵害するものとして、次のような犯罪があります。

① 生命・身体に対する罪

殺人罪、暴行罪、傷害罪など、個人の生命・身体を侵害する犯罪のことです。胎児の生命・身体を侵害する堕胎罪もこれに含みます。

その他、実際はそのような意思はないのに、心中すると思い込ませて相手を殺した場合、同意殺人罪が成立するかどうかなどが問題になります。

② 自由及び私生活の平穏に対する罪

個人の行動の自由や意思の自由や、個人の平穏な生活を侵害する犯罪の

ことです。逮捕・監禁罪、脅迫罪、略取・誘拐罪、強制わいせつ罪、強制性交等罪（強姦罪）、住居侵入罪などがこれにあたります。

③ 名誉・信用に対する罪

個人の名誉を侵害する犯罪として、名誉毀損罪と侮辱罪があります。また、個人の信用・業務を侵害する犯罪として、信用毀損罪と業務妨害罪があります。

④ 財産に関する罪

窃盗罪、強盗罪、詐欺罪、恐喝罪、横領罪、盗品等譲受け罪、毀棄・隠匿罪などは、個人の財産を侵害する犯罪です。これらはまとめて、財産犯（財産罪）と呼ばれることもあります。

社会全体の利益を侵害する罪

個人の利益ではなく社会全体の利益に対する罪として、次のようなものがあります。

まず、不特定または多数の人々の生命・身体・財産を危険にさらすことになる放火罪が挙げられます。ま

た、通貨や文書に対する人々の信用を破壊する通貨偽造罪、文書偽造罪、有価証券偽造罪などが設けられています。その他、社会の健全な風俗を保護するために、わいせつ物陳列罪や賭博罪などが規定されています。

国家の利益を侵害する罪

国家の存立や作用を侵害する行為も犯罪となります。国家の存立そのものを侵害する犯罪としては、内乱罪が挙げられます。

国家の作用を侵害する犯罪としては、公務執行妨害罪、偽証罪、贈賄罪、収賄罪などがあります。国家の作用とは、国会が行う立法、裁判所が行う司法、内閣が行う行政の各作用のことです。こうした国家の作用が円滑で公正に行われるように、これらの犯罪が規定されています。

新たな処罰規定の創設

以上のように、刑法にはさまざまな行為が犯罪として規定されています。ただ、法の盲点をついた悪質な行為が後を絶たず、現行の刑法では対応しきれなくなっているのも事実です。

そこで刑法やその他の刑罰法令（特別法）に新たな処罰規定が設けられることもあります。たとえば、自動車の運転中に人身事故を起こしたときは、「自動車の運転により人を死傷させる行為等の処罰に関する法律」（自動車運転死傷行為処罰法）に基づき、自動車運転過失致死傷罪などが適用されます。また、コンピュータウイルス（ウイルス）を悪用した犯罪を取り締まるため、平成23年の刑法改正で「ウイルスに関する罪」（不正指令電磁的記録に関する罪）が追加されています。

刑法上のおもな犯罪

個人の利益を 侵害する罪	殺人罪、暴行罪、傷害罪、強制性交等罪、住居侵入罪、 名誉毀損罪、窃盗罪、強盗罪、詐欺罪、横領罪 など
社会全体の利益を 侵害する罪	放火罪、通貨偽造罪、文書偽造罪、 ウイルスに関する罪（不正電磁的記録に関する罪） 有価証券偽造罪、わいせつ物陳列罪、賭博罪 など
国家の利益を 侵害する罪	内乱罪、公務執行妨害罪、偽証罪、贈賄罪、収賄罪 など

3 軽犯罪法について知っておこう

一定の軽微な行為でも犯罪と判断される場合がある

どんな法律なのか

　軽犯罪法は、刑法犯に比べて軽微な犯罪行為に対する罰則を定めた法律です。刑法犯に比べて軽微であるというのは、おもに社会の秩序を維持する目的で一定の行為を犯罪行為と規定しており、やや道徳的な規範だということです。つまり、刑法犯は、社会の秩序維持という目的と同様に、大前提として、個人の生命や身体を代表とする、法益に対する侵害を禁止するための法規範だといえます。したがって、道徳的に好ましくない行為であるからといって、必ずしも刑法犯として規定されているわけではなく、むしろ刑法が規定する刑罰の発動は控えめであるべきだと考えられています。

　たしかに、法益を侵害する行為（侵害する危険がある行為）について、あらかじめ刑罰を与えることを明示しておくことで、一般国民に対して、いかなる行為を行えば犯罪行為として処罰されるのかが明らかにされ、人々の行動の自由を保障するこ

とができます。しかし、法益を侵害する行為を防止するだけでは、道徳的に非難に値する行為を行った場合に、処罰の対象にすることができず、一般国民の円滑な生活の支障になる可能性があります。そこで、刑法犯よりも軽微な行為を対象に罰則を加えることで、より人々が道徳的な規範を守るよう促し、社会生活の円滑化を支える役割を果たしています。

どんなことを規定しているのか

　軽犯罪法は、思わぬ行為が犯罪行為として規定されているため、何気なく行っていることが、実際には犯罪行為にあたる場合がありますので、注意が必要です。

　たとえば、軽犯罪法は「正当な理由がなく」刃物、鉄棒、その他人の生命を奪ったり、人の身体を傷つけるおそれがある器具を携帯していた場合に、処罰の対象になると規定しています（1条2号）。したがって、ナイフ等はわかりやすい例といえますが、場合によっては金属バットを

第1章　民事事件と刑事事件の違い

15

持ち歩いているだけで、処罰される
おそれがあります。また、判例にお
いては、催涙スプレーについても、
人の身体を傷つけるおそれがある器
具として認められています。

　また、公園その他の多くの人が集
まる場所で、たん・つばを吐いたり、
大小便を行うなどの行為が処罰の対
象に含まれます。

■どんな罰則があるのか

　軽犯罪法は、軽微な犯罪行為に対
して、拘留や科料を科すことを定め
ています。拘留とは、1日以上30日
未満の刑事施設における身体拘束の
ことを指し、科料とは、1000円以上
10000円未満の金銭を納めることを
命じる刑罰です。

　また、平成29年の犯罪白書では、
検察庁新規受理人員（検察官が独自
で認知した事件や、警察から送致・
送付された事件の人員）は、他の特
別刑法犯のうちの、2.1%にあたる割
合を占めています。

　なお、日常生活に関連する行為を
適用対象に含めている軽犯罪法は、
運用方法によっては、捜査機関が別
件逮捕として、軽微な犯罪行為であ
る軽犯罪法違反として、逮捕に踏み
込む場合があります。そこで、軽犯
罪法は、明文規定で、国民の権利を
侵害することを禁じ、本来の目的以
外の方法により、捜査機関が軽犯罪
法を濫用することを禁止しています
（4条）。

軽犯罪法が定める犯罪行為

軽犯罪法の規定

① 公共の安全や秩序に関する罪
　【例】公共の場所での大小便など

② 風俗や衛生に関する罪
　【例】潜伏、盗撮行為など

③ 身体や自由に関する罪
　【例】つきまとう行為など

④ 財産や業務に関する罪
　【例】他人の業務への悪戯行為など

4 ストーカー規制法について知っておこう

つきまとい等やストーカー行為が処罰される

どんな法律なのか

特定の人に対する恋愛感情が満たされないために、つきまとうなどの行為を続けた結果、被害者に対する心理的なプレッシャーを与えることはもちろん、場合によっては生命・身体を脅かすような事件が相次いで発生していました。

そこで、これらの行為に対して、規制を及ぼすために、「ストーカー行為の規制等に関する法律（**ストーカー規制法**）」が2000年に施行されました。ストーカー規制法は、ストーカー行為などを規制し、被害者の身体・自由・名誉に対する危害の発生を防止し、国民の生活の安全と平穏を守ることを目的にしています。

しかし、その後もストーカーによる被害は増加しており、2017年版犯罪白書によると、2016年にストーカー規制法により検挙された者の人数は769人にのぼり、2007年と比べると約3倍にも増加しています。ストーカー被害はいまだに深刻な状況にあります。

どんなことを規定しているのか

ストーカー規制法が規制の対象としている行為は、大きく①「つきまとい等」と、②「ストーカー行為」の2つに分類することができます。

「つきまとい等」とは、特定の人に対する恋愛感情や好意などが満たされなかったことから、怨恨の感情を抱き、それに基づいて行う8類型の行為を指します（8類型の行為については106ページ参照）。2016年の改正により、拒否している相手に、ブログやSNSなどを利用してメッセージを連続して送信する行為も「つきまとい等」に含まれています。

なお、軽犯罪法においても、つきまとう行為は処罰の対象として規定されていますが、軽犯罪法におけるつきまといについては、行為者が被害者に対して恋愛感情等を持って行為に及んでいることは要件ではありませんので、注意が必要です。

そして、「ストーカー行為」とは、同一の被害者に対して「つきまとい等」の行為を「反復」して行うこと

第1章　民事事件と刑事事件の違い

17

で、それが被害者の身体の安全、住居等の平穏、名誉が侵害されたり、被害者の行動の自由が著しく侵害されると不安に思わせる方法によって行われた場合を指します。

なお、軽犯罪法に規定するつきまとい行為は、反復していなくても規制の対象になりますが、ストーカー行為であると認められるためには、つきまとい等が繰り返しされると共に（反復）、被害者の身体等や行動の自由を侵害する程度が強い態様により行われる必要があります。

どんな刑罰が科されるのか

ストーカー規制法が規定する罰則も「つきまとい等」と「ストーカー行為」では取扱いが異なります。「つきまとい等」には、いきなり罰則が適用されるわけではなく、被害者は、行為者に「つきまとい等を中止せよ」と警告を行うよう警察本部長等に対し申出を行う必要があります。この申出を警察本部長等が認めると、行為者に警告を発します。

また、行為者がつきまとい等をして被害者に不安を覚えさせていると認めるときは、被害者の申出または職権により、公安委員会が行為者に禁止命令等を発します。

そして、警告違反には罰則がないのに対し、禁止命令等違反には罰則があります。つまり、行為者が禁止命令等に違反すると、6か月以下の懲役または50万円以下の罰金が科されます。さらに、行為者が禁止命令等に違反してつきまとい等を止めず、ストーカー行為をすると、2年以下の懲役または200万円以下の罰金が科されます。

一方、「ストーカー行為」をした行為者に対しては、禁止命令等を経ることなく、直ちに1年以下の懲役または100万円以下の罰金を科することができます。

相談先や対処法

実際にストーカー被害に遭った場合、被害者が直接行為者に対して働きかけることは、得策ではありません。ストーカー行為の態様が悪化する場合や、ストーカー行為から転じて殺傷事件に至ったケースもあります。警察署では、ストーカー行為に対する相談窓口を設けていますので、被害に遭った場合には、警察署に相談しましょう。また、弁護士等に相談することで適切なアドバイスを受けることも期待できます。

5 被害届はどうやって出すのか

複雑な事件の場合は専門家に相談する

まずは被害届から

犯罪の被害にあった場合、被害者としては「犯人を逮捕して刑事罰を与えてほしい」と強く望むことでしょう。

犯人を逮捕してもらうためには、まず、その犯罪の存在を警察や検察などの国家権力に知らせる必要があります。

その代表的な例は、警察の窓口に提出する**被害届**です。被害届は通常、警察の窓口で渡される書類に犯罪の内容を詳しく書いて提出します。警察が被害者から状況を聞いて、それを代筆し、被害者に確認させて作成するケースもあります。被害届の提出には費用もかかりませんから、犯人の処罰を望むのであれば利用するとよいでしょう。

告訴という方法もある

被害届の提出と同じように国家権力に犯罪の事実を知らせるものとして、被害者やその親族が検察や警察に対して加害者を刑罰に処してほしいと申し出る**告訴**という方法もあります。こちらも費用はかかりません。

告訴の際に提出する告訴状（26ページ）は、被害届と比べると法律的な知識が必要になります。そこで、特に当事者の関係が複雑であったり、犯罪の内容等が難しい事件では、弁護士に告訴状の作成を依頼する必要が出てきます。この場合は弁護士に報酬を支払う必要があります。

犯罪者を野放しにしておくことは、被害者だけでなく社会全体にとってもマイナスになります。したがって、被害届の提出や告訴により犯罪の存在を国家権力に知らせ、捜査を開始してもらうことは大切なことだといえます。

なお、犯人と思う者を名指しするような告訴は、慎重に行う必要があります。名指しされた者は捜査の対象となり、人権が侵害される可能性があるからです。また、犯人でないことを知りながら告訴した場合は、告訴した人が虚偽告訴という罪に問われることもありえます。

第1章 民事事件と刑事事件の違い

19

そこで、はっきりとした犯罪事実の根拠がない場合には、告訴ではなく被害届の提出程度にとどめておいた方が無難でしょう。

被害届サンプル

被　害　届

○○警察署長　殿

次の窃盗被害がありましたのでお届けします。

届出人：　　住所　東京都台東区○○町△丁目△番地△号
　　　　　　氏名　○○　○○　㊞
　　　　　　電話番号　０３－○○○○－○○○○

被害者：　　住所　東京都台東区○○町△丁目△番地△号
　　　　　　職業　会社員
　　　　　　氏名　○○　○○
　　　　　　年齢　○○歳

被害時間：　平成○○年○月○日　午後○時から午後○時までの間
被害品名：　現金、銀行預金通帳、郵便貯金通帳、印鑑、キャッシュカード、ハンドバッグ、ネックレス、
数量：　　各１個
価格：　　○○○万円
特徴：　ハンドバッグはベージュ色の○○○製、ネックレスは真珠
所有者：　すべて被害者の所有物
被害場所：　被害者の居住する自宅
被害状況：　犯人は塀を乗り越えて、１階南側の窓ガラスを割って侵入しました。家屋内部が一通り物色され、鍵のかかったクローゼットが破壊されて、現金などの貴重品が盗まれました。
犯人：　被害者が帰宅したところ、窓から逃げていく犯人の後姿を目撃しました。犯人は40代から50代の男性で、身長は160センチ程度で小柄でした。どちらかといえば細身でした。服は黒いセーターにジーンズを履いていました。手には手袋をしていたと思います。呼び止めようと声を出したところ、あわてて塀を乗り越えて逃げていきました。
参考事項：　最近、家の周辺では空き巣による被害が頻発しています。近所の人の話では、この２、３日の間、見かけない不審な男が家のまわりをうろついていたそうです。また、犯人は土足で侵入しており、運動靴らしき足跡が家の内部に残されています。窓ガラスは、濡れたダンボールを貼った上で、何かを使って割ったようです。

6 告訴・告発はどのように行うのか

口頭でも書面でもかまわない

だれにどんな形で行うか

告訴・告発は、共に犯人の処罰を求めることですが、**告訴**は被害者やその法定代理人（告訴権者）が行うもの、**告発**は告訴権者や犯人以外の者（第三者）が行うものです（次ページ図）。

告訴・告発を行う先は、司法警察員（巡査部長以上の警察官）または検察官です。原則としてその事件を管轄する警察署または検察庁に出向きます。また、告訴・告発を行う形式は、口頭でも書面でもかまわないことになっています。

口頭による告訴・告発が行われると、司法警察員や検察官は、原則として調書を作成することになっています。いずれにしても、手続的には書面が作成されることになります。また、口頭による告訴・告発は直接行われなければならず、電話による告訴・告発は正式なものとして受け付けてもらえません。

書面による場合は、告訴では**告訴状**、告発では**告発状**を作成します。

直接持参するだけでなく、書面の郵送でも受け付けてもらえます。告訴状・告発状を作成し、提出する場合には、形式・内容の面において、守らなければならない約束事があるので十分に注意してください。

事前相談を活用する

告訴状・告発状が完成し、それを警察や検察に提出しても、正式に受理されなければ、法律的には告訴・告発がなされたことにはなりません。法定の要件が整っていれば、告訴・告発を受理しなければならないことになっていますが、告訴については、告訴すべき期間（告訴期間）が経過している場合には、受理してもらえません。

いざ、告訴状・告発状を作成して提出してみたものの、書式が不適切である、内容面に不備があるなどの理由で、不受理とされると二度手間となってしまいます。

それを避けるためには、事前に警察・検察に相談しておいてから、告

第1章　民事事件と刑事事件の違い

21

訴状・告発状を作成し、手続を進めるとよいでしょう。警視庁（東京都を管轄する警察）では、本部に告訴・告発の相談窓口を設けています。

ただ、警察も検察もあまりに処理すべき事件の量が多いため、一応「預かり」の状態にしたままにしておいて、正式に受理しないこともしばしば見られます。

受理してもらわなければ何の意味もないので、捜査機関との協力関係を作りながら、受理を促すようにしましょう。

■ 要件の整った告訴状・告発状

法的に有効な告訴・告発を行うためには、要件の整った告訴状・告発状を作成・提出しなければなりません。

まず、形式的には、書式が整っていることが必要です。管轄の警察署や検察庁が正しく記載され、告訴人・告発人の住所・氏名などが記載されているか、といったことです。告訴期間を経過していないことも必要です。

次に、内容的には、犯罪が成立していることを記述していなければなりません。犯罪が成立するための要件を**構成要件**といいます。告訴・告発の対象が構成要件を充たしていることを、具体的に記載します。ただ、実際に構成要件を充たしているかどうかは、判断が非常に難しいものです。弁護士などの専門家に相談する必要が出てくることもあるでしょう。

また、告訴状・告発状だけでなく、添付書類の準備も必要になります。添付書類は事件によっても異なりますが、告訴権を証明するための「戸籍謄本」や証拠となる書類のコピーなどが挙げられます。

■ 証拠を収集しておく

犯罪が行われたことが真実だとしても、刑事事件ではそれを証明するための証拠がなければ手続は進みません。告訴・告発には、書類の準備だけではなく、可能な範囲で証拠を収集し、確保しておく必要があります。

告訴と告発の違い

告訴	犯罪の被害者または その法定代理人（告訴権者）	司法警察員 （巡査部長以上の警察官） または検察官
告発	告訴権者及び 犯人以外の者（第三者）	

7 告訴状・告発状の記載事項を知っておこう

犯罪事実を的確に記載する

記載事項は決まっているのか

告訴・告発は、多くの場合、告訴状・告発状の作成から始まりますが、作成に入る前提として、どのような事項を記載すべきかを知っておかなければなりません。記載すべき事項といっても、法令によって厳格に規定されているわけではありません。ただ、実務上、最低限の記載事項は予定されています。

告訴・告発は、共に犯人の処罰を求めて申告する行為ですから、何よりもまず、告訴人・告発人をはっきりと表示します。そして、告訴・告発の相手方は捜査機関なので、その捜査機関を明示します。さらに、どのような犯罪事実があったのかを表示した上で、処罰を求める意思を記載することになります。犯人については、明らかでなければ具体的に氏名を表示する必要はありません。

なお、役所に提出する書類と同様に、告訴人・告発人の署名（記名）・押印が必要になります。

以下、記載事項について個々に述べていきます。

告訴人・告発人の表示

告訴人・告発人の氏名・住所を表示して特定します。実務上は、その後の連絡の便宜のため、電話番号とFAX番号も併記しておきます。会社などの法人の場合は法人名に代表者名を記載し、「商業登記簿謄本」または「登記事項証明書」を添付します。なお、告訴・告発を弁護士などの代理人に委任する場合には、代理人の表示も必要になります。その場合、「○○○○代理人 弁護士△△△△」というように代理人の氏名を記載し、住所（事務所の所在地）、電話番号、FAX番号を記載し、「委任状」を添付します。

被告訴人・被告発人の表示

犯人と思われる者を被告訴人・被告発人として表示します。表示は、氏名・本籍地・住所・電話番号・勤務先などを記載して行います。ただ、告訴・告発は犯罪事実を示して処罰

第1章 民事事件と刑事事件の違い

23

を求める手続であり、犯人がわからないことも多いので、確定的に犯人を特定する必要はありません。その場合には「氏名不詳」などと記載しておきます。

なお、真犯人でない者を告訴・告発してしまうと、逆に「虚偽告訴罪」となってしまう危険性もあるので、十分に注意してください。

犯罪事実の表示

告訴・告発は、犯罪事実につき処罰を求める意思表示です。犯罪事実の表示は告訴状・告発状において中核的な要素になります。できるだけ正確かつ的確な記載をしなければなりません。

とはいっても、何でもかんでも細かく記載すればよいわけではなく、必要かつ十分な事項を記載する必要があります。具体的には、犯罪が成立するための要件（構成要件）にあてはまる事実を一つひとつ、時系列に沿って指摘するかたちで記載していきます。たとえば、住居侵入罪と窃盗罪であれば、住人の許可なくある者が住居に侵入し、金品などを持ち去っていったことを、順番に記載していきます。専門用語にこだわる必要はありません。わかりやすい表

現で具体的に表現することが何よりも大切です。

ただ、窃盗や暴行といった素人でも理解しやすい犯罪ならよいのですが、背任罪などのように構成要件の理解しにくい犯罪や特別法によって規定されている犯罪などは、犯罪事実の表示は難しいと思われます。そのようなときには、弁護士などの専門家と相談したり、作成そのものを依頼するなどした方がよいでしょう。

罪名・罰条の表示

処罰を求める犯罪事実が、どのような罪に該当し、それが法律（条例）の第何条に規定されているかも、表示しておきます。たとえば、「刑法第235条 窃盗罪」などと記載します。

ただ、背任罪と業務上横領罪のように、その事実がどの罪名に該当するかの判断が難しいケースもあります。しかし、仮にそれが誤っていたとしても、告訴・告発が無効になることはないので、心配することはありません。

付随事情などの表示

告訴・告発にあたって、犯罪事実の表示は重要ですが、それに付随した事情やそれまでの経緯も重要にな

ることがあります。たとえば、傷害罪では、犯人が被害者を傷つけたことが犯罪事実ですが、それに至る経緯や動機も重要になります。犯人と被害者が口論していたのであれば、喧嘩をする中で故意に（わざと）被害者を傷つけたことが証明しやすくなります。また、以前から顔見知りなのか、それとも初対面の関係なのかも記載しておきます。

ただ、付随事情と告訴人・告発人の感情は、分けて考えなければなりません。いかに犯行がハッキリしていて、被害者として許せないケースであっても、相手を感情的に侮辱したり、憶測で非難することは避けなければなりません。捜査機関にもよい印象は与えないでしょう。

処罰を求める旨の表示

告訴・告発という手続は、犯罪事実を指摘し、犯人の処罰を求める手続です。そのため、告訴状・告発状には、処罰を求める旨を明確に表示しなければなりません。この表示があるかないかで「被害届」と区別されます。被害届は、単に犯罪の被害を受けたという事実を捜査機関に対して届け出る手続にすぎず、処罰まで求めているわけではありません。

記名・押印をする

告訴人・告発人は、告訴状・告発状に記名押印しなければなりません。また、法人の場合も社判（記名）や代表者印を押印します。代理人が手続をする場合には、代理人の記名押印も必要です。

なお、名誉毀損罪などの親告罪（被害者の告訴があってはじめて訴追できるもの）に関する告訴状では、署名押印を求められることがあります。

提出先の表示

「○○警察署長殿」「○○地方検察庁検察官殿」など、事件を管轄する捜査機関を表示します。

作成年月日

実際に受理されるときまで空欄にしておいて、受理されるときに、その日付を記載するようにします。告訴状・告発状を捜査機関に持参しても、直接その場で受理してもらえることは稀なので、受理後に日付を記入しましょう。捜査機関は告訴状・告発状を受理すると捜査義務が生じるため、告訴・告発の内容が、捜査に値するような具体性をもっているか吟味した後でないと、受理しない傾向にあるためです。

第1章　民事事件と刑事事件の違い

25

告訴状サンプル

告 訴 状

平成○○年○月○○日

○○警察署長　殿

告訴人　○○○○　㊞

告 訴 人　住　居　東京都千代田区飯田橋1丁目1番1号
　　　　　職　業　食料品卸売業
　　　　　氏　名　○○○○
　　　　　　　　　昭和39年7月9日生
　　　　　電　話　０３－１２３４－５６７８
　　　　　ＦＡＸ　０３－２３４５－６７８９
被告訴人　住　居　東京都江東区東雲1丁目1番1号
　　　　　職　業　会社員
　　　　　氏　名　○○○○
　　　　　　　　　昭和48年10月5日生

第1　告訴の趣旨
　　被告訴人の以下の所為は、刑法第253条の業務上横領罪に該当すると考えるので、被告訴人の厳重な処罰を求めるために告訴します。

第2　告訴事実
　　被告訴人は、告訴人の経営する会社にて従業員として経理を担当し、去る平成○○年○月○○日にも常日頃の業務の一環として取引先から会社の売掛金183万円を回収した。
　　しかし、被告訴人はその売掛金を会社に持ち帰り管理することなく、自己の借金の返済のために借入先である消費者金融の銀行口座に振り込んだものである。

第3　立証方法
　　1　売掛金領収書
　　2　各消費者金融の入金控えの写し
　　3　参考人　○○○○（会社員）

第4　添付書類
　　上記領収書及び入金控えの写し　各1通

告発状サンプル

告 発 状

平成○○年○月○日

○○警察署長　殿

告発人　○○○○　㊞

```
告 発 人　住　居　東京都○○区○○町○丁目○番○号
　　　　　職　業　会社員
　　　　　氏　名　○○○○
　　　　　　　　　昭和○○年○月○日生
　　　　　電　話　03-0000-0000
　　　　　ＦＡＸ　03-0000-0000
被告発人　住　居　東京都○○区○○町○丁目○番○号
　　　　　職　業　株式会社○○○○　　代表取締役
　　　　　氏　名　○○○○
```

第1　告発の趣旨
　　被告発人の以下の所為は、刑法第211条前段の業務上過失傷害罪に該当すると考えるので、被告発人の厳重な処罰を求めるため、ここに告発する。

第2　告発事実
　　被告発人は、平成○○年○月頃から同年○月頃までの間、東京都○○区○○町所在の自社工場内において、ハンドル部分のねじが緩いのを見逃して、乳児用のベビーカーの製造を完了し、そのベビーカーに乗って遊んでいた乳児○○○○ら5名を転倒させ、負傷させたものである。

第3　告発に至る経緯
　　1　告発人は、被告発人が経営する株式会社○○○○の社員である。
　　2　告発人は、自ら上記ベビーカーの製造に携わっていたが、平成○○年○月○日頃、ハンドル部分のねじが緩いのに気づき、被告発人に、その旨を話した。
　　3　告発人から話を聞いた被告発人は、不具合には気づいたものの、「この位なら大丈夫だ。様子をみよう」などと言い、すぐに不具合を改良しようとはしなかった。
　　4　製品を出荷して数か月後、「ねじが外れる」というクレームが押し寄せ、ついには、乳児5人がベビーカーから転倒し、顔を強く打つなどのケガをしたというニュースが流れた。
　　5　告発人は、居たたまれなくなり、思い切って、本告発に及んだ次第である。

第4　立証方法
　　告発人作成の上申書

8 告訴人・告発人はどのように対応すべきか

捜査機関との協力関係が大切である

警察・検察は民事不介入

犯罪の被害にあった場合、民事上の損害賠償請求により解決が図られることもあります。ただ、犯罪事実を告訴・告発する場合、これらは刑事手続であって、民事手続とは分けて考えなければなりません。警察・検察には**民事不介入の原則**というルールがあります。これは、捜査機関が国民の間で生じた民事上のトラブルに介入してはならないとする原則です。そのため、民事上のトラブル解決を促進するために、告訴・告発を利用することを、捜査機関は極度に嫌っています。ですから、告訴・告発の手続にあたっては、民事上の問題と絡めない方が賢明だといえます。

もっとも、窃盗罪、詐欺罪、横領罪などの財産犯では、しばしば民事上の損害賠償請求と手続が並行することがあります。これはやむをえないことですし、告訴・告発しているからといって、民事上の請求を断念しなければならないこともありません。

なお、裁判所に民事訴訟を提起したなど、民事上の手続が先行していて、その後に告訴・告発が行われると、捜査機関は告訴・告発が利用されているのではないかとの疑念を抱くこともあります。そのため、告訴・告発が後になった理由（加害者に反省の色が見られないなど）を積極的に述べておくべきでしょう。

示談を進める場合

告訴・告発をしたものの、当事者間で示談が進められることもよくあります。もちろん、法的には前に述べているように、刑事と民事は別の手続なので、並行して示談を進めてもかまいません。ただ、いくつかの点で、告訴人・告発人としては慎重な配慮が必要になります。

① **告訴・告発を示談に利用しない**

告訴・告発が示談を有利にするための道具とされている、との誤解を捜査機関に与えないようにします。特に、被告訴人があわてて示談に応じてくることがよくありますが、そ

28

のような場合でも誤解を与えないような配慮が必要といえるでしょう。

② 示談の時期

懲役などの刑罰を受けることと、民事上の責任をとることとは別問題です。たとえば、犯人が刑事訴訟では有罪判決を受けたのに、犯人に対する民事訴訟では損害賠償請求（被害者が犯罪により被った損害の賠償請求）が認められないことも起こり得ます。そのため、告訴人があくまで犯人に刑罰を受けさせたいという強い意思を抱いている場合には、検察官によって起訴（公訴提起）がされるまでは、示談を控えた方がよいでしょう。なぜなら、示談が成立したと聞いたら、司法警察員や検察官は、被害者の処罰を求める意思が弱くなったと感じて、捜査の手が弱まったり、起訴猶予とする可能性もあるからです。

③ 親告罪の場合

名誉毀損罪などのように、検察官が起訴をするのに告訴権者の告訴が必要な親告罪（45ページ）では、捜査機関との意思の疎通を常に図っておくことが必要です。なぜなら、捜査機関が起訴に向けて捜査しているのに、いつ示談が成立し告訴が取り消されるのかわからない状況では、手続を進めにくいからです。特に、逮捕や差押えといった強制捜査を控えている場合には、捜査機関から示談を進めないように求められることもあります。

なお、親告罪に関しては、告発を行うことはできませんので注意が必要です。親告罪は、告訴があることによって、はじめて公訴の提起が可能になる犯罪類型ですので、その性質上、告訴のみが可能で、告発はできないことになっています。

告訴・告発後に示談を進める場合の注意点

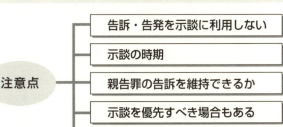

④ 示談を優先すべき場合

　器物損壊罪などのように、軽微な犯罪については、司法警察員も検察官も示談を勧めることがあります。軽微な犯罪で当事者間だけで解決できるようなケースでは、あえて犯人を起訴する必要がないからです。

　その後の裁判での当事者双方の負担を考えると、早々に示談を成立させて、告訴を取り消した方がよいでしょう。

⑤ 示談書のやりとり

　示談というものは、実は民法で規定されている「和解」であり、一種の契約です。ただ、契約だからといって、常に契約書を作成しなければ法的に成立しないわけではありません。当事者間で合意に至れば書面がなくても契約は成立します。

　ただ、「示談書」や「念書」は、和解契約書や、その他の和解契約成立の証明書として、示談が成立したことの証拠となります。

　告訴後、捜査中に示談書が交わされると、示談書の文言によっては、告訴人の処罰を求める意思が弱まったと受け取られる可能性があります。それを避けるためには、ただ損害賠償金を受け取った事実だけを証明する領収書のやりとりに留めて、示談書を交わさないでおくとよいでしょう。

捜査機関と告訴人・告発人の関係はどうなっている

　警察や検察（捜査機関）は、犯罪を捜査したり被疑者を起訴することが仕事です。しかし、告訴・告発があれば、それだけですぐに捜査が開始するわけではありません。

　わが国では都市部を中心に犯罪が多発しています。しかも、犯罪の態様は悪質かつ巧妙化しており、凶悪事件や難事件が後を絶ちません。そのため、捜査機関も解決しなければならない事件が山積し、重大な事件から処理せざるをえない状況にあります。告訴・告発された事件といっても、捜査機関の抱えている他の事件との兼ね合いから取扱いが変わってくるのです。

　だからといって告訴人・告発人は、手をこまねいていてよいわけではありません。少しでも捜査機関が捜査に着手する気になるように、協力を惜しまないようにしなければなりません。具体的には、捜査に必要な情報は細大漏らさず、こまめに提供します。また、折に触れ進捗状況を確認したり、捜査機関からの事情聴取には積極的に協力するようにします。

また、弁護士を立てている場合には、弁護士から捜査機関に働きかけてもらってもよいでしょう。

このような努力は、告訴状・告発状が正式に受理されず「預かり」の状態にある場合も同じです。被害者としての積極的な態度が、捜査機関を動かす可能性があるからです。

犯罪の全体像がわからないケースではどうなる

組織的な犯罪や金融商品取引法違反などの経済犯罪では、犯罪の一端が明らかでも、その全体像が不明なケースがよくあります。このように犯罪の一部だけが明らかなケースでは、告訴・告発をすべきかどうか迷うことになります。しかし、放っておいて被害が拡大し、取り返しがつかなくなってもいけません。一方で、憶測に基づいて告訴・告発の対象を広げることはよくありません。

証拠などに照らしてみて、明らかに犯罪を構成していると認められる部分については、告訴・告発をしても問題はありません。不明な部分については、正式な告訴・告発の対象外であることを捜査機関に対して明らかにした上で、手続をするという方法もあります。その場合でも、不明な部分に関する証拠や証言は捜査機関に提供しておいて、その後の捜査による解明を期待することはできます。

判断に苦しんだときには、告訴・告発の前に捜査機関に事情を話して相談するとよいでしょう。

告訴・告発の取消し

告訴・告発をしても、それを取り消すことはできます。示談が成立し、犯人の反省が強いと見た場合などは、一度された告訴・告発が取り消されることがよくあります。

告訴・告発の取消手続は、告訴・告発を受理した警察署・検察庁に対して行います。受理したときと同じ警察署・検察庁であればよく、同じ司法警察員や検察官である必要はありません。

ただ、告訴を取り消すと、二度と同じ事件で告訴することは許されない、という点に注意しなければなりません。いったん示談が成立しそうになったからといって、告訴を取り消せば、最終的に示談金が支払われなかった場合でも再度の告訴は許されません。そのため、告訴の取消しは十分に考えて行うようにしてください。

9 刑事訴訟の全体像をつかもう

法律の定めに従って手続きが進行する

手続のはじまり

まず、刑事手続がどのように展開していくのか、ざっとながめておきましょう。刑事手続は捜査から始まります。110番通報によって、警察（捜査機関）は犯罪の発生を知ります。このように、捜査機関が犯罪の発生を知るきっかけとなるものを**捜査の端緒**といいます。

捜査活動を行うのは、おもに警察官です。たとえば殺人事件の場合、警察官は、現場で死体の状況確認（検視）をすると共に、道路に残っている血こんをチョークで囲ったり

して、証拠収集につとめます。これを**実況見分**といいます。

また、現場の写真撮影、記録をする他、目撃者などを探すために現場近辺の人々へ聞き込みや事情聴取などを行います。このように、捜査機関が一般市民の権利や自由を制限することなく行う捜査のことを、まとめて**任意捜査**といいます。

これに対して、逮捕・勾留・捜索・差押え・検証・鑑定のように、法律の定めに基づいて強制力を行使し、相手方の権利や自由を制限して行う捜査を、**強制捜査**といいます。

刑事手続きの開始

事件の発生
↓
捜査のきっかけ（端緒）
● 被害者等による通報　● 職務質問　● 告訴・告発　● 聞き込み
↓
警察等による捜査の開始

- **証拠収集** ⇒ 実況見分・検証、被疑者等の取調べ、捜索・押収
- **被疑者特定** ⇒ 逮捕・勾留（弁護人選任権・黙秘権等の確保）

逮捕・勾留手続

　警察は、被疑者を逮捕すると、留置する必要がないと判断して釈放した場合を除き、48時間以内にこれを書類および証拠物と共に検察官に送致しなければなりません。

　送致を受けた検察官は、勾留の必要性がないと認めたときは被疑者を釈放し、あると認めたときは被疑者を受け取ったときから24時間以内に裁判官に対して勾留請求をすることになります。逮捕の期間は、警察段階での48時間と検察段階での24時間を足して合計72時間までです。勾留においては、通常、さらに10日から20日間、継続して被疑者の身体が拘束されます。

取調べ・捜索・差押え

　以上のような被疑者の身体の確保がなされる一方で、証拠の収集と保全も同時に行われます。具体的には身体を拘束した被疑者を取り調べたり、捜索・押収・検証などの強制捜

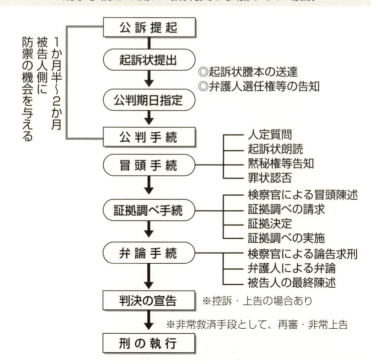

刑事手続きの流れ（裁判員が参加しない場合）

査がなされます。刑事訴訟法上の「押収」は、強制捜査である差押えと、任意捜査である領置の2種類に分類することができます。

逮捕後は、犯行の状況について被疑者を取り調べます。犯人と疑われている者に供述を求めることを被疑者取調べといいます。この取調べでは、被疑者の黙秘権（72ページ）が保障され、供述が任意になされたのかどうかがポイントになります。

また、逮捕・勾留されている被疑者は、弁護人と自由に面接できる権利が保障されています。これを**接見交通権**といいます。

なお、平成28年の刑事訴訟法の改正により、勾留中の被疑者の取調べについて**取調べの可視化**（取調べの過程を録画すること）が、裁判員裁判の対象になる事件等という制限はありますが、義務付けられることになりました。

検察官の起訴（公訴提起）

被疑者を起訴することができるのは、原則として検察官だけです。また、被疑者を起訴するかどうかの判断に際して、検察官にはとても広い裁量が認められています。起訴は、検察官が起訴状を裁判所に提出すること

によって行われます。なお、起訴後、被疑者は被告人という名称で呼ばれることになります。

起訴状提出後について

起訴状が提出され、裁判所がそれを受理すると、以後、その裁判所のもとで審理が進められます。

裁判所は、受理した起訴状の謄本を被告人に送達し、さらに、裁判長は第1回公判期日を定め、被告人を召喚します。

以上のような準備段階を経てから、いよいよ本格的に**公判手続**が開始されます。

公判手続が始まる前に、裁判所が充実した審理のために必要と判断した場合は、検察官と被告人、弁護人の意見を聴いた上で第1回公判期日前に事件の争点と証拠を整理する公判前整理手続が行われます。

冒頭手続について

第1回公判期日において行われる人定質問から被告人の罪状認否、弁護人の意見陳述までの一連の手続を**冒頭手続**といいます。

まず、第1に行われるのは人定質問です。これは、裁判長が被告人に対して、人違いでないかどうかを確

認する作業で、氏名・本籍・職業などが尋ねられます。人定質問は、原則として、被告人の氏名や年齢・職業等を尋ねる方式で行われます。もっとも、被告人が自らの氏名等についても黙秘した場合には、裁判所が主体的に、被告人の顔写真を照合するなどによって、被告人の本人確認を行うこともあります。

続いて、検察官が起訴状を朗読した後、被告人に黙秘権の告知がなされ、さらに被告人・弁護人に対して事件について陳述する機会が与えられます。その際に、被告人は、起訴事実を認めるか否かの陳述を行うわけです。これを罪状認否といいます。

証拠調べから最終手続へ

冒頭手続を訴訟の第１段階とすれば、第２段階は**証拠調べ**です。証拠調べは、まず、検察官が証拠によってどんな事実を証明しようとしているのかを陳述することから開始されます。これを冒頭陳述といいます。

続いて、証拠調べ手続が行われます。裁判所は検察官・被告人・弁護人の意見を聴いた上で、証拠調べの範囲・順序・方法を定めます。通常は検察官から請求された証拠をすべて取り調べた後で、被告人側の証拠が取り調べられることになります。

証拠調べが終了すると、次の段階は最終手続（この第３段階を総称して最終弁論ともいう）です。

まず検察官の論告が行われます。論告とは、証拠調べが終わった後に検察官が行う、事実および法律の適用についての意見の陳述です。この

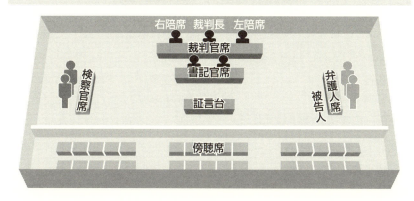

法廷内部の様子（刑事裁判の場合）

論告の際に、「被告人を懲役××年に処するのが相当であると思う」というように、量刑（裁判官が具体的に宣告する刑を決定すること）に関する意見もなされます。いわゆる求刑です。続いて、弁護人が、事実および情状、法律の適用について自己の意見を述べます。これを最終弁論とよびます。最後に被告人の最終陳述が行われ、結審します。

▍判決とその確定

論告・最終弁論・最終陳述をふまえた上で、結審後に日時を改めて、裁判所が公判廷で**判決の宣告**を行います。

具体的には、まず被告人が有罪か無罪かを言い渡す「主文」の朗読が行われます。続けて、主文を言い渡した理由の朗読がなされます。

この判決の宣告によって、訴訟手続は一応のしめくくりを迎えることになります。被告人・検察官双方とも不服がなければ、判決は確定することになります。

▍上訴・再審の救済手続もある

被告人・検察官のいずれかが判決に不服で**控訴**という手続をとった場合には、判決は確定せず、より上級の裁判所へ訴訟の場が移ることになります。これが**上訴**です。

上級の裁判所の審判は、おおむね第一審公判の規定にならって進められますが、証拠調べについては、原則として、第一審で取り調べられた証拠や、第一審の弁論終結前に当事者から取調べの請求のあった証拠に限られると考えられています。

なお、この控訴を処理した裁判所の判決に対しても不服があれば、さらに上告という手続をとり、最高裁判所で審理してもらうこともできます。ただ、最高裁判所の判決には原則として不服を述べることはできません。つまり、最高裁判所の判決で訴訟は終了して判決が確定します。ただし、判決確定後の非常救済手段として、**再審**や**非常上告**があります。

▍刑が執行される

確定した判決が有罪判決の場合には、懲役刑など宣告された**刑の執行**に移ります。

刑の執行は、検察官の指揮により行われます。一方、無罪判決の場合には、その事件に関して逮捕・勾留を受けたことについて刑事補償を求めることができます。

10 刑事手続きにかかわる当事者について知っておこう

被疑者・被告人を保護するのが弁護人

被疑者と被告人

被告人とは、公訴を提起（起訴）された者で、検察官に対抗する当事者のことです。一方、**被疑者**という名称は、公訴提起前の、捜査機関から嫌疑をかけられているにすぎない者を指します。

被告人や被疑者は、捜査機関やマスコミによって、ともすれば「憎むべき犯罪者」として扱われがちです。しかし、一定の制限を受ける点を除けば、有罪判決が確定するまでは一般市民と何ら変わることのない存在です。

そのため、捜査機関による被疑者・被告人に対する不当な人権侵害は、断固として排除されなければなりません。また、刑事訴訟の一方当事者として、被疑者・被告人にはさまざまな防御活動を行う権利も保障される必要があります。

このような観点から、刑事訴訟法は、被疑者・被告人に対して、後に解説する黙秘権や弁護人依頼権・反対尋問権などを保障しています。

弁護人

弁護人とは、被疑者・被告人の代理人、補助者としてその弁護を担当する者のことです。原則として弁護士が弁護人として活動します。刑事訴訟法30条1項は、被疑者・被告人は、いつでも弁護人を選任することができる、として弁護人依頼権を保障しています。

前述したように、憲法や刑事訴訟法は、被疑者・被告人にも各種の権利を与えています。それなのになぜ、わざわざ弁護人に被疑者・被告人を補助させる必要があるのかと思う人もいることでしょう。

しかし、考えてみてください。起訴をする側（訴追側）である検察官は法律の専門家であり、しかも国家権力を背景として強力な権限をもっています。それに対して、被疑者・被告人は法律的知識の面でも、また心理的な面でも、非常に弱い立場におかれており、保障されている権利を行使して十分な防御を行うことは、実際上期待できません。

第1章　民事事件と刑事事件の違い

37

そこで、被疑者・被告人と訴追側を実質的に対等な立場に置くため、法律的知識をもつ専門家である弁護人に、被疑者・被告人を補助させることにしたのです。

警察官

刑事手続きにかかわる人々の中で、**警察官**はもっとも身近な存在でしょう。刑事訴訟法では司法警察職員と呼ばれています。司法警察職員は階級に応じて、司法警察員（おおよそ巡査部長以上の階級の警察官）と司法巡査に分けられており、逮捕状その他の令状の請求は司法警察員しかできません。

警察官には、現行法上、①犯罪を予防する権限（行政警察権）、②犯罪が発生した場合に捜査を行う権限（司法警察権）が与えられています。

検察官

検察官は、実際の刑事訴訟における訴追者です。検察官は、公益（社会一般の利益）を代表する一方当事者として、公判で被告人・弁護人と対決する役回りを演じるわけです。

もっとも、刑事手続における検察官の関与は、公判の場面に限られているわけではありません。警察官と共に、捜査活動に携わる場合もありますし、被告人の有罪が確定すれば、刑の執行も指揮します。つまり、検察官は刑事手続の全場面にかかわるのです。

そこで、法は検察官の活動が円滑に行われるよう、職務の独立性を確保し、免官事由を厳しく限定するなどその身分を厚く保障しています。

裁判員

一般市民の中から選出された**裁判員**は、裁判官と共に犯罪事実の認定と量刑（138ページ）について判断することになります。

ただ、裁判員法によって、裁判員の関与する判断と裁判員の関与しない判断とが明確に区別されています。

たとえば、法の解釈は高度な専門性と技術性、そして迅速性が要求されるため、裁判官の専権事項と定められています。裁判員制度は、一般国民の健全な社会常識を刑事訴訟（刑事裁判）に反映させるために導入されたシステムです。しかし、法の解釈については、この社会常識とは別に法律に関する深い知識が必要となる場面が多いため、裁判員は法解釈自体には関与しないことになっています。

ただし、裁判員は法の解釈について、裁判官に対して自分の意見や見解を述べることは可能です。

また、裁判員は被告人に直接質問をすることも可能です。被告人質問では通常、被告人に対しては弁護人、検察官、そして裁判官の順で質問をしますが、裁判員は裁判長の許可を得ればいつでも被告人に質問をすることができます。

被害者参加人

殺人罪、危険運転致死傷罪などの被害者は、**被害者参加人**として刑事手続に参加することができます（被害者が死亡した場合やその心身に重大な故障がある場合は、その配偶者、直系親族あるいは兄弟姉妹が被害者参加人となります）。

具体的には、①公判期日への出席、②検察官の権限の行使に関し、意見を述べ、説明を受けること、③証人に尋問をすること、④被告人に質問をすること、⑤事実関係や法律の適用について意見を陳述することが可能です。

経済的に余裕がない被害者参加人は、弁護士（被害者参加弁護士）による援助を受けるため、国の費用負担により、裁判所に被害者参加弁護士を選定してもらうこともできます。

また、刑事事件を担当した裁判所が、有罪の言渡しをした後、引き続き損害賠償請求についての審理も行い、加害者に損害の賠償を命じることができるという制度もあります（損害賠償命令制度）。この制度により、犯罪被害者は、刑事事件とは別の手続で民事訴訟を提起することなく、加害者から損害の賠償を受ける

被害者参加人ができること

被害者参加人になると

① 公判期日に出席すること
② 検察官の権限行使に関し意見を述べ説明を受けること
③ 証人に尋問すること
④ 被告人に質問すること
⑤ 事実関係や法律の適用について意見を陳述すること

ができるようになる

ことができます。

捜査における警察官と検察官の関係

　刑事訴訟法は、検察官も捜査活動を行うことが予定されています。もっとも、刑事訴訟法189条2項は、「司法警察職員は、犯罪があると思料するときは、犯人および証拠を捜査するものとする」と規定しています。これは検察官に対し、司法警察職員が捜査の第一次機関であることを意味していると考えられています。つまり、捜査は、まず警察官が主導的に行い、検察官は警察官の捜査では足りない場合に補充的に行うのが原則となっているわけです。

　ただ、捜査に高度の法律知識を必要とする場合や、政治的に影響力の大きい事件については、検察官が独自に捜査を行うことがあります（特捜部による独自捜査など）。

　なお、検察官が補充的にあるいは独自に捜査を行う場合、司法警察職員に対し、指示したり指揮することが認められています。

除斥・忌避・回避とは

　刑事訴訟法は、裁判官の除斥・忌避・回避という制度を設けています。

これらの制度は、ある事件を担当することが予定されている裁判官について、公平な裁判を期待できない事情がある場合に、その裁判官を排除するものです。

　除斥とは、裁判官が被害者本人である場合や被告人または被害者の親族である場合など、法律で定められた事由（除斥原因）に該当する場合に、当然に職務の執行から外されることです。

　忌避とは、裁判官に除斥原因がある場合、または除斥原因がなくても不公正な裁判となるおそれがある場合に、検察官または被告人が、その裁判官に職務執行させないように申し立てることです。弁護人も被告人のために忌避の申立てをすることができます。ただ、訴訟の進行を遅らせるためだけに忌避の申立てがなされたことが明らかである場合は、裁判所の決定で申立てが却下（取り上げずにしりぞけること）されます。

　回避とは裁判官が自ら除斥または忌避の原因があることに気づいて職務執行から外れることをいいます。

40

第2章

捜査から
起訴・判決までの流れ

1 捜査のしくみについて知っておこう

任意捜査が原則である

捜査とは何か

　捜査については、刑事ドラマや犯罪の報道を通じて、多くの人が漠然としたイメージをもっていることでしょう。捜査とは、犯罪が発生したと考えられる場合に行われる証拠の収集・保全、被疑者の身柄確保のことを指します。つまり、捜査は、その後に続く公判に備えて行われるものであり、公判で必要となる証拠の収集などを行うためのものなのです。このことをまず理解しておいてください。

捜査の基本は任意捜査

　捜査は原則として被疑者や参考人といった捜査の対象となる者の意思に反して行われてはならず、意思に反する捜査は法律に定めがある場合にだけ許されます。これを**任意捜査の原則**といいます。

　では、なぜ任意捜査が原則とされているのでしょうか。前提として、捜査には2種類のタイプがあることを理解する必要があります。被疑者

らの意思に反しない捜査である**任意捜査**（任意処分もいう）と、意思に反する形で強制的に行う**強制捜査**（強制処分ともいう）の2種類です。

　このうち、強制捜査は、被疑者や参考人の意思に反するものである以上、権利・自由を侵害するおそれが非常に大きいものです。そこで、捜査は被疑者らの意思を抑圧しない形で行われるのが原則であるという見地から、任意捜査を捜査の基本とすることにしたわけです。任意捜査には、任意同行、実況見分、照会といった捜査方法が含まれます。

任意捜査と強制捜査の区別

　強制捜査と任意捜査をどのような基準によって区別するのか、という問題については議論があります。この点は、相手方の意思に反して、個人の重要な権利・利益を侵害する捜査が強制捜査であり、そうでないものは任意捜査であると考えるのが一般的です。つまり、有形力の行使の有無が任意捜査と強制捜査を画する

絶対的な基準にはならないということです。これと関連して問題となるのは、任意の取調べ中に逃げようとした相手の手首や肩をつかむような行為（有形力の行使）も強制捜査とみなされるのか、という点です。

捜査の対象となった側からすれば、これらの有形力の行使は意思に反するものといえます。しかし、現実的に考えるなら、この程度の有形力の行使さえ禁じられると捜査上、不都合な事態が生じることが容易に予想できます。判例（特に最高裁判決など先例になるような裁判所の判断を指します）は、必要かつ緊急の場合には、相当とみなせるような有形力の行使は任意捜査の枠内にあると判断しています。

たとえば、道路交通法違反の疑いにより警察署で任意の取調べを受けていた被疑者が、部屋から出ようとしたところ、警察官が被疑者の左手首をつかんだという事案において、判例は、手首をつかむ程度の行為は任意捜査でも許されるとする結論を示しています。

強制捜査は法律が認めた場合にしかできない

捜査は任意捜査（任意処分）を原則として、強制捜査（強制処分）は、例外的に法律が特に定めている場合だけ行うことができます。このことを**強制処分法定主義**といいます。

強制処分を法律の定める場合にしか認めないことにしたのは、強制捜査が身体の自由や財産権といった国民の基本的な権利を侵害するおそれが強いからに他なりません。人権侵害の危険性が大きい強制処分を、国民の代表者からなる国会で制定した法律に従わせることによって、捜査機関の権限が濫用されることのないようにしたのです。

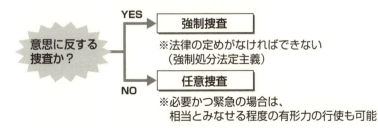

強制捜査と任意捜査

意思に反する捜査か？
- YES → 強制捜査　※法律の定めがなければできない（強制処分法定主義）
- NO → 任意捜査　※必要かつ緊急の場合は、相当とみなせる程度の有形力の行使も可能

強制処分の大前提が令状主義

憲法や刑事訴訟法は**令状主義**と呼ばれる原則を採用しています。令状主義とは、裁判官の発した令状がなければ強制捜査（強制処分）は許されない、という原則です。

令状主義について、憲法33条は「何人も、現行犯として逮捕される場合を除いては、権限を有する司法官憲（裁判官）が発し、且つ理由となっている犯罪を明示する令状によらなければ、逮捕されない」と規定しています。この規定は逮捕に際しての令状主義で、現行犯逮捕は例外的に令状が不要であることも明示しています。

また、憲法35条も「何人も、その住居、書類および所持品について、侵入、捜索および押収を受けることのない権利は、第33条の場合を除いては、正当な理由に基づいて発せられ、且つ捜索する場所および押収する物を明示する令状がなければ、侵されない」ことと、「捜索または押収は、権限を有する司法官憲が発する各別の令状により、これを行う」ことを規定しています。この規定は捜索・押収に際しての令状主義です。

このように、憲法33条・憲法35条で令状主義について規定し、これを受けて刑事訴訟法は、強制捜査としての捜索・差押え・鑑定・検証などを行うためには令状が必要になることを規定しています。

捜査機関が強制捜査を行うにあたって裁判官の発する令状が要求されている理由は、強制処分法定主義の根拠と関連しています。

つまり、強制捜査は人権侵害を引き起こすおそれが強いため、裁判官にそれを許可する権限を与え、強制捜査の必要性・合理性をチェックさせ、不当な強制捜査の抑止を図っているのが令状主義なのです。

強制処分法定主義と令状主義の関係をまとめると、憲法や刑事訴訟法は強制捜査に対して非常に慎重な態度をとっているといえます。つまり、法律に従わなければ強制捜査を行えない（強制処分法定主義）とするだけでなく、裁判官の発する令状も必要（令状主義）として、強制捜査の濫用を防止するため二重の網をかぶせているわけです。このような態度は、刑事訴訟法の目的である人権保障を守るためのものであることを、十分に理解する必要があります。

2 捜査活動のきっかけになるものとは

告訴がなければ起訴できない犯罪もある

捜査の端緒とは

捜査は、捜査機関が犯罪の嫌疑を抱いたときに、始まります。捜査機関にこのような捜査活動を行わせるきっかけとなる事情を、**捜査の端緒**といいます。

捜査の端緒としては、告訴・告発・自首・検視・職務質問が重要なものとして挙げられます。それぞれの意味について簡単に説明しておきましょう。

告訴・告発について

告訴とは、犯罪の被害者など告訴する権利を有する者（告訴権者）が、捜査機関に対して犯罪事実を申告し、その訴追を求める意思表示のことです。告訴権者になれる者としては、法律上、被害者、被害者の法定代理人（親権者など法律の規定に基づいて代理権の発生が認められる代理人）または被害者の親族（被害者死亡の場合に限り告訴権者となる）などが定められています。

告訴で最も重要なのは、親告罪に

ついて期間制限があることです。**親告罪**とは、告訴権者が「あの犯人を処罰してください」と告訴しない限り、検察官が自らの判断で起訴できない罪のことです。

親告罪の告訴は、原則として、犯人を知った日から6か月以内にしなければなりません。この期間内に告訴しないと、親告罪については犯人を処罰してもらえなくなります。

なお、以前は親告罪とされていた強姦罪（現在は強制性交等罪）などの性犯罪は、平成29年の法改正により親告罪ではなくなりました。性犯罪については、被害者にさまざまな面で多大なショックを与えることから、必ずしも告訴が期待できず、泣き寝入りになってしまわないように、告訴がなくても検察官の判断で起訴を可能にするべきであると考えられたためです。

一方、**告発**とは、告訴権者と犯人以外の第三者が、捜査機関に対して犯罪事実を申告し、その捜査および訴追を求める意思表示です。

第2章 捜査から起訴・判決までの流れ

45

告訴と告発とでは、それを行う主体が違いますし、また、告訴には親告罪について制限期間があるのに対して、告発には期間制限がないなどの相違があります。ただ、その他の手続上の扱いなどについては共通する部分が少なくありません（21ページ）。

自首とは

罪を犯した者が、犯罪が発覚する前に、捜査機関に対して自己の犯罪事実を申告することを、**自首**といいます。これも捜査開始の重要なきっかけとなります。

犯罪が捜査機関に発覚していない場合の他、犯罪は発覚しているが犯人が発覚していない場合も含みます。犯人発覚後の自首（出頭）は、法律上の自首とは認められません。

申告の方法は、捜査機関に直接行うか、他人を介するかを問いませんし、書面によってもかまいません。自首があると、刑が減軽される（刑が軽くなる）場合があります（刑が必ず減軽・免除される罪もあります）。

検視とは

変死者や変死の疑いのある死体の状況を調べ、犯罪の疑いがないかどうかを確かめる処分を**検視**あるいは司法検視といいます。変死とは、犯罪による死亡の疑いがある死のことです。

職務質問とは

職務質問とは、警察官が挙動不審な者を停止させて質問をすることです。警察官が職務質問を行える根拠は、警察官職務執行法（警職法）2条1項にあります。この規定は、警察官が、異常な挙動や犯罪を行ったか、犯そうとしていると疑うに足りる相当な理由のある者に対して、停止させて質問することができるとしています。

職務質問は犯罪を事前に予防するために認められる権限で、このような警察による犯罪の事前予防活動を行政警察活動と呼びます。一方、犯罪発生後に行われる警察活動を司法警察活動といいます。

職務質問が許される範囲

職務質問は、犯罪の嫌疑の発生がなくても行えますので、捜査とは異なります。そのため、前述した警職法2条1項も、質問のために「停止させる」手段としては、任意の方法しか許しておらず、身柄の拘束や意思に反する連行は許していないと考

えられています。

ただ、相手方の同意がなければ一切の職務質問が許されないとすると、犯罪予防を目的とする行政警察活動を効果的に行うことができません。そこで、職務質問のため「停止させる」手段として、必要かつ相当な範囲での有形力の行使は許されると考えられています。判例でも、相手の肩に手をかけて引き止めたり、逃げ出した相手を追跡する程度の行為は許されると判断しています。

所持品検査とは

職務質問の際に、質問された者の**所持品検査**が警察官の手で行われる場合があります。職務質問そのものについては、前述した警職法2条1項の規定がありますが、所持品検査については、明確な根拠規定がありません。そこで、所持品検査が許されるのかどうかが議論されています。

一口に所持品検査といっても、その方法はさまざまですが、まず所持品を外部から単に観察するだけのようなものであれば、職務質問の一環として許されると考えられています。

問題となるのは、承諾を得ないままバッグを開いて中身を確認するような所持品検査です。判例は、所持人の承諾を得て行うのが原則であるが、所持品検査の必要性・緊急性が認められるときは、承諾がなくても許される場合があると判断しています。

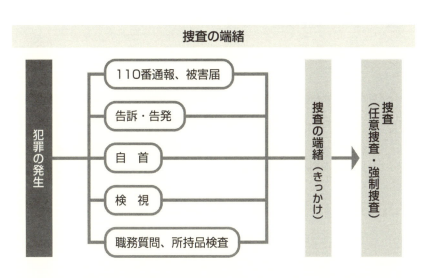

3 取調べや任意同行・実況見分・鑑定について知っておこう

行き過ぎた取調べは人権侵害となる

取調べとは

取調べとは、被疑者や被疑者以外の第三者から事情を聴いたり、説明を求めることです。刑事訴訟法198条1項では「検察官、検察事務官または司法警察職員は、犯罪の捜査をするについて必要があるときは、被疑者の出頭を求めこれを取り調べることができる」として、被疑者の取調べについて規定しています。

取調べはフェアに行われないこともある

被疑者は、警察や検察による逮捕、勾留などの手続きによって、最大23日間身柄を拘束され、取調べを受けます。さらに、検察による起訴後も、被告人として長期にわたり勾留が継続することもあります。

それほど長い期間、日常とは大きく異なる毎日を送っていると不安になるのは人間として当然といえます。冷静さを失い、家に帰りたい一心で事実と異なる内容を話してしまうこともあります。

一方、警察や検察は取調べのプロです。いきなり日常生活から切り離された一般の人がどのような状態にあるのか、知識の面でも経験の面でも心得ています。また、本来被疑者には接見交通権と言って、外部の人と面会したり書類や物品などを受け渡す権利があります。しかし、実際には接見指定（捜査の必要から被疑者と接見できる時間が指定されること）あるいは接見等禁止決定（逃亡や証拠隠滅がある場合に弁護人以外との接見を禁じること）によって、接見交通権が大きく制限されているのが実情です。

このように外部と遮断される特殊な日々を送っているうちに、被疑者が弁護士よりも毎日顔をあわせている警察官や検察官を信用してしまうこともあります。

しかし、犯罪をしていないのに「犯罪をした」と告げたり、理路整然と事件の状況を並べ立てられた結果、自身の記憶はあいまいなのに「犯罪をした」と思い込むようにな

る、といった状況は避けなければなりません。なぜなら、取調べで話した内容は、供述調書（被疑者が事件について供述した場合に警察官や検察官がその供述内容を書きとめた調書）にまとめられます。その調書が裁判で証拠として認められると、その内容が本当のことではないと主張しても、くつがえすことは大変だからです。

黙秘することには意味がある

身柄拘束期間中は、警察官や検察官から連日さまざまな手法で取調べを受けることになります。弁護士に会って相談しようにも、接見指定がされた日時の短時間に限られてしまい、後は自分で取調べに向き合うしかない、という状況に陥ることが少なくありません。

取調官と言葉を交わしているうちに、事実と異なる内容を供述させられないとも限りません。その内容を供述調書にとられてしまうと、後の裁判で不利な状況になりかねません。

情報が少なく不安な日々を過ごす一般の人が後悔しないですむようにするには、黙秘することが一番ではないでしょうか。それも、話したり話さなかったり、という中途半端な黙秘ではなく、完全黙秘をするのがよいと思われます。具体的には、自分の氏名や住所なども話さないようにします。自分自身が犯罪をしたかしなかったか、という内容に限らず、他人のことについても一切話さないようにします。事件に関する内容だけでなく、趣味や交流関係、家族や

第２章　捜査から起訴・判決までの流れ

黙秘権の保障

憲法38条１項

「自己に不利益な供述を強要されない」権利を保障

黙秘権の告知

捜査機関は取調べの際、被疑者に対して、あらかじめ、自己の意思に反して供述する必要がないことを告知しなければならない（刑事訴訟法 198 条２項）

被告人の黙秘権

被告人は終始沈黙し、個々の質問に対して、供述を拒否することができる（刑事訴訟法 311 条１項）

友人のこと、過去にあった出来事など、とにかくすべて話さないようにするのです。

黙っている人間を相手にすると、人は怒ったりなだめたり、と相手の感情を刺激するためにさまざまな態度をとるものです。これは捜査機関の人でも例外ではありません。ただ、取調べに際して、暴力を振るうことは法律で禁じられていますから、もしそういった対応をされた場合には、次の弁護士との接見の際に状況を伝えるようにしましょう。その場で弁護士との接見を求めることも重要です。

強引に供述調書をとられたら

取調べ中に黙秘するのは、自分が犯罪をしていないのに犯罪をしたことにされてしまったり、発言の意図を曲解されることを防ぐ意味合いがあります。そういった恐れがないと判断した結果、黙秘をやめることもあるかと思いますが、特に事件について供述した場合には、供述調書の内容が正しいかどうか、確認する必要があります。警察官や検察官が供述調書を作成した場合、被疑者に読み聞かせるか閲覧させて、内容に誤りがないかを確認させなければならないことになっています。被疑者は供述調書の内容を確認し、少しでも自分が意図していることと違う内容が書かれていた場合には、内容が異なっていることを伝えるべきです。

そして、供述調書の内容について被疑者が異を唱えた場合、警察官や検察官は、その内容を供述調書に書かなければなりません。

供述調書の確認が終わって、署名・押印を求められた場合、その内容に間違いがないと判断した場合には、署名・押印をします。

なお、署名・押印は裁判上非常に重要なものです。この署名・押印がない供述調書は、証拠として採用されません。そこで、最終的に署名・押印をする前に、自分が異を唱えた箇所についてきちんと記載されたかどうかを確認し、納得がいかない場合には絶対に署名・押印しないことが重要です。

取調べを拒めるか

被疑者が逮捕・勾留されていない場合、被疑者の取調べは任意の出頭を求めて行われます。任意（その人の意思にまかせること）ですから、被疑者は出頭を拒むこともできますし、取調べを拒むこともできます。

では、被疑者が逮捕・勾留されて

いる場合は、取調べに応じる義務があるのでしょうか。もし、そのような義務がないのなら、被疑者は取調べを拒むことができますし、また取調室からいつでも退去できることになります。

この問題について捜査当局（実務）は、逮捕・勾留されている被疑者には、取調べを受け続ける義務があるとしています。これを**取調受忍義務**といいます。

しかし、被疑者に取調受忍義務があるとする捜査当局（実務）の態度に対しては、強い批判があります。なぜなら、取調受忍義務を課して取調べを行うことは、被疑者に供述を強要することに等しく、憲法が被疑者に保障している黙秘権（72ページ）と真っ向から対立するからです。

取調べの可視化

従来の取調べの方法では、被疑者が捜査機関から自分の意思に反する供述を強いられたり、自分が供述した内容とはまったく異なる内容の調書が作成されるなど、被疑者の権利の保障が不十分な状況でした。

そこで、以前から導入が訴えられてきた制度が**取調べの可視化**です。取調べの可視化とは、警察や検察での取調べの過程を録画・録音して、捜査としての取調べが適正に行われているかを監視する制度をいいます。録画・録音により取調べの過程が記録されることで、密室で捜査機関が作り出すおそれがある「えん罪」を防ぐことが目的です。特に刑事訴訟では、被告人自身が犯罪について自白をしていることが有力な証拠にな

被疑者は取調べを受忍しなければならないのか

逮捕・勾留されている被疑者は、取調室に出頭し、取調べに応じなければならないのか？

↓

憲法が黙秘権を保障していることを重視	逮捕・勾留されていない被疑者は取調べを拒めるとの刑事訴訟法の規定を重視
↓	↓
逮捕・勾留されている被疑者でも、取調受忍義務はない	逮捕・勾留されている被疑者には、取調受忍義務がある（捜査実務）

ります。取調べが可視化されること
で、自白が任意に行われたものかど
うかを確かめることもできます。

　取調べにおける被疑者の人権を保
障するために、平成28年の刑事訴訟
法改正により、被疑者の取調べにつ
いて、一定の事件について、身柄拘
束中の被疑者の取調べの全過程の録
音・録画が義務付けられることにな
りました。この取調べの全過程の録
音・録画制度は、平成31年6月まで
に施行される予定になっています。

　もっとも、取調べの全過程の録
音・録画の対象になるのは、すべて
の事件ではなく、裁判員裁判対象事
件をはじめ、いくつかの重大性の高
い一定の事件に限定されます。裁判
員裁判対象事件の中には、殺人、傷
害致死、強盗致死傷、強制性交等致
死傷、保護責任者遺棄致死、危険運
転致死罪など、人の生命に関する犯

罪が含まれているため、これらの犯
罪について、透明性を確保した捜査
が行われるのであれば、取調べの可
視化による影響・効果は大きいと期
待されています。現住建造物等放火
罪、身代金目的誘拐罪、覚せい剤密
輸などの重大犯罪も裁判員裁判対象
事件なので、取調べの可視化の対象
に含まれます。

　また、捜査過程で作成される供述
調書に関して、被疑者が任意に供述
した内容であることを証明するため
に（任意性立証）、録音・録画記録
の証拠調べ請求が必要になります。

任意同行は拒否できる

　任意同行とは、警察が犯罪の嫌疑
を受けている者を、本人の同意を得
て警察署へ同行することです。

　強制的に被疑者を同行する場合に
は、強制捜査である「逮捕」となり

取調べの全過程の録画

取調べの全過程の録音・録画制度の導入

対象になる事件

【裁判員裁判対象事件】⇒殺人・傷害致死・強盗致死傷・強制性交等
致死傷・保護責任者遺棄致死・危険運転致
死など

【検察独自捜査事件】⇒おもに特捜部が担当する賄賂・脱税事件など

施行予定　平成31年6月までに施行

ますので、逮捕のための要件・手続が必要です。しかし現実には、任意同行の形式をとっているが、本当に被疑者の任意の意思のもとに行われているのかどうか疑わしいケースもあります。たとえば、警察官がとても威圧的な態度で否応もなく同行を要求して、警察署へ連れていったような場合です。

このように、被疑者に対して物理的あるいは心理的な拘束が加えられたと評価できる状態でなされた任意同行は、実質的には逮捕行為とみなすべきであると考えられています。逮捕状がないのに、実質的にみて逮捕といえる行為をすることは、原則として違法な捜査となります。

実況見分とは

捜査機関が視覚などの五官を使って、犯罪に関係のある場所や物について認識することを**実況見分**といいます。たとえば、空き巣に入られた被害者の同意を得て、その住居を調べるような場合です。

捜査方法は強制捜査のひとつである「検証」と変わりませんが、検証と異なり、関係者の同意を得て行う任意捜査なので、令状は不要です。実況見分の際に作成される実況見分調書は、公判で証拠として提出することができます。

鑑定の嘱託とは

裁判所が大学教授など特別な学識経験のある者に対して、その学識経験に基づいた法則の報告や具体的事実についての判断を求めることを**鑑定**といいます。

おもに公判の段階で証拠調べのひとつとして行われるものですが、捜査機関も犯罪を捜査する上で必要がある場合には、鑑定を委託する（依頼する）ことができます。これを**鑑定の嘱託**といい、その結果行われる鑑定を嘱託鑑定といいます。

任意捜査

※任意同行に名を借りた「実質的逮捕」は、通常の逮捕の要件を充たさない限り違法

4 逮捕について知っておこう

3種類の方法がある

逮捕とは何か

逮捕とは、被疑者の身体の自由を拘束し、引き続き一定時間、身柄の拘束を継続することをいいます。

逮捕のおもな目的は、①被疑者の身柄を確保することと、②被疑者による証拠の破壊や関係者に対する脅迫を防止することにあります。

刑事ドラマなどを見ていると、犯人が逮捕された後に、引き続き刑事が犯人を取り調べているシーンが現れて、まるで取調べのために逮捕が行われているかのような印象を与えますが、逮捕の本来の目的は、以上の2点にあります。このことには十分注意してください。

では、取調べを目的とする逮捕は許されるのでしょうか。この問題に

ついては大きな議論がありますが、取調べ目的の逮捕は許されないとされています。

逮捕には、3つの種類があります。通常逮捕・緊急逮捕・現行犯逮捕です。それぞれ逮捕のための要件や手続が異なりますので、注意が必要です。

通常逮捕とは

裁判官からあらかじめ発付される逮捕状という令状に基づいて逮捕する場合を、通常逮捕といいます。

通常逮捕は、3種類ある逮捕の中で原則的なモデルといえます。

通常逮捕を行うためには、2つの要件が充たされていなければなりません。

1つは、逮捕の理由です。具体的

逮捕の目的

逮捕の目的	①身柄の確保
	②罪証隠滅の防止
通常逮捕の要件	①逮捕に理由があること
	②逮捕の必要があること

には、「被疑者が罪を犯したことを疑うに足りる相当な理由」が必要です。ここでいう罪とは、何らかの罪というのでは足りず、特定された犯罪である必要があります。そして、「相当な理由」とは、犯罪を行ったことが確信できる程度である必要はありませんが、単なる可能性を超えた十分な嫌疑であることが必要です。

もう1つは、逮捕の必要性です。具体的には、「逃亡するおそれ」または「罪証を隠滅するおそれ」があれば逮捕の必要性が認められます。逮捕の理由または逮捕の必要性が認められない場合には、逮捕状の請求は却下されなければなりません。

なお、逮捕状に基づき通常逮捕を行えるのは、検察官、検察事務官、または司法警察職員に限られています。また、逮捕状に基づき逮捕するときは、原則として逮捕状を被疑者に示さなければなりません。

現行犯逮捕とは

現に犯罪を行い、または、現に犯罪を行い終わった者を現行犯人といいます。現行犯人は、だれでも令状なしに逮捕できます。これを**現行犯逮捕**といいます。

令状主義（44ページ）の原則からすれば、逮捕を行うためには逮捕状が必要となるはずです。しかし、現行犯逮捕に関しては、令状主義の例外として令状が不要とされています。

その根拠として、現行犯の場合は、逮捕者にとって犯罪と被疑者（犯人）が明白で誤認逮捕のおそれがないこと、その機会を逃すと今後いつ被疑者をつかまえられるかわからないといったことが挙げられています。

現行犯逮捕のもうひとつの特徴は、だれでも逮捕できるという点です。

第2章 捜査から起訴・判決までの流れ

逮捕の種類

逮捕	通常逮捕	……… 裁判官があらかじめ発付する逮捕状に基づいて逮捕すること
	現行犯逮捕	……… 現行犯を令状なしで逮捕すること
	緊急逮捕	……… 重大犯罪で緊急の必要がある場合に、令状なしで逮捕すること（逮捕後に令状をとる）

55

つまり、たまたま犯罪現場に出くわした会社員でも、逮捕できるというわけです。このような一般の人による現行犯逮捕のことを常人逮捕（私人逮捕）といいます。

もっとも、犯罪が軽微である場合には、犯人の住居や氏名が明らかでないか犯人が逃亡するおそれがある場合でなければ、現行犯逮捕は許されないことになっています。

なお、現行犯人とは別に、刑事訴訟法は準現行犯人という概念も認めています。これは、たとえば、服に返り血を浴びているなど、犯罪を行い終わって間がないと明らかに認められる者を現行犯人とみなすというものです（下図）。

■ 緊急逮捕とは

憲法に従うのであれば、令状によらない逮捕が認められるのは、現行犯逮捕の場合だけのはずです。

しかし刑事訴訟法は、①死刑または無期もしくは長期3年以上の懲役・禁錮にあたる罪を犯したと疑うに足りる充分な理由がある場合で、②急速を要し、③事前に裁判官の逮捕状を求めることができないときには、検察官、検察事務官または司法警察職員が、その理由を告げて令状なしで逮捕できることを認めています。これを**緊急逮捕**といいます。

緊急逮捕後は、直ちに裁判官に逮捕状を請求し、それが発せられないときは直ちに被疑者を釈放しなければなりません。この緊急逮捕は、前述のように憲法に規定されたものではないことから、上記①〜③の要件をすべて充たす場合のみ行うことができるとしています。

準現行犯逮捕ができる場合

①犯人として追呼されている場合（「泥棒」と言われ、追いかけられているなど）
②贓物（盗品など）や明らかに犯罪に使われた凶器などを持っている場合
③身体や衣服に犯罪の顕著な跡が残っている場合（返り血がついているなど）
④誰何（とがめ問うこと）されて逃走しようとする場合
上記①〜④の場合で、「罪を行い終わってから間がないと明らかに認められる者」

5 逮捕後はどうなるのか

逮捕に引き続き勾留されることもある

警察官に逮捕された場合

逮捕後に被疑者がどのような扱いを受けるかは、逮捕したのが警察官であるか検察官であるかによって異なります。ただ、逮捕の主体となるのは警察官であることが圧倒的に多いので、以下では、その場合を想定して説明します。

警察官が被疑者を逮捕した場合には、まず司法警察員（巡査部長以上の警察官）に被疑者を引き渡さなければなりません。逮捕された被疑者を受け取った司法警察員は、被疑者に対して、犯罪事実の要旨と弁護人を選任することができる旨を告げた上で、弁解の機会を与えます。実務上は、このとき、弁解録取書という書面が作成されます。

引き続き留置の必要がない場合には、逮捕した者をすぐに釈放しなければなりません。留置の必要があると判断すれば、**身体を拘束したときから48時間以内**に、書類・証拠物と共に、その者を検察官に送致する手続をとらなければなりません。

検察官に送られた後

被疑者が司法警察員から検察官のもとに送られた場合、まず検察官は、被疑者に弁解の機会を与えます。その後の手続は、やはり留置の必要があるかないかによって異なります。

留置の必要がないときは、直ちに被疑者を釈放しなければなりません。

一方、留置の必要があれば、**被疑者を受け取ったときから24時間以内**に、裁判官に勾留を請求しなければなりません。なお、この勾留請求は、**被疑者の身体が最初に拘束されたときから72時間以内**に行わなければならないことになっています。ただし、この制限時間以内に公訴を提起した場合には、勾留の請求をする必要はありません。

勾留の意味

勾留とは、逮捕に引き続いて被疑者・被告人の身柄を拘束することです。勾留と似た言葉に、刑罰として科される拘留（30日未満の身柄拘束による刑罰）があります。

第2章 捜査から起訴・判決までの流れ

57

勾留は、被疑者の逃亡防止と証拠などの隠滅防止を目的に行われます。被疑者の身体を拘束するという点では逮捕と変わらないのですが、逮捕の手続だけでは最大72時間しか拘束できないのに対して、勾留が認められると、**10日間から20日間**の拘束が可能となります。

　勾留は長期の拘束が予定されているため、身体を拘束される者の人権保障の見地から、より慎重な手続が用意されています。たとえば、勾留された者が自らの勾留の理由を公開の法廷で説明するよう求めることができる勾留理由開示の請求権は、その一例です。

　勾留には、起訴前に被疑者に対して行われる被疑者勾留（起訴前勾留）と、起訴後に被告人に対して行われる被告人勾留（起訴後勾留）とがあります。被告人勾留は年単位の長期に渡る場合があります。

勾留の要件

　刑事訴訟法は、勾留を行うための要件として、①勾留の理由と、②勾留の必要性を求めます。

　まず、①勾留の理由としては、以下の点が必要です。
ⓐ　被疑者が罪を犯したことを疑うに足りる相当な理由があること。
ⓑ　住居不定だったり罪証隠滅ある

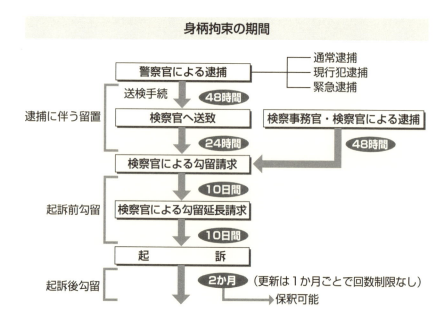

身柄拘束の期間

58

いは逃亡のおそれがあること。

次に、②勾留の必要性は、勾留の理由があっても、一方で身体を拘束するまでもないという事情があるのならば、勾留の必要性がないため、勾留は許されません。たとえば、事件が軽微であって、確実な身柄引受書があるときなどは、勾留の必要はないと考えられています。

また、被疑者勾留を行うには、先に逮捕を行わなければなりません。これを**逮捕前置主義**といいます。被疑者の逮捕・勾留の2つの段階で司法によるチェックを受けさせ、人権侵害を防ぐことを目的とするものです。

保釈とは

起訴後に勾留されている被告人に対しては、**保釈**が認められています。保釈というのは、一定額の金銭（保証金）を納付することによって身柄の拘束から解放されることです。保釈は、起訴後に勾留中の被告人に対

してだけ認められるもので、起訴前に勾留されている被疑者には認められません。

保釈された被告人が逃亡したような場合には保証金を取り上げられることになるため、被告人に経済的・精神的なプレッシャーをかけて、裁判所への出頭を確保できます。

保証金の額は、犯罪の性質や情状、被告人の性格・資産などを考慮して決められます。政治家の汚職事件などでは数億円の保釈金を積ませることもありますが、一般的には100万円から300万円であることが多いようです。保釈を許す場合には、被告人の住居を制限することもできます。なお、禁錮以上の実刑判決が確定すると、保釈は効力を失うと規定されています（刑事訴訟法343条）。

保釈の種類

保釈には、権利保釈、裁量保釈、義務的保釈の3種類があります。

勾留の種類と要件

勾留の種類 ── ①被疑者勾留（起訴前の勾留）
　　　　　　└─ ②被告人勾留（起訴後の勾留）

勾留の要件 ── ①勾留に理由があること
　　　　　　└─ ②勾留の必要があること

① 権利保釈（必要的保釈）

裁判所は、被告人や弁護人などから保釈の請求があったときは、原則として、保釈を許可しなければなりません。ただ、以下の6つのうちいずれかの例外（除外事由）にあてはまる場合には、裁判所は保釈の請求を却下できます。

ⓐ 死刑または無期もしくは短期1年以上の懲役・禁錮にあたる重罪事件のとき

ⓑ 死刑または無期もしくは長期10年を超える懲役・禁錮にあたる重罪事件の前科があるとき

ⓒ 長期3年以上の懲役・禁錮にあたる罪の常習犯のとき

ⓓ 罪証隠滅のおそれがあるとき

ⓔ 被害者らに対する加害のおそれがあるとき

ⓕ 氏名不詳・住居不明のとき

② 裁量保釈（任意的保釈）

裁判所は、権利保釈の除外事由がある場合でも、保釈することが適当と認めるときは、職権で保釈を許可することができます。裁量保釈の可否を決定する際には、被告人の逃亡・罪証隠滅のおそれの程度、身体拘束の継続で被告人が受ける不利益の程度等が考慮されます。

③ 義務的保釈

裁判所は、勾留による身柄拘束が不当に長くなったときは、被疑者や弁護人などの請求により、または職権で保釈を許可しなければなりません。

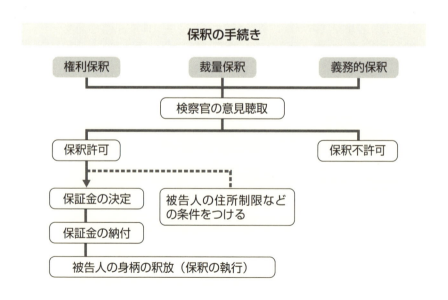

保釈の手続き

6 留置場や拘置所について知っておこう

たいてい警察の管轄下にある留置場に収容される

留置場とはどんなところか

留置場は各都道府県の警察に設置されており、看守が管理しています。留置場に収容されると、起床・洗面、点呼、食事、運動、就寝について、定められた時間どおりにこなすことになります。だいたいどこの留置場も6時半起床、21時就寝であり、食事は朝・昼・晩の3回提供されます。入浴できる回数は季節によって異なり、冬は週に1回、夏は週に2回となっています。

留置場は警察の管轄下にある施設であるため、特に黙秘を続けている場合は、施設内で話した内容が取調べの担当者に漏れ伝わる可能性がある、ということに注意すべきと言われています。

拘置所と留置場はどう違うのか

留置場と拘置所では、管轄が異なります。留置場を管轄しているのは警察ですが、拘置所を管轄しているのは法務省です。

よく、泥酔者が一時的に保護される場所を留置場と考えている人がいるようですが、そのような泥酔者が拘束されるのは留置場ではなく、警察署の保護室です。

留置場は留置されている者の逃走や証拠の隠滅、関係者への脅迫を阻止するための施設で、逮捕された人や勾留された人を収容する施設です。

一方、拘置所は、未決拘禁者（被疑者や被告人のこと）や死刑その他の刑の受刑者を収容する施設です。

裁判所によって勾留（57ページ）の決定がなされた後は、法務省の管轄する拘置所に収容されるのが原則です。しかし、実際には、警察の留置場に拘束されることが多く、留置場が代用監獄として使われていることが強引な取調べが行われる原因とも言われています。

未決拘禁者の収容目的は、留置場と同様、逃走・罪証隠滅の阻止にありますが、拘置所には移送を待っている受刑者や死刑囚、懲役受刑者なども収容されているため、収容者の取扱はそれぞれ異なります。また、

第2章 捜査から起訴・判決までの流れ

61

拘置所では一定の範囲内であれば裁判の準備のために本を読んだり文書を書くこともできますが、留置場では原則としてそうした行為を行うことはできません。新聞の一部を収容者間で回し読みできる程度です。

拘置所の生活は制限が伴う

拘置所は各都道府県に設置されている法務省が管轄する施設です。拘置所に入所する際には、入所検査室で入所手続と検査が行われます。

入所手続では、氏名・年齢・住所・職業・前科の有無と、自らの家族・連絡先などを聞かれます。この入所手続で収容番号が言い渡され、施設に収容されている間は氏名ではなく収容番号で呼ばれることになります。

検査では、写真撮影、身体検査（全裸の状態で身長・体重・傷の有無などを検査します）、所持品検査などが行われます。また、所持品を振り分ける作業も行います。この作業では、所持品を施設内で使用できるものとできないものに分けたり、検査が必要なものとそうでないものに振り分けます。

拘置所に収容されると、留置場と同様、起床・洗面・点呼・食事、運動、就寝は決められた時間に行うことになります。それ以外の時間は、

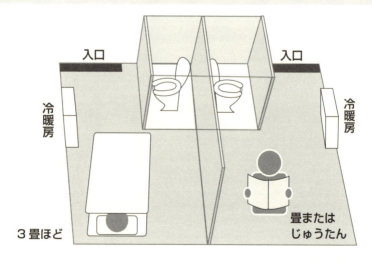

留置場の様子（例）

施設内に設置された机と椅子を利用して裁判の準備などを行ってもかまわないようです。

一定の制限はありますが、日用品、本、衣類、文具、食料などを施設内に持ち込めますから、留置場と比べると自由度が高いといえます。また、一定の現金を拘置所に預けることも認められているため、拘置所内で物品を購入することもできます。

お金がなくても、たとえば弁護人や家族に連絡をとりたい場合には、切手や文具を借りることもできます。

また、拘置所では定期的に診察が行われていますから、希望すれば診察や治療を受けることができます。収容される施設は一人で入る独居房と数人で入る雑居房があります。独

居房には自殺防止のため監視カメラが設置されていることもあります。

刑務作業の実施場所

懲役刑が確定した受刑者は、木工・印刷・洋裁といった刑務作業に従事することになります。刑務作業は受刑者が行う作業であるため、刑務所で実施される作業ということになります。

ただ、実際のところ、刑が確定すると直ちに刑務所に移送されるわけではなく、引き続き拘置所で待機することがあります。そのため、刑が確定した者については拘置所で刑務作業が実施されることもあります。

留置場・拘置所・刑務所の違い

	留置場	拘置所	刑務所
施設の意義	逮捕された者を引き続き捜査するために収容する施設	おもに、刑事裁判が確定していない被疑者・被告人を収容する刑事施設	おもに、刑が確定した受刑者を収容し、処遇を行う刑事施設
管轄	都道府県警察本部、警察署	法務省	法務省
施設数	約1300	拘置所8、拘置支所103	刑務所62、刑務支所8

※ 施設数は警察庁、法務省公表の統計を参照

第2章 捜査から起訴・判決までの流れ

63

7 別件逮捕・勾留について知っておこう

令状主義に反して違法である

逮捕・勾留に関する原則

罪が確定していない被疑者を不当な身柄拘束から守るため、逮捕・勾留については、①逮捕が先行するべきであるという逮捕前置主義、②逮捕・勾留は犯罪事実（被疑事実）を単位に行われるべきであるという事件単位の原則、③逮捕・勾留は同一事件につき1回のみであるという逮捕・勾留一回性の原則、などの原則があります。

別件とはどんな場合なのか

別件逮捕・勾留とは、本命の事件（本件）について逮捕・勾留の要件がまだ備わらないのに、その取り調べのため、要件の携わっている別の事件（別件）で逮捕・勾留することをいいます。別件は本件よりも軽微な犯罪であることがほとんどです。

たとえば、Aが犯したと思われる強盗致傷事件で逮捕したいが、そのための要件が備わっていないときに、逮捕の要件が備わっている窃盗事件でAを逮捕するような場合です。

別件逮捕・勾留は、別件の解決よりも本件の解決を主眼として行われることがほとんどです。つまり、別件での逮捕・勾留中に、本件について被疑者を取り調べ、自白させるこ

逮捕・勾留についての原則

- **逮捕前置主義** … まず逮捕をし、その後、勾留の手続をふむ
- **事件単位の原則** … 逮捕・勾留は、被疑事実を単位として行う
- **逮捕・勾留の一回性の原則** … 同一事件については1回しか逮捕・勾留できない
  - **再逮捕・再勾留の禁止** … 時間を別にして同一事件の逮捕・勾留を繰り返してはならない
  - **一罪一逮捕一勾留の原則** … 一罪を行為ごとに分けて逮捕・勾留をしてはならない

とを目的としています。このため、別件逮捕・勾留については、不当な捜査方法であり、令状主義に抜け道を設ける違法なものであると批判されています。

別件はなぜ違法なのか

別件逮捕・勾留はなぜ、違法だと評価されているのでしょうか。これについては、2つの大きな理由を挙げることができます。

第一に、別件逮捕・勾留が、実際には本件についての逮捕・勾留であるにもかかわらず、本件について逮捕・勾留を行うための手続がとられていない（令状の請求などが行われていない）という問題です。これが、別件逮捕・勾留が令状主義に違反していると批判される大きな理由です。

次に、逮捕は本来、被疑者の逃亡と罪証隠滅を防止するためになされ

るべきものであって、取調べ目的の逮捕を法は予定していません。そこで、取調べ目的の別件逮捕は端的に違法とみなすべきといえます。これが、別件逮捕・勾留が違法であるとされているもう1つの大きな理由です。

別件逮捕・勾留が違法となった場合の効果

違法な別件逮捕・勾留中になされた自白は、証拠として採用されないと考えられています。

判例は、証拠のそろっていない本件について被告人を取り調べる目的で、証拠のそろっている別件の逮捕・勾留に名を借り、その身柄の拘束を利用して、本件について逮捕・勾留して取り調べるのと同じ効果を得ることをねらいとしたもの、別件逮捕・勾留として違法であることを示唆する判断をしています。

第2章 捜査から起訴・判決までの流れ

別件逮捕・勾留

問題点
- 令状主義の潜脱になる
- 取調べ目的で逮捕・勾留が行われている

手段 → … 逮捕・勾留の要件が備わっている事件（別件）で身柄を拘束する

↓

目的 → … 逮捕・勾留の要件が備わっていない事件（本件）について取調べを行う

65

8 証拠を集めるための捜査にはどんなものがあるのか

捜索・差押え、検証などの強制処分がある

捜索と差押えは不可分一体

よく、「○○地検の強制捜査が開始されました」などというニュースが、テレビなどから流れています。これは、犯罪事件に関係する物的証拠を収集するために行われているものですが、その収集手段として頻繁に利用されているのが、捜索と差押えです。

捜索とは、人の身体や場所について、物または人の発見を目的として行われる強制処分（強制捜査）のことです。捜索は、一般には差押えの前提として、その対象となる物を発見するために行われます。

一方、**差押え**とは、捜査機関などが強制的に証拠物の占有を得ることです。たとえば、殺人事件の証拠となりそうな血痕の付いた刃物を、被疑者宅から強制的に入手する行為が差押えの典型例です。

令状主義（44ページ）により、捜索・差押えをするには、逮捕の現場で捜索・差押えをする場合を除き、令状が必要となります。

令状は、捜索・差押えの対象が不当に広がり、被疑者らの権利が侵害されることを防ぐために発せられるものです。したがって、差押えの対象となる物件と捜索の場所は、被疑者らに明確となる程度に特定されている必要があります。

差押えができないものは検証する

証拠物の中には、足跡などのように差押えなどが行えないものもあり

捜索・差押えとは

捜索・差押え → 特定が必要 → ○○の場所にある…
→ ××というもの…
→ 「その他本件に関係する物件」もOK

ます。そのような場合には、物の状
態を調書などに記録して証拠として
残しておく他ありません。そのため
の手段として、検証があります。

検証とは、場所・物・人について、
聴覚や視覚といった五官の作用によ
りその形状・性質・状態を認識する
強制処分のことです。捜査機関によ
る検証には、裁判官の発する令状が
必要となります。

令状によらない捜索・差押え

捜索・差押えをするためには原則
として令状（捜索差押許可状）が必
要ですが、例外的に、逮捕する場合
に必要があるときは、令状がなくても、
逮捕の現場で捜索・差押えができる

とされているのです。逮捕の現場に
は犯罪の証拠が存在する可能性が高
いからです。

科学的捜査

科学技術の急速な発達に伴って、
刑事訴訟法制定時には予想していな
かったような新しい捜査手段が生み
出されています。このような新しい
技術を用いた捜査手法を科学的捜査
といいます。ポリグラフ検査（うそ
発見器）、声紋鑑定、DNA鑑定など
はその一例です。

ポリグラフ検査とは、被検査者に
一定の質問を行い、それに対する生
理的反応を分析することで供述の真
偽について判断しようとする捜査

捜索・差押え・検証など

		対 象	行 為	主 体
捜 索		被疑者やそれ以外の者の身体・物・住居・その他の場所	物や人の発見	裁判所と捜査機関
押収	差押え	証拠物や没収すべきと考える物	物の占有の取得	
	領 置	遺留物、所有者・所持者・保管者の任意提出物		
	提出命令	証拠物や没収すべきと考える物	所有者・所持者・保管者に提出を命じること	裁判所
検 証		場所・物・人	五官の作用による形状などの認識	裁判所と捜査機関

方法をいいます。一般に「うそ発見器」を用いる検査で、心理状態の鑑定を目的に行われています。被検査者の呼吸・脈拍・血圧などをポリグラフという機器で記録し、その結果を分析します。

声紋鑑定とは、犯人の音声が録音されている場合に、声紋を分析することで被検査者の音声との同一性を証明する捜査方法をいいます。

DNA鑑定とは、遺伝子の本体であるデオキシリボ核酸（DNA）の塩基配列（A・G・C・Tの4種の組合せ）を比較することによって個人を識別する捜査方法です。血液鑑定より正確な識別が可能な鑑定方法として、従来から証拠能力が認められてきた方法ですが、科学技術の進歩に伴い、精度も向上しています。もっとも鑑定結果の信頼性は、適格な検査者による正確な解析作業等が大前提になります。また、鑑定資料の適正な保管等が精度に影響を与えることに注意が必要です。

通信傍受

通信傍受とは、電話を中心とした現に行われている通信を、その通信の当事者の同意を得ないで、捜査機関が傍受することをいいます。一般に「盗聴」と呼ばれているものです。捜査機関が、裁判所に対して電話などの通信内容の傍受に関する許可状を請求・取得することにより、通信内容を傍受することが可能になります。

従来は通信傍受に関して法整備がなされておらず、通信傍受が許されるかどうかが議論されていました。

判例は、①重大な犯罪に関する事件について嫌疑が十分であり、②傍受の対象となる通話で嫌疑がかけられている犯罪事実に関する通話が行われる見込みが高く、③他の方法ではその犯罪事実の必要な証拠を収集することが困難なときに、④憲法が保障する通信の秘密やプライバシーに対する侵害の程度を考慮して、通信傍受が許される場合があると判断していました。以前はこの判断に基づいて通信傍受が運用されてきました。

しかし、平成11年に成立した「通信傍受法」によって、薬物関連、集団密航関連、銃器関連、組織的殺人の犯罪に限定して、一定の要件の下に、捜査機関が通信傍受を行うことが法的に認められました。

ただ、通信傍受は無制限に許されるわけではなく、通信傍受を行う期間・時間が限定され、通信傍受を行う際には、原則として通信事業者に

68

よる立会いが必要です。また、通信傍受の対象外の犯罪に関する電話などを傍受することは許されません。これらにより、捜査機関が無制限に通信を傍受することを防ごうとしています。

その後、平成28年の通信傍受法の改正によって、通信傍受の対象犯罪が拡大されました。具体的には、爆発物使用、殺人、傷害、放火、誘拐、逮捕監禁、詐欺、窃盗、児童ポルノに関する罪の9類型が追加されました。いずれも組織的犯罪であることが必要ですが、対象になる犯罪が増加し、通信傍受を幅広く運用することが可能になります。また、通信傍受に必要な通信事業者の立会いについて、暗号技術を活用することで記録の改変などができない機器を用いるのであれば、通信事業者の立会いは不要となりました。

強制採尿という方法もある

覚せい剤自己使用の疑いがある被疑者に対して、覚せい剤の成分が体内にあるかどうかを調べるため、尿を採取することがあります。この尿の採取は、通常、被疑者の同意のもとに行われます。

しかし、被疑者が尿の採取を拒絶した場合、令状を得た上で、医師に依頼してカテーテル（導尿管）を強制的に尿道へ挿入し、体内から尿を採取する方法がとられています。

このような**強制採尿**は人格の尊厳を著しく侵害するものであり、許されないとする考えも少なくありません。しかし、強制採尿を捜索・差押えの一種と解釈して、医師が行うとの条件付の捜索差押許可状に基づいて行うことができるとするのが最高裁判所（判例）の立場です。

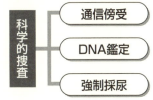

9 警察や裁判所から呼出しを受けたらどう対応すればよいのか

警察からの呼出しは原則拒否できる

警察から呼出しを受けたら

　警察（または検察）から呼出しを受けたと言っても、その人の立場や警察の目的は異なります。ただ、任意に出頭を求められたときは、出頭すべき義務がありません。呼び出されても拒否できるのです。警察から呼出しを受けた場合には、冷静になって自分がどのような立場で呼び出されたのか（参考人なのか被疑者なのか）を確認し、出頭するかどうかを検討する必要があります。

　参考人として呼ばれた場合には、特に応じる必要はありません。出頭しない理由を述べる必要もありません。出頭した場合でも取調べの途中で帰ることもできます。なお、一般的に取調べを受ける人が被疑者以外の場合に参考人と呼びます。

　一方、過去に逮捕歴や前科があり、その事件に関連して呼出しを受けた場合は、慎重な対応が必要です。任意出頭である以上、出頭義務はありません。原則としては出頭しない方がよいでしょう。質問がある、当時

の押収品を返す、という理由で呼出しを受ける場合もありますが、質問に応じる義務はありません。押収品も郵送を依頼すれば済む話です。押収品が不要なものである場合には、廃棄を依頼するのも一つの対処法といえます。

　また、家族が逮捕された場合に呼出しを受けることもあります。この場合も呼出しを受けた人には出頭義務がありません。逮捕された家族が心配な場合は、地域の弁護士会や当番弁護士（74ページ）に連絡するようにしましょう。

　以上に対し、被疑者や重要参考人として呼び出された場合は、その後の警察の動きを考慮して対応する必要があります。逮捕状によって逮捕できる条件がそろっている場合、任意出頭を拒否すると警察は逮捕に踏み切るでしょう。一方、逮捕ではなく呼出しという形をとっているのは、逮捕の要件がまだそろっていないからとも考えられます。この場合は、呼出しに応じて自供した結果、その

自供を根拠として逮捕されることもありえます。

　そこで、被疑者や重要参考人として任意出頭を要求されても、出頭義務はありませんので、むやみに出頭しない方がよいこともあります。しかし、任意出頭の要請を無視すると、逮捕されることもあり得ます。そのため、任意出頭を要請されたら、自分が不利な立場にならないように弁護士に相談するとよいでしょう。また、出頭する際にも、弁護士に同行してもらった上で出頭するという方法もあります。

裁判所から呼出しを受けたら

　警察からの呼出しを拒否し続けていると、裁判所から呼出しを受ける場合があります。この場合、警察からの呼出しとは異なって、どのような立場で呼出しを受けたのかがはっきりしています。呼出しを受けた人が、何らかの犯罪の捜査に欠くことのできない知識を持っていることが明らかである、と裁判所によって判断されたために、呼出しを受けたのです。

　つまり、起訴前に、検察官の請求に基づき裁判所が証人尋問を行うために、証人を召喚する場合です。裁判所から証人として召喚を受けた人が、正当な理由もなく出頭しない場合、刑罰を受けることがあります。

　したがって、裁判所から呼び出された場合には、無視せず出頭すべきでしょう。独力での対応が難しいと感じた場合には、弁護士に相談し、立ち会ってもらうとよいでしょう。

第2章　捜査から起訴・判決までの流れ

警察や裁判所からの呼出し

警察 　呼出し →
・被疑者、重要参考人
・参考人
・逮捕歴・前科に係る事件に関する呼出し

令状がない限り、拒否してもよい

裁判所 　呼出し →
・起訴前の証人尋問

拒否すると刑罰を受けることがある

71

10 被疑者に認められている権利について知っておこう

黙秘権や接見交通権が認められる

黙秘権とは

被疑者が捜査機関に対抗するための権利（防御権）として、第一に挙げられるべきものは**黙秘権**です。

黙秘権とは、自己の供述したくない事柄について沈黙したままでいても、それを理由に不利益を受けないという権利です。

黙秘権は17世紀後半にイギリスではじめて認められたもので、その後、アメリカ合衆国憲法で具体化されました。わが国の憲法も「何人も自己に不利益な供述を強要されない」と規定して黙秘権を保障しています（38条）。これを受けて、刑事訴訟法が被疑者や被告人に黙秘権を保障する規定を設けています。

被疑者の黙秘権

刑事訴訟法では、被疑者の黙秘権について「取調に際しては、被疑者に対し、あらかじめ、自己の意思に反して供述をする必要がない旨を告げなければならない」と規定しています（198条2項）。直接的には捜査機関に黙秘権の告知義務を課したものですが、当然の前提として被疑者の黙秘権を認めるものです。

接見交通権の意味

被疑者の防御権には、黙秘権とならぶ重要な権利として**接見交通権**があります。

接見交通権とは、身柄拘束中の被疑者や被告人が、弁護人（または弁護人になろうとする者）と立会人なく面会し、書類や物の受け渡しができる権利のことです。

一般に被疑者や被告人は法的知識に乏しいため、特に身柄拘束中は弁護人の助力を得る必要があります。そのためには、弁護人と面会し、防御活動の準備をしたり、法的なアドバイスを受ける機会が保障されなければなりません。この観点から、接見交通権は、憲法の保障する弁護人依頼権を実質的に保障するものと理解されています。

接見交通権の制約

刑事訴訟法は接見交通権を重要な権利として保障している一方で、捜査の必要性がある場合は、例外的に弁護人と被疑者の接見に制限を加えることを認めています。具体的には、捜査機関が、「捜査のため必要があるとき」に、接見の日時・場所等を示して、「この日でなければ弁護人は被疑者に会えない」と一方的に指定できるようになっているのです。これを**接見指定**といいます。

しかし、実際には捜査機関が、本当に捜査のために必要があるのかどうか疑わしい場合にまで接見指定をすることが少なくありません。被疑者から弁護人を遠ざけるための手段として接見指定が濫用されているのではないか、と思われるケースも散見されます。

こうした状況を反映して、「接見交通権が捜査機関によって侵害された」として、弁護人が捜査機関を訴える例が後を絶ちません。そもそも、刑事訴訟法が接見指定を定めていること自体が、憲法の保障する弁護人依頼権を侵害するのではないか、という問題提起がなされてきました。

しかし、判例は、捜査に対する配慮の必要性を理由に、被疑者に関す

る接見指定が必ずしも憲法に反するものではないと判断しています。

つまり、被疑者は自由に弁護人と接見できることが前提ですが、正に被疑者を取り調べている最中である場合や、実況見分や検証に被疑者を立ち会わせている場合には、接見指定を行うことにも合理的な理由が認められるため、自由な接見と接見指定との間で適切な調整を行う必要がある、という建前が採られています。

なぜ勾留されるのか

勾留理由開示の請求権とは、勾留された場合に、勾留の理由を知らせるよう裁判官に求める権利です。

勾留の理由を開示させることによって、被疑者が勾留に対する不服申立てである準抗告（次ページ）の準備をすることが可能になります。また、理由が不当であれば勾留取消しを求めることになります。

勾留を取り消す

勾留の理由または勾留の必要性がなくなったときに備えて、被疑者や弁護人などに対して、勾留の取消しを求める権利を保障しています。これを勾留の取消請求権といいます。

なお、勾留の取消しは、検察官が

第2章 捜査から起訴・判決までの流れ

公益的見地から請求することもできますし、裁判官が職権で行うこともあります。

準抗告で不服申立て

捜査の過程で裁判官が行った裁判（勾留・保釈など）や、検察官・検察事務官・司法警察職員のした処分（接見指定・捜索・差押えなど）に対しては、不服申立てを行うことができます。これを**準抗告**といいます。

準抗告が認められれば、その対象である裁判・処分が取り消されるか変更されることになります。これによって、不当な勾留・捜索・差押えなどが行われた場合、被疑者に救済の道が開かれるわけです。

なお、差押えを含む押収については、還付・仮還付の制度が認められています。これは、押収すべきでなかった物または押収の必要がなくなった物を、押収された者に返還するという制度です。また、逮捕に対する準抗告は認められていません。

被疑者の国選弁護について

弁護人には、被疑者・被告人に許されているすべての行為について、性質が許す限り包括的に代理することができるなど、さまざまな権限が認められています。こうした権限を行使しながら、弁護人が被疑者・被告人に対する人権侵害を抑止し、無罪判決など被告人に有利な判決を得るための活動をすることが期待されているということができます。

また、被疑者段階から弁護人をつけることができるように各弁護士会では、**当番弁護士制度**を自主的に設置しています。当番弁護士制度とは、警察や検察における取調べなどの捜査をチェックするため、逮捕直後の被疑者やその家族・知人からの連絡を受けた弁護士が被疑者のもとへかけつける制度です。

さらに、資力がないなどの理由で弁護人をつけることができない場合に、国が弁護人をつける**国選弁護制度**もあります。

以前は、被告人段階ではすべての被告人が、被疑者段階では重大犯罪で勾留中の被疑者が国選弁護制度の対象とされてきました。しかし、平成28年の刑事訴訟法改正により、**被疑者段階の国選弁護制度（被疑者国選弁護制度）**の対象が、勾留中の被疑者全員に拡大されることになりました。被疑者国選弁護制度の拡充は平成30年6月から開始される予定です。

11 起訴するかどうかは検察官が決める

犯人の性格や犯罪の軽重、情状を考慮して判断する

公訴の提起とは

　捜査が終了すると、検察官は、その事件について裁判所の審判を求めるかどうかを決めます。

　特定の刑事事件について裁判所の審判を求める意思表示を公訴といい、起訴状提出から始まる一連の手続を**公訴の提起（起訴）**と呼びます。

　公訴を提起する権限を公訴権といいます。公訴権は検察官が行使することになっています。

　諸外国の立法例では、公訴権を私人（個人）に認めているものもありますが、日本では国家機関である検察官にしか認められていません。

　公訴の提起を被害者や一般の市民に委ねてしまうと、個人の私的感情や地方の特殊事情により不公平な訴追が行われるおそれがあります。そこで、国家機関である検察官だけに公訴権を認め、公平な訴追を追求したわけです。

公訴提起の手続

　では、公訴の提起がどのように進められていくのかを簡単に見ておきましょう。

　まず、公訴の提起は検察官が裁判所に起訴状を提出することで行われます。起訴状には、被告人の氏名その他被告人を特定するに足りる事項、公訴事実、罪名を必ず記さなければなりません。その他に、起訴状の作成年月日、検察庁名、検察官の署名・押印などが記載されます。

　なお、起訴状には、事件に関して裁判官に対し予断を生じさせるおそれのある内容を記載することができません（起訴状一本主義）。たとえば、被告人の前科などの記載は、原則として禁止されています。

　そして、起訴状を受け取った裁判所は、形式上の不備がない限り、受理印を押します。これにより、事件が裁判所で処理される状態が成立したとみなされるわけです。

　起訴状の謄本が2か月以内に被告人の手元に届かなったときは、公訴の提起はさかのぼって効力を失います。

第2章　捜査から起訴・判決までの流れ

公訴時効とは

　裁判所は、訴訟条件がきちんと備わっている限り、公訴の提起（起訴）があった事件を審理しなければなりません。

　訴訟条件とは、刑事訴訟の審理を継続して有罪・無罪の判決を行うために必要になる一定の条件のことです。起訴された事件を裁判所が審理すべき状態になることを、訴訟係属が生じたといいます。

　訴訟係属により生じる重要な効果として、公訴時効の停止を挙げることができます。**公訴時効**とは、犯罪発生後から一定の期間の経過を理由に、国家の訴追権を消滅させる制度のことです。公訴時効が完成するまでの「一定の期間」は、犯罪の重さに応じて1年〜30年の間で設定されており（次ページ図）。この期間内に公訴の提起が行われなければ、その犯罪を行った者を起訴することができなくなります。

　なお、公訴時効が設けられている理由として、「時間の経過により、一般の処罰感情が薄らぐ」「証拠の散逸により真実発見が困難になる以上、起訴を許すべきでない」などが挙げられています。

　しかし、被害者や遺族の処罰感情が時の経過で薄れるとはいえませんし、捜査方法の進歩により、真実発見が困難になるとも言い切れません。そのため、平成22年4月に施行された刑事訴訟法の改正により、殺人罪や強盗殺人罪など、人を死亡させた罪で法定刑に死刑がある罪については公訴時効が撤廃されています。

　公訴時効は、犯罪行為が終わったときから進行しますが、公訴の提起による訴訟係属には公訴時効の進行を停止させる効果があります。この場合、時効を停止させるとは、それまで進行してきた時効期間の経過をゼロにすることを意味するわけではなく、いわば時計の針が止まったままの状態となります。そのため、公訴の提起が不適法であるとして公訴棄却（公訴の提起を無効とする裁判のこと）がなされたときには、再び停止した時点から公訴時効が進みます。その結果、公訴時効が完成すれば訴追されないので、もはや罪に問われないことになります。

起訴猶予とは

　TV・ラジオなどで、特定の刑事事件に関して「検察は起訴を見送った」などといったニュースを耳にしたことはありませんか。このように、

犯罪の事実がありながら、検察官が起訴をしない場合があるのはなぜなのでしょうか。

まず、考えられるのは起訴をしたくてもできない場合です。たとえば、捜査の結果、被疑者が罪を犯したことを明らかにする証拠が集まらず、犯罪の嫌疑が不十分な場合です。この場合に、検察官が公訴を提起できないのは当然でしょう。また、その他にも、公訴時効が成立している場合、起訴はできません。

すると、犯罪の嫌疑が十分にあって、また公訴時効も成立しておらず、公訴を提起する上で何ら法的な障害がない場合には、起訴するのが自然であるように思えます。

しかし、現行法では、起訴をするかしないかの決定は検察官に委ねられています。起訴が可能な場合でも、検察官が訴追の必要がないと判断すれば、不起訴にできるようになっているのです（起訴便宜主義）。

検察官の裁量で被疑者を不起訴とすることを**起訴猶予**といいます。

不起訴が不当な場合

起訴をするかしないかの意思決定が検察官の裁量とされていることは、危険もはらんでいます。たとえば、司法上の目的からではなく、政治的な思惑のもとに訴追が控えられるという事態もありえるわけです。

そのような不当な不起訴処分を防ぐために、現行法は、以下のような制度を用意しています。

公訴時効の期間

人を死亡させた罪以外の罪の種類	期間	人を死亡させた罪の種類	期間
死刑にあたる罪	25年	死刑にあたる罪	
無期懲役・無期禁錮にあたる罪	15年	無期懲役・無期禁錮にあたる罪	30年
長期15年以上の懲役・禁錮にあたる罪	10年	長期20年の懲役・禁錮にあたる罪	20年
長期15年未満の懲役・禁錮にあたる罪	7年	上記以外	10年
長期10年未満の懲役・禁錮にあたる罪	5年		
長期5年未満の懲役・禁錮にあたる罪	3年		
拘留・科料にあたる罪	1年		

① 付審判手続

たとえば、警察官が取調べの際、被疑者に対して不当な暴行を働いた場合は、特別公務員暴行陵虐罪（刑法195条）が成立します。このような公務員の職権濫用に関する罪で検察官が不起訴処分を行った場合に、その罪について告訴・告発をした者は、不服があれば、裁判所に対して審判に付すことを請求できます。

裁判所が、その請求に理由があることを認め、その事件を審判に付する旨の決定を行った場合、公訴提起の効力が生じます。これを付審判手続（準起訴手続）といいます。

② 検察審査会制度

検察官の不起訴処分の当否を審査するためのチェック機関として、全国の地方裁判所管轄区域ごとに検察審査会が置かれています。

告訴・告発をした者や犯罪の被害者は、不起訴処分に不服があるときは、検察審査会に対して、その当否の審査を請求することができます。

請求を受けた検察審査会は、ⓐ起訴相当（起訴すべきである）、ⓑ不起訴不当（さらに詳しく捜査すべきである）、ⓒ不起訴相当、のうちいずれかの議決を行います。

検察審査会は、議決後に議決書を作成し、それを検事正（地方検察庁の長たる検察官）に送付します。起訴相当・不起訴不当の議決があった場合、検事正は、その議決を参考にし、公訴を提起すべきと考えた場合には、起訴の手続きを行います。

もっとも、検察審査会が起訴をすべきである（起訴相当）という議決を行っても、直ちに被疑者は起訴されるわけではありません。検察官が事件を再検討して、なお、不起訴処分とした場合に、改めて検察審査会で審査し、その結果、起訴をすべきであるという議決（起訴議決）があった場合に、はじめて起訴の手続きが採られます。

不当な起訴への対抗手段

では、逆に不当な起訴が行われた場合に、被告人となった者を救済するための手段はないのでしょうか。

実は、法律上、不当な起訴から被告人を救済するための特別な制度は用意されていません。

ただ、検察官が公訴提起に関する裁量権を逸脱して、本来なら不起訴とすべきなのに起訴したと評価されるときには、その起訴自体を無効として訴訟を打ち切ることができる場合もあります。

12 起訴状によけいなことを書いてはいけない

裁判官に予断を与えることは禁止されている

起訴状一本主義とは

　戦前の刑事訴訟手続では、検察官は、起訴状と共に、捜査で集めた証拠書類や捜査記録をまとめて裁判所に提出していました。裁判官は、それらの書類・記録を十分に吟味した上で、審理に臨んでいたのです。

　しかし、検察官の提供する資料のほとんどは、被告人にとって不利なものです。そのような資料を検察官から受け取った裁判官の心証は、「被告人が罪を犯した可能性は高い」と有罪の方向に傾いてしまうおそれがあります。公判（82ページ）の始まる前から裁判官がこうした予断に充ちていては、憲法の要請する「公平な裁判」を期待できません。

　そこで、現在の刑事訴訟法では、被告人にとって不利益となる予断を排除し、公平な裁判を実現するため、起訴状一本主義を採用しました。

　起訴状一本主義とは、起訴状には、裁判官に、事件について予断を生じさせるおそれのある書類などを添付したり、その内容を引用してはならないという原則です。

　予断を抱かせる記載を排除することで、裁判官が真っ白な状態で裁判に臨めるようにして、公平な裁判の実現を図っているわけです。

　起訴状一本主義からすると、まず、起訴状に証拠となる資料を添えることは、当然に許されません。証拠が裁判官に予断を抱かせるものであることは明白だからです。

　また、起訴状に前科・経歴・性格などの事項を記載することは、裁判官に予断を抱かせるものとして禁じられています。

訴因と公訴事実・罪となるべき事実とは何か

　起訴状には被告人の氏名など被告人を特定できる事柄と罪名の他、公訴事実が記載されます。公訴事実とは、検察官が裁判所の審判を求めて記載した犯罪事実のことです。

　公訴事実の記載は、できる限り日時、場所、方法を特定しなければなりません。

第2章　捜査から起訴・判決までの流れ

どの程度特定する必要があるのか

公訴事実の記載は、できる限り特定しなければならないといっても、具体的にどの程度特定されていなければならないのでしょうか。

たとえば、覚せい剤使用罪で起訴された事件で、起訴状に「被告人は…昭和54年9月26日頃から同年10月3日までの間、広島県高田郡吉田町内およびその周辺において、覚せい剤であるフェニメチルアルミノプロパン塩類を含有するもの若干量を自己の身体に注射または服用して施用し、もって覚せい剤を使用したものである」と記載されていたことが、犯行の日時・場所、覚せい剤の使用量、使用方法の点で特定されているとはいえないのではないかが問題になった事件があります。

これに対して、最高裁判所（判例）は、「本件公訴事実の記載は、日時、場所の表示にある程度の幅があり、かつ、使用量、使用方法の表示にも明確を欠くところがあるとしても、検察官において起訴当時の証拠に基づきできる限り特定したものである以上、覚せい剤使用罪の訴因の特定に欠けるところはないというべきである」と述べました。

このように、裁判所は、厳密な記載ではなく、ある程度幅がある記載でも許されるという立場に立っています。

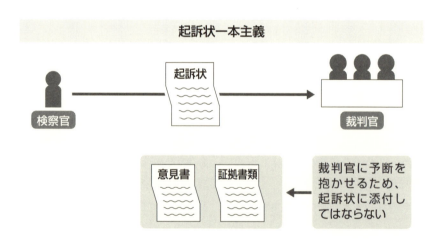

起訴状一本主義

起訴状サンプル

平成○○年検第○○○○号

起訴状

平成○○年○月○日

東京地方裁判所　殿

東京地方検察庁

検事　中松太郎

下記被告事件につき公訴を提起する。

記

本籍　東京都○○区○○町○丁目○番○号

住所　不定

職業　無職

　　　（勾留中）山田敏光

昭和○○年○月○日生

公訴事実

被告人山田敏光は平成○○年○月○日午前○時○分頃、東京都○○区○○町○丁目交差点において、帰宅途中の永山祐子に対して、所携の登山用ナイフを示し、「騒ぐと殺すぞ。命が惜しければ静かにしろ」などと申し向け、同人の反抗を抑圧して現金20万円及び腕時計（時価40万円相当）を強取したものである。

罪名及び罰条

強盗　刑法第236条第1項

13 公判の３大原則を知っておこう

公判に向けた準備活動も大切

公判とは

　公訴提起から裁判が確定し、事件が裁判所を離れるまでの手続を公判といいます。公判については、以下の３つの原則があります。

① 公開主義

　公開主義とは、訴訟の審理や判決を公開の法廷で行われなければならないとする原則です。訴訟を広く一般市民に公開し、監視させることで、裁判の公平・公正を図ろうとする、憲法で規定された「裁判の公開」の考えに基づいています。

② 口頭主義

　口頭主義とは、訴訟資料（判決の基礎となる資料）を書面ではなく口頭で提供することを求め、裁判所がそれに基づいて審理を行うという原則です。裁判官が当事者の口から直接その主張を聞くことは、書面よりも強い印象を得ることが期待できます。当事者、とりわけ被告人にとっても利益となります。

　刑事訴訟法は、判決をするには原則として口頭弁論に基づかなければ

ならないと規定し（43条１項）、さらに判決の際にも主文と理由の朗読を義務づけています（刑事訴訟法規則35条２項）。これは口頭主義を具体化したものと考えられています。

③ 直接主義

　直接主義とは、裁判の基礎にすることができるのは、裁判所が直接取り調べた証拠に限るという原則です。

　裁判の基礎となる事実の認定は、証拠に基づいて行われますので、裁判官が正確な事実認定を行うためには、他人に証拠を調べさせるのではなく、自らが直接それを行う必要があるといえます。このような理由から、刑事訴訟法は直接主義を採用しました。

公判準備とは

　公訴が提起され、裁判所が起訴状を受理すると、公判の準備が始まります。公判期日に充実した審理を円滑に行うには、事前にその準備をしておくことが不可欠だからです。

　まず、裁判所から起訴状謄本（起

82

訴状を丸写ししたもの）が被告人に送り届けられます。これは被告人に十分な防御を行わせるためです。公訴の提起があった日から2か月以内に起訴状の謄本が被告人の手元に届いていないときは、公訴の提起はさかのぼって効力を失います。公訴の提起と被告人に対する起訴状謄本の送達との間に、あまりにも時間がかかりすぎると、被告人の防御にとって不利益が生じるためです。

さらに、裁判所は、被告人に対して弁護人選任権等の告知を遅滞なく行わなければなりません。具体的には、①弁護人を選任できること、②貧困や弁護人となる人が見つからないといった事情により弁護人を選任できないときは国選弁護人を国に請求できること、③死刑または無期あるいは3年を超える懲役・禁錮にあたる事件は弁護人なしで開廷できないこと、などが被告人に伝えられます。

もっとも、弁護人選任権に関する告知は、すでに被告人に弁護人がついている場合であれば不要です。

このような公判開始前の一連の準備手続を、**公判準備手続**といいます。

公判前の証拠開示は可能か

現行の捜査制度のもとでは、警察官・検察官に大きな捜査権限が認められています。その結果、公判で提出される証拠はもっぱら検察官の下に集中することになります。

戦前の刑事訴訟法の下では、起訴と同時に、検察官のもとにあった証拠すべてが裁判所に引き継がれていたことから、弁護人は、裁判所でこれを閲覧・謄写（コピー）することが可能でした。そのため、被告人や弁護人は、公判の準備段階で、検察官のもとにどのような証拠があるかを把握した上で、訴訟に備えることができたと言われています。

第2章 捜査から起訴・判決までの流れ

公判の基本原則

公判 → 第一審 → 控訴審 → 上告審

公開主義
口頭主義
直接主義

83

しかし、現在の刑事訴訟法では、起訴状一本主義（79ページ）が採用されたため、第1回公判期日前に検察官手持ちの証拠が裁判所に送られることはありません。そのため、被告人が検察官のもとにどのような証拠があるのかを知ることは非常に困難になっています。

そこで、被告人や弁護人が検察官に対抗して十分な防御活動を行えるよう、被告人側に検察側の証拠を事前に閲覧・検討する機会を与えるべきだ、という主張がなされています。

裁判所が充実した公判の審理のために必要と判断した場合、公判準備として公判前整理手続を行うことができます。公判前整理手続では、検察官に広く証拠開示の義務が課されています。なお、平成28年の刑事訴訟法改正に伴い、検察官・被告人・弁護人に対して、公判前整理手続の申立権が付与されました。

■ 冒頭手続とは

公判準備手続や公判前整理手続が終わると、いよいよ公判が開始されます。

はじめに行われるのが冒頭手続です。冒頭手続とは、第1回公判期日における最初の手続のことで、具体的には、被告人に対する人定質問から証拠調べの前までの過程を指します。

人定質問とは、被告人が人違いでないことを裁判長が確認するために行う質問です。通常は、被告人に対して氏名・生年月日・住居・職業等が尋ねます。

人定質問に続いて、検察官による起訴状の朗読が行われます。裁判長は、起訴状朗読が終わると、被告人に黙秘権を告知します。つまり、公判において被告人は終始沈黙したままでいることができます。また、裁判長は個々の質問に対し陳述を拒むことができることを告げ、さらに、陳述すれば自己に不利益な証拠ともなることを伝えます。

このとき裁判長は、必要があると判断した場合には、被告人に対して、被告人が十分に理解していないと思われる被告人保護のための権利について説明します。

黙秘権（72ページ）などが告知された後、被告人と弁護人には、被告事件について陳述する機会が与えられます。被告人・弁護人はこのとき、起訴状に書かれた事実の認否や、正当防衛・心神喪失などについて主張することになるわけです。起訴事実の認否を**罪状認否**といいます。

自白事件に関する簡略な手続き

　被告人が罪状認否で罪を認める陳述を行った場合、裁判所は、検察官・被告人・弁護人の意見を聴いた上で、簡易公判手続によって審判を行うことができます。被疑者としては早期に刑事手続から解放されると共に、検察官や裁判所としても公判手続に対する負担が軽減されるので、当事者双方にメリットがあると言われています。

　簡易公判手続は、通常の公判手続と比べ、証拠調べの方式などの点で、審判手続が簡略化されたものです。もっとも、対象となる犯罪が死刑または無期あるいは短期1年以上の懲役・禁錮にあたる場合は、簡易公判手続は利用できません。

　また、刑事訴訟法は、自らの罪を認めている被疑者（被告人）に関する事件（自白事件）のうち、比較的軽微な量刑が予定されるものについて、簡略な手続きとして、他にも即決裁判手続きや、略式手続を規定しています。

① 即決裁判手続

　即決裁判手続とは、事案が明白かつ軽微であって、被疑者の同意がある場合、検察官が公訴提起と同時に申し立て、その後の公判期日において、被告人が罪を認める旨を陳述し、弁護人が同意した場合に、裁判所が開始する旨を決定する手続きをいいます。弁護人の同意が条件となるため、被告人に弁護人がついていない場合は、即決裁判手続きの開始決定

> 第2章　捜査から起訴・判決までの流れ

冒頭手続き

人定質問	…	人違いがないかをチェック
↓		
起訴状朗読	…	裁判所に対して審判の対象を明らかにし、被告人に対して防御の対象を明らかにする
↓		
黙秘権等の告知	…	被告人に防御上不利益を与えないようにする
↓		
被告人・弁護人の陳述（認否）	…	手続きの違法の主張や弁解の機会を与える（公訴事実の認否〔罪状認否〕も行う）

検察官の冒頭陳述へ　　　　　簡易公判手続きへ

ができません。

即決裁判手続では、簡易公判手続きとほぼ同様に審判手続が簡略化され、裁判所は、原則としてその日（1回）の公判によって即日判決を言い渡します。その際、裁判所が被告人に懲役または禁錮を言い渡すときは、必ず執行猶予を付さなければなりません。一方、被告人または弁護人が同意を撤回したときや、裁判官が即決裁判手続によることを不相当と判断した場合は、通常の公判手続が行われます。

② 略式手続

略式手続は、上記2つの手続とは異なり、公判を開かず、簡易裁判所が書面審理で刑を言い渡す手続きです。対象になるのは、簡易裁判所の管轄に属する事件のうち、検察官が100万円以下の罰金または科料に処す

るのが相当と考えた事件に限ります。

検察官は、被疑者に略式手続の説明をして、略式手続によることに異議がない（罪を認める）ことを確認した上で、公訴提起と同時に、略式命令の請求を行います。略式命令の請求をする際、検察官は、簡易裁判所に証拠書類と証拠物を提出します。この請求を受けて、簡易裁判所は、略式命令という形で100万円以下の罰金または科料の範囲内で刑を言い渡します。

一方、簡易裁判所が略式命令によるのを不相当（上記の量刑の範囲を超える場合など）と判断した場合や、検察官または略式命令を受けた者が14日以内に適法な正式裁判の請求をした場合は、通常の公判手続が行われます。

3つの簡略な手続きの比較

	簡易公判手続	即決裁判手続	略式手続
対象事件	「死刑または無期もしくは短期1年以上の懲役・禁錮」に該当しない事件		100万円以下の罰金または科料の事件
申立時期	公判期日	公訴提起時	
審理裁判所	地方裁判所（原則）		簡易裁判所
公判手続	あり	あり（原則1回）	なし

14 公判の流れを見てみよう

冒頭陳述から始まる証拠調べの手続き

冒頭陳述で検察側の手の内が明らかになる

証拠調べとは、読んで字のごとく証拠の信用性を具体的に調べる手続のことです。この**証拠調べ**を通じて、裁判官は犯罪事実が存在するかどうかの心証を形成していくわけです。

証拠調べは検察官の冒頭陳述から開始されます。これは、検察官が証拠によって、どんな事実を明らかにしようとしているのかを具体的に述べるものです。

証拠調べの請求とは

冒頭陳述に続き、検察官から証人等の証拠調べの請求が行われます。

検察官には事件の審判に必要となるすべての証拠調べを請求することが義務づけられています。

証拠調べの請求は、書面によるのが原則であり（書面主義）、その際、証拠と証明すべき事実との関係を具体的に明示しなければなりません。この証拠と証明すべき事実の関係を**立証趣旨**といいます。

証拠調べの請求がなされた場合、裁判所はその請求を認めるのかどうかを判断しなければなりません。その際には、被告人か弁護人の意見を聴くことが義務づけられています。請求を認める場合には証拠採用の決定を、認めない場合には却下決定を行います。

検察官の請求に基づく証拠調べが終わると、引き続いて今度は、被告人・弁護人から証拠調べの請求が行われます。

証拠調べの開始

証拠採用の決定がなされると、証拠調べに入ります。具体的な方法として、証拠書類の取調べは朗読や要旨の告知によって行われ、証拠物の取調べは展示によって行われます。そして証人の取調べは証人尋問により行われます。この証拠調べの範囲、順序と方法について裁判所は、検察側・被告側双方の意見を聴いて定めることができます。

証拠調べは、検察官が証人を尋問

第2章 捜査から起訴・判決までの流れ

87

するなどの立証活動を終えた後、被告人側が請求した証拠について取調べを行います。こうした証拠調べを通して、裁判所の証拠に対する評価や心証が形成され、それをもとに判決が下されることになるわけです。

公判が佳境に入る最終手続

証拠調べの手続がすべて終わると、その結果に基づいて当事者の最終的な陳述が行われます。この陳述がなされていく過程を**最終手続**といいます。最終手続は、まず検察官の論告によって開始されます。論告とは、証拠調べが終わった後に検察官が行う事実および法律の適用に関しての意見の陳述です。

この論告では、弁護人の主張に反論を加えながら、量刑（被告人に下す刑の重さを決定する作業のこと）に関する事実や、その事実に適用するべき法律に関する検察の意見などが述べられていきます。このとき、検察官から「被告人を禁錮〇年に処するのが相当であると考える」という形で、量刑に関する意見も示されます。検察官が行うこのような量刑に関する意見陳述は**求刑**と呼ばれています。

検察官の論告に続いて、弁護人が**最終弁論**を行います。最終弁論とは、弁護人が、事実および情状、法律の適用について最終的な意見を述べることです。最終弁論は、弁護人が

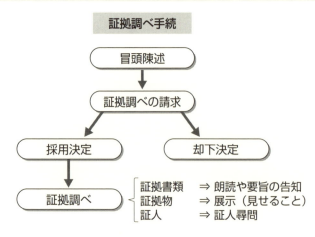

証拠調べ手続きの流れ

行ってきた訴訟活動の総まとめといべきものです。

弁護人による最終弁論に引き続き、被告人の**最終陳述**が行われます。その内容は、弁護人と同様のものが予定されていますが、実際の訴訟では、被告人の反省の気持ちが述べられるだけなど簡潔な場合が少なくありません。この被告人の最終陳述によって審理は終了します。これを弁論の終結あるいは結審といいます。

判決手続

最終手続が終わり、当事者が主張を尽くすと判決が下されます。判決は裁判長が主文および理由を朗読するか、主文の朗読と理由の要旨を告知する形で行われます。

判決に対して不服がある場合は、上訴申立期間内に上訴（36ページ）を行うことができます。上訴申立期間内に上訴が行われないと、判決が確定します。これにより、判決に対する不服申立てはできなくなり、刑事訴訟の手続は終了します。判決が有罪判決であれば、被告人はその後、刑の執行を受けることになります。

なお、有罪判決の宣告後、しばしば裁判長が、被告人に対して「もう二度とこんなことをしてはダメですよ」というような内容の話をすることがあります。これは、刑事訴訟規則221条の「裁判長は、判決の宣告をした後、被告人に対し、その将来について適当な訓戒をすることができる」という規定に基づくものです。

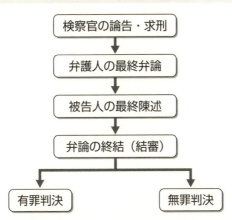

最終手続き・判決手続き

15 誤った裁判を防ぐにはどうしたらよいのか

客観的な証拠に基づいて裁判をする

事実認定に欠かせない証拠

公判において証拠は、判決の基礎となる事実を認定する上で不可欠の資料となります。刑事訴訟の究極の目的は、被告人が有罪か無罪かを裁判所が判断することです。この判断は、犯罪事実があったのか、なかったのかを認定することによって行われます。犯罪事実を認定する作業は、**事実認定**と呼ばれています。

ところで、犯罪事実をそっくりそのまま再現することが不可能である以上、事実認定は、犯罪と関係があると思われるさまざまな資料から推論していく他ありません。この推論の際に使われる資料が**証拠**というわけです。

刑事訴訟法では、「事実の認定は、証拠による」と規定しています（317条）。この規定は、事実認定が客観的な証拠を用いた合理的な推論によるべきことを明らかにしたものです。裁判が証拠に基づくことを要求するこうした考えを**証拠裁判主義**といいます。

証拠の分類

証拠は、素材である証拠方法と、証拠方法から得られる証拠資料に分けることができますが、特に以下のような分類が重要です。

① 人証と物証

証拠は、証拠方法の物理的な性質や状態の違いから、人証と物証とに分けることができます。

人証とは、生存している人間が証

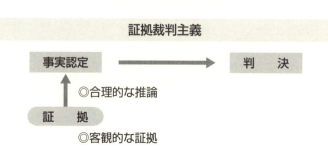

拠方法となる場合で、これ以外は物証となります。人的証拠は召喚・勾引により、物的証拠は押収（差押え・領置）によって取得されます。

② 供述証拠と非供述証拠

証拠資料の区別として重要なのが、供述証拠と非供述証拠です。

人の記憶に残った事実の痕跡を言葉によって表現した供述（思想）を証拠として利用する場合、それを供述証拠といいます。証人の証言、参考人の供述調書がその例です。

他方、事実の痕跡が人の記憶以外のものに残っており、それが証拠として用いられる場合を非供述証拠といいます。犯行に使用された凶器や、犯行現場に残っていた指紋、犯行によって破壊された物件がその例です。

③ 直接証拠と間接証拠

証拠と証明する事実との距離による違いです。直接証拠と間接証拠の間で証拠の価値に優劣はありません。

直接証拠とは、A事実を証明したい場合に、それを直接的に証明する役割を果たす証拠をいいます。犯行を撮影した防犯カメラ、被害者の供述、被告人（被疑者）の自白がその例です。

他方、間接証拠とは、A事実を直接証明できない場合に、間接的にA事実の存在を推認させるB事実を証明する証拠のことです。DNA鑑定の結果、犯行現場付近にいた旨の証言がその例です。

証拠には資格が必要

刑事訴訟で使われる証拠とは、事実であれば何でもよいというわけではありません。ある証拠を証拠調べの手続で取り調べるためには、その証拠に証拠能力が備わっていることが必要となります。

証拠能力とは、証拠調べの際に証拠となりうる資格のことです。たとえば、他人から聞いた話を内容とする証言は、誤りがある可能性が高いので原則として証拠能力が認められていません。もともと信用性の低い証拠や、誤解・偏見を生みやすい証拠などを事実認定に使うのは、誤判の危険を生じる可能性があります。そのため、証拠能力がない証拠は、そもそも証拠調べを行うこと自体が許されないとしています。つまり、証拠能力という関門を通過したものだけが、刑事訴訟においては証拠として採用されます。

なお、証拠能力と区別すべき概念に、証明力があります。証拠能力は、前述のように証拠としての形式的な

第2章 捜査から起訴・判決までの流れ

91

資格を表します。一方、証明力は、犯罪事実の認定において、その証拠が持つ価値を表します。

証拠能力が認められるためには

ある証拠に証拠能力が備わっているというためには、以下の3つの要件が必要になります。

① 自然的関連性があること

その証拠によって証明しようとしている事実を最小限証明するといえる価値をもっているということです。

② 法律的関連性があること

「法律的関連性がある」とは、その証拠が裁判官の判断を誤らせるおそれのないことをいいます。

なお、科学的捜査などの結果として得られた科学的証拠（DNA鑑定など）に法律的関連性を認めることができるかどうかは、議論があります。判例は、科学的根拠がまだ確立していない場合でも、証拠能力を直ちに否定するという見解には立っていません。

③ その証拠が適正手続の理念に反したものでないこと

憲法は、刑事訴訟が適正手続の下で行われることを求めていますから、提出された証拠を取り調べることが適正手続の理念に反するような場合には、証拠としての客観的資格を認めるべきではありません。

伝聞証拠と伝聞法則

公判期日以外でなされた供述を内容とする証拠で、供述内容が真実であることを立証するためのものを伝聞証拠といいます。たとえば、Aが強盗事件の被告人である訴訟で、「Aが○○をナイフで脅しているところを目撃したとBが言っている」という内容の調書を提出して、Aが強盗をしたことを証明しようとする場合、その調書は伝聞証拠となります。

伝聞証拠は、知覚・記憶・表現の各段階で誤りが混入しやすいため、原則として証拠調べの対象とすることができません。これを伝聞法則といいます。

真偽不明に陥ったらどうするか

裁判官は、検察官側・被告人側双方から提出された証拠を吟味しながら、自らの自由な心証に基づいて事実認定を行います。これを自由心証主義といいます。

訴訟が人間の行うものである以上、常に誤判の可能性がつきまといます。だとすれば、無実の者に刑罰を科すおそれがある場合には、できる限り

それを避けるべきです。つまり、有罪が疑わしい場合は、被告人を無罪とするわけです。誤った有罪判決よりは、誤った無罪判決の方がまだマシだという考え方です。これを「疑わしきは被告人の利益に」の原則といいます。

自白とは

自己の犯罪事実の全部または重要な部分を認める被告人の供述を、**自白**といいます。自白は、事実認定においてことさら重要視される傾向があります。「自分で犯罪を認めているのだから、こいつが犯人なのは間違いない」というわけです。

しかし、自ら犯罪を認めている者が常に真犯人であるとは限りません。第三者をかばっていることもあるでしょうし、また、拷問などにより自白を強要されることもありえます。ですから、自白を偏重することは、不当な人権侵害や事実誤認などの弊害をもたらすおそれがあります。

そこで、憲法と刑事訴訟法は、過度に自白を信頼することを防止するため、以下のように自白法則・補強法則という規制を設けました。

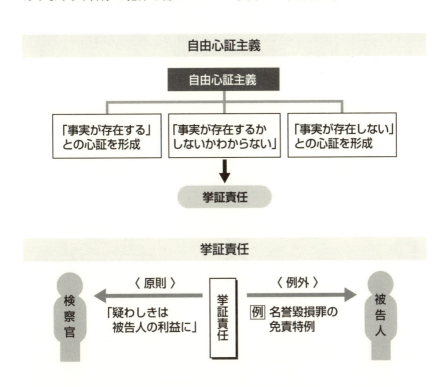

任意の自白以外は排除する

　自白法則とは、不任意の自白や不任意の疑いのある自白を証拠調べから排除するという原則です。

　不任意の自白とは、たとえば、拷問や脅迫の他、不当に長い抑留の結果得られた自白などがあたります。

　不任意の疑いのある自白とは、たとえば、手錠をつけたままの取調べによって得られた自白や、自白すれば起訴猶予（犯罪の証拠がそろって起訴が可能なのに検察官の裁量で不起訴とすること）にすると検察官に言われてした自白などがあたります。

　こうした不任意あるいは不任意の疑いのある自白は、証拠能力が否定されます。つまり、証拠として採用されないわけです。

自白だけでは不十分

　補強法則とは、任意になされた自白だけで十分な心証が得られる場合でも、他にそれを補強する証拠がなければ被告人を有罪にはできないという原則です。たとえば、Aが殺害行為を自白しても、それだけでは有罪にできず、他にAが殺害行為に使った凶器など、Aの殺害行為を証明する証拠が別に存在しなければならないわけです。

　このような補強法則が定められている以上、捜査機関は自白以外の証拠を収集しなければなりません。その結果、不任意の自白を引き出すような拷問などの行為の抑制が期待できるわけです。

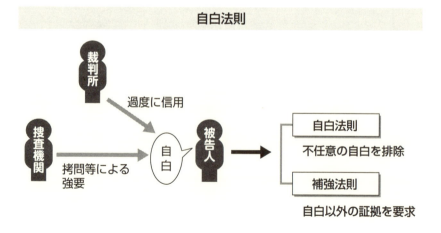

自白法則

違法収集証拠排除法則の意味するもの

　たとえば、令状がないにもかかわらず、暴行などによって警察官がむりやり手に入れた証拠物があるとして、検察官が、その証拠物の取調べを請求した場合、警察官が違法な手段で証拠を収集したことは明らかです。このように、違法に収集された証拠に、証拠能力を肯定できるでしょうか。

　結論からいうと、違法な手段で集められたこのような証拠は**違法収集証拠**と呼ばれ、その証拠能力は否定されることになります。つまり、それを証拠として取り調べることは許されません。このように違法に収集された証拠を証拠調べから排除する理論を、**違法収集証拠排除法則**といいます。

違法収集証拠排除法則の根拠

　違法収集証拠排除法則が認められている理由としては、まず、違法な手段で収集された証拠を否定することが、違法捜査を抑止する最良の手段であるという点が挙げられます。

　違法な捜査によって集められた証拠が公判で採用されないのであれば、捜査機関は、法を遵守した捜査を心がけるようになることは明らかです。

　もうひとつの根拠としては、司法への信頼維持です。裁判所が、捜査機関によって違法に収集された証拠を請求されるがままに取り調べることは、その違法行為を裁判所が容認することを意味します。それでは、国民の司法に対する不信が募ることになるでしょう。そこで、違法な証拠を排除して、国民の司法への信頼を守るというわけです。

証拠能力

証拠能力
- 自然的関連性
- 法律的関連性
  ※伝聞法則、自白法則、補強法則によって否定される場合がある
- 適正手続の理念に合致
  ※違法収集証拠排除法則によって否定される場合がある

16 判決が確定した場合の効力や上訴・再審について知っておこう

同じ事件で再度起訴されることはない

判決の効力を守る執行力と既判力

　言い渡された判決に不服がある場合、被告人や検察官は、上訴という手続をとることができます。しかし、この上訴を行わない場合には、判決が確定することになります。その結果、判決の効力として、執行力と既判力、一事不再理効が生じます。

① 執行力

　執行力とは、有罪判決があった場合に、そこに示された刑の内容を国家権力によって強制的に実現する効力のことです。確定した判決のとおりに懲役刑や罰金刑などが執行される根拠となる効力です。

② 既判力

　既判力とは、確定した判決で争われた事項が後に再び別の訴訟で争われた場合に、その事項について前訴と矛盾した裁判を行うことを禁じる効力です。

　この既判力が認められる結果、たとえば、前訴で「○年○月○日に、Aが×県×市×町のホテルMで乙のカバンを盗んだ」という事実が否定

されていたとしたら、後訴を担当する裁判所がこの事実を肯定するような判断を行えなくなるわけです。

③ 一事不再理効

　執行力と既判力は、判決が確定した場合には、刑事訴訟・民事訴訟を問わずに効力が生じるものです。これに対して、一事不再理効は、刑事訴訟で判決が確定した場合にしか発生しません。

　一事不再理効とは、有罪または無罪の判決が確定した場合に、同じ犯罪事実で再び訴追されることはないとする効果です。一事不再理効が及ぶのは判決を受けた被告人だけであり、共犯者には効力は及びません。

　この一事不再理効が認められるのは、「刑事訴訟は、被告人に対して物心両面で多大な負担を強いるものだ。そうである以上、一度起訴された者を同一の犯罪事実について再び訴追して、処罰の危険にさらすべきではない」という考えがあるからです。

上訴には2種類ある

判決に不服がある場合、被告人または検察官は上訴を行うことができます。**上訴**とは、未確定の判決に対して上級審に救済を求める不服申立てのことです。上訴には控訴と上告の2種類があります。

控訴とは、第一審の判決に対する高等裁判所への上訴のことです。他方、上告とは、高等裁判所の判決に対する最高裁判所への上訴のことです。

控訴できるのは14日以内

控訴は、第一審の判決を受けた後14日以内に、検察側や被告人側が、判決を行った第一審裁判所に対して、控訴申立書という書面を提出して控訴の申立てを行うことにより手続が始まります。

控訴審の審理が終了すると、控訴審としての結論が下されます。控訴に理由がない場合は控訴棄却となるのに対し、控訴に理由がある場合は原判決が破棄されます。後者の場合は、改めて有罪または無罪を言い渡すか、第一審への差戻しが行われます。

無条件に上告はできない

控訴審の判決に対して不服があれば、当事者はさらに最高裁判所へ**上告**を行うことができます。ただし、上告ができるのは、原則として、高等裁判所の判決において憲法違反または判例違反がある場合です。

具体的には、①控訴審の判決に憲法の違反があることまたは憲法の解釈に誤りがあること、②控訴審の判決が最高裁判所の判例と相反する判断であること、などの事由が認められる場合に上告が認められます。

上告審の審理手続は、基本的に控訴審の手続にならって行われます。審理が終わると、上告審としての結論が下されます。上告審の結論は控

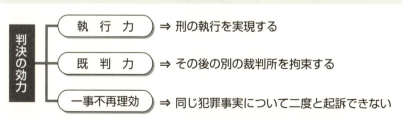

判決の効力

- 執行力 ⇒ 刑の執行を実現する
- 既判力 ⇒ その後の別の裁判所を拘束する
- 一事不再理効 ⇒ 同じ犯罪事実について二度と起訴できない

訴審の場合と同じですが、原判決を破棄するときは、第一審または控訴審への差戻しが行われるケースが多いといえます。

非常救済手続は最後の砦

上訴による不服申立ても功を奏さず、判決が確定した場合には、もはやその確定判決の内容を争うことはできなくなります。

しかし、裁判官も人間である以上、誤判の可能性を完全には否定できません。誤った確定判決に基づき、無実の人間に対して刑罰を執行することは、明らかな人権侵害です。また、誤判の可能性があるのに何の救済も与えないのであれば、国民の司法に対する信頼の気持ちも大きく揺らぐことになるでしょう。

そこで、確定判決の誤りを是正し、無実でありながら刑罰を科されるこ

とになった者を救済する制度が、非常救済手続として設けられました。非常救済手続には、再審と非常上告がありますが、このうち重要な機能を果たしているのは、何と言っても再審です。

再審請求は狭き門

再審とは、確定した判決の事実認定に誤りがあった場合に、裁判をやり直す制度です。

再審は、有罪の確定判決の言渡しを受けた者（被告人）の利益のために行われるものであり、再審事由があるときに限って行われます。たとえば、有罪の言渡しを受けた者に対して無罪などを言い渡すべき明らかな証拠が新たに発見されたときなどに、再審が認められます。

ただし再審の開始が認められるための条件を満たすことは容易ではな

上訴とは

（地方裁判所）　　　　（高等裁判所）　　　　（最高裁判所）

第一審　➡　判決に不服　➡　控訴審　➡　判決に不服　➡　上告審

く、長い間、再審は「開かずの扉」と言われてきました。しかし、最近では、足利事件と呼ばれる事件に代表されるように、厳格な条件を満たして、再審の開始が認められるケースがいくつか散見されるようになってきました。再審のおかげで、死刑台から生還した人もいます。

たとえば、別の犯罪で逮捕された者が、昔の事件について、自分が犯人であると自供したような場合には、再審が開かれる可能性が高いということができます。

再審の手続は、再審請求により開始されます。再審請求を行えるのは、①検察官、②有罪の言渡しを受けた者、③有罪の言渡しを受けた者の法定代理人や保佐人（精神上の障害で判断能力が不十分な人を保護するため家庭裁判所で選任される者）など、法律の定める一定の人たちです。なお、再審請求は、刑の執行を受け、すでにそれが終わっているような場合であっても、行うことができます。

再審請求を受けた後、裁判所は、再審請求の適法性と再審事由の有無を審査することになります。

もし再審事由が認められれば、再審開始の決定が下され、それが確定すると、再審公判が開かれることになります。再審公判では、通常の公判手続が行われます。そして、その結果無罪であることが判決で確定した場合は、無罪であることが官報や新聞に掲載されることになります。

第２章　捜査から起訴・判決までの流れ

再審手続きの流れ

```
            ┌──────────┐
            │ 有罪判決確定 │
            └─────┬────┘
                  │
  ┌──────┐        ▼      ┌───────────────┐
  │ 再審請求 │──────────→│ 再審請求の適法性  ┐審査
  └──────┘              │ 再審事由の有無    ┘
                        └───────┬───────┘
                                │         │
                                ▼         ▼
                        ┌──────────┐  ┌─────┐
                        │ 再審開始の決定 │  │ 棄 却 │
                        └─────┬────┘  └─────┘
                              │
                              ▼
                        ┌─────────┐
                        │  再審公判  │
                        └────┬────┘
                   ┌─────────┴─────────┐
                   ▼                   ▼
              ┌───────┐         ┌───────┐   ┌─────┐
              │ 有罪判決 │         │ 無罪判決 │──→│ 公 示 │
              └───────┘         └───────┘   └─────┘
```

Column

えん罪の悲劇とえん罪防止に向けた努力

　えん罪の悲劇については、足利事件の被告人であった菅家利和さんが逮捕から18年ぶりに釈放され、2010年に再審無罪が確定して注目を集めました。また、一家４人を殺害したとして、袴田巌さんが強盗殺人・放火などの罪で死刑が確定していましたが、DNA鑑定の信用性に疑いがあり、えん罪の可能性が主張されました。この袴田事件については、平成30年４月現在、再審を行うか否か係争中ですが（袴田さん本人は釈放済み）、足利事件や袴田事件のようにDNA鑑定の精度が上がるにつれて、えん罪の疑いがあるという主張が行われる事件が複数見られています。

　えん罪は菅家さんや袴田さんのケースにとどまりません。特に電車内でのちかんを巡って裁判所で被告人が無罪となるケースが増えています。日常的に電車を利用する我々にとって、ちかんに遭うことはもちろん、ちかんを疑われることも決してあり得ないことではないのです。混雑した電車内で突然、「ちかん！」と叫ばれたときに、自分はどういう状態でいるか。手が下がっていればそれだけで危ない。両手を上げていればちかんとは思われない。吊り革につかまり本や新聞を読む。また、カバンを持つときも、できれば両手で抱えて、指は内側にくるようにしておく。何かの動作をするときは一声かける。できるだけ異性のそばに立つことを避ける……など、心配すればきりがありません。

　実際に、知人にちかん被害者やちかんに間違われた経験者がいる人も多いようです。そのため、最近ではテロ対策なども相まって、電車内に防犯カメラを設置する鉄道会社も出てきています。

　防犯カメラの設置によりちかん防止やえん罪対策への効果が期待されていますが、このような対策の実施を検討しているということは同時に、人々が不安を一杯抱えながら、毎日電車に乗り続けていることを示しているということができるでしょう。

第 3 章

犯罪被害者になった場合は
どうする

相談1　犯罪に対してどのような種類の刑罰があるのか

Case　私の同僚であるW君は、仕事の帰り道でチンピラのグループに襲われました。彼らは現金を奪う目的で、W君を襲いました。彼らから受けた傷害が原因で、それから1週間ほどしてW君は病院で亡くなりました。やがて、彼らは逮捕されました。全員で5人でしたが、先日、全員に対して判決が下りました。強盗致死罪ということで、それぞれ重い刑が言い渡されています。

　ところで、刑罰にはどのような種類があって、どのようにして執行されるのでしょうか。

回答　わが国では憲法によって残虐な刑罰は禁止されていて、その種類も限定されています。刑法が規定する刑の種類は、死刑、懲役、禁錮、拘留、罰金、科料、そして付加刑としての没収です。死刑は生命を奪う刑です。諸外国では死刑を廃止する国が増えてきていますが、日本では凶悪犯罪防止のためや、被害者と遺族の感情を重視するために、死刑制度が維持されています。実際に死刑執行の法務大臣命令も不定期ながら出され、実行されています。執行は監獄内で絞首によってだけ行います。懲役はよく言い渡される刑で、犯罪者の身柄を拘束した上、労働を強制します。反省の色が濃く、社会復帰も可能と判断されると、刑期の途中でも仮釈放されることがあります。禁錮は、懲役と同じく身柄を拘束しますが、労働は強制されません。禁錮は、主として内乱罪、騒乱罪といった政治犯や過失犯に対して科される刑罰です。拘留は1日以上30日未満の短期間だけ、拘留場に拘留する刑です。以上の身柄を拘束する刑に対して、罰金と科料は金銭を納付させる刑罰です。罰金は原則1万円以上で、科料は1000円以上1万円未満の金額です。罰金を完納できない者は、労役場に留置して労役させることで、納付に代えます。1日あたり5000円程度に換算されます。

　没収は、収賄罪での賄賂など、犯罪関連の物を取り上げる刑です。没収はその他の刑とセットでのみ科することができます。

相談2 正当防衛で相手にケガをさせてしまった

Case 私は、学生時代から空手をしており、体を鍛えていました。先週、仕事からの帰りに、近所の空き地を通ったところ、何人かのチンピラに絡まれました。私は急いでいたので、無視しようとしたところ、グループの1人が「こいつしめてやろーぜ！」といって殴りかかってきました。それを合図に他の者も殴りかかってきたので、私は身の危険を感じました。そこで、やむをえず1人の者に反撃したところ、技が決まって倒れました。

そこへ巡回中の警察官が入ってきて、私たちは警察署へ連れて行かれました。警察官は相手がケガをしているので、傷害罪になると言います。私は傷害罪で有罪となってしまうのでしょうか。

回答 刑法をはじめとした刑罰法規では、さまざまな犯罪が設けられています。それに該当する行為をすれば原則として、犯罪が成立します。しかし、自分が殺されそうになった場合や強盗にあいそうになった場合など、不正の侵害を受けている状況の下で、何もしないでそのまま被害を甘受しろ、というのは非常に酷です。そこで、「正当防衛」が認められていて、正当防衛が成立すれば犯罪は成立しないことになります。

ただ、正当防衛（刑法36条）が成立するための要件は、刑法で厳格に定められています。安易に正当防衛の成立を認めると、社会の秩序が守られなくなってしまうからです。正当防衛の成立要件は、①急迫かつ不正な侵害があって、②その侵害から自己または他人の権利を防衛するため、③やむをえない行為（反撃行為）をすることです。もし、結果的に反撃行為をしすぎてしまった場合には、過剰防衛となり、犯罪は成立しますが、刑が軽くなったり免除されることがあります。

あなたのケースでは、相手が複数でもあることから、正当防衛の成立は認められやすいでしょう。

相談3 酒ぐせの悪い男にケンカをふっかけられそうで怖い

Case 私は分譲住宅地内の環境がよい地域に引っ越して来ました。ところが、近所に古くから住んでいる酒ぐせの悪い男Aがいることを隣人に教えてもらいました。実際に私もAが通行人に、大声でケンカをふっかけているところを見かけ、怖くなりました。どうしたらよいでしょうか。

回答 不当な妨害を受けず平穏な生活を営む権利を犯す者は、刑事上は処罰の対象となり、民事上も不法行為に基づいて損害賠償を請求される場合があります。たとえば、身体の安全を害する暴力を人に対して行うと、刑法208条の暴行罪（人を傷つけると傷害罪）が成立します。人を殴る場合だけでなく、手足を強く握りしめた場合も暴行罪が成立します。また、軽犯罪法によると、①他人の身辺に群がって立ち退かない者、②他人の進路を立ちふさいだ者、③不安や迷惑になるやり方で他人につきまとった者が処罰（拘留または科料）の対象とされます（同法1条28号）。Aの行動はこれらの行為に該当する可能性があります。

さらに、「酒に酔って公衆に迷惑をかける行為の防止等に関する法律」によると、酩酊者（酔っ払った人）が道路や公共の場所、乗り物などで、公衆に迷惑をかけるような著しく粗野な言動や乱暴な言動をしたときも、処罰（拘留または科料）の対象とされます（同法4条）。Aの行為は、これに該当する可能性があります。また、故意または過失によって人の権利を侵害した場合、前述のとおり侵害者には民法上の不法行為に基づく損害賠償責任が生じます。質問のように、Aが大声で通行人にケンカをふっかけるような行為を行ったときは、Aに対して損害賠償請求（慰謝料などの請求）ができる場合があります。

あなたがAの行為を見かけたりケンカを実際にふっかけられたときには、すみやかに警察に通報するようにしましょう。前述のとおりAに対して犯罪が成立することがあり得るからです。

相談4　暴力団の組員から用心棒代を要求された

Case　私の叔父は、繁華街でクラブを経営しています。経営は順調のようですが、最近、元気がありません。どうやら、「近隣を縄張りにしている広域暴力団の組員が、何かあったときは用心棒になってやるから顧問料を納めてくれ」とたびたび店に来るそうです。組員は広域暴力団のバッチをチラつかせて店に来ます。

特に、暴力を振るったり、脅迫することはないようですが、何とかならないものでしょうか。

回答　昔から民事上の問題に暴力団関係者が介入し、不当な儲けを得ていることが問題とされていました。暴力団対策法では、指定暴力団の関係者が、指定暴力団の威力を示して、27類型の民事介入行為（暴力的要求行為）を行うことを禁止しています。暴力的要求行為に該当する主要なものとして、①人の弱みにつけ込む金品などの要求、②不当な金品等の贈与の要求、③不当な請負などの下請けの要求、④みかじめ料（縄張り内での営業容認料）の要求、⑤用心棒代などの要求、⑥高利債権の取立て、⑦不当な方法による債権の取立て、⑧不当な債務免除・猶予の要求、⑨不当な貸付の要求、⑩不当な信用取引の要求、⑪不当な株式買取り・あっせんの要求、⑫不当な地上げ・明け渡しの要求、⑬競売妨害などの行為、⑭不当な示談交渉、⑮因縁をつけての金品などの要求、が挙げられます。

これらの行為があった場合、公安委員会が中止命令を発しますので、すぐに最寄りの警察署に相談しましょう。叔父さんのケースは⑤の禁止行為に該当します。そして、中止命令に従わない者は処罰されます。暴力的要求行為の禁止に対する規制は厳格化の道をたどっています。以前は中止命令に従わない者は1年以下の懲役または100万円以下の罰金が科されていましたが、現在は3年以下の懲役または500万円以下の罰金へと大幅に引き上げられています（暴力団対策法46条2号）。

第3章　犯罪被害者になった場合はどうする

105

相談5 ストーカー行為にはどう対応するのか

Case 私は、通勤時によく同じ電車に乗る者によるストーカー行為に困っています。後をつけられたりしてとても怖いのですが、どうすればよいでしょうか。

回答 深刻なストーカー被害に対応するため、ストーカー規制法に基づいて、ストーカー行為の処罰と被害者の援助などが行われています。ストーカー規制法では、同一の者に対し「つきまとい等」を繰り返して行う行為が「ストーカー行為」であると規定しています（2条3項）。ここで「つきまとい等」は、①つきまとい、待ち伏せ、押しかけ、うろつき、②監視している旨の告知、③面会や交際の要求、④乱暴な言動、⑤無言電話、連続した電話・FAX・電子メール・SNSなど、⑥汚物などの送付、⑦名誉の侵害、⑧性的羞恥心の侵害という8類型を指します。

警察本部長等（警察署長など）は、被害者の申出に応じて、つきまとい等（ストーカー行為を含みます）をする者に対し、その行為をやめるよう警告することができます。つきまとい等により被害者が不安を覚えている（ストーカー行為はこれに該当します）と認める場合、公安委員会は、被害者の申出だけでなく職権によっても、禁止命令等を発することができます。禁止命令等を発する際は、事前に行為者への聴聞（不利益を受ける者に反論の機会を与える手続）が必要ですが、緊急の必要があれば、直ちに禁止命令等を発することができます。

したがって、ストーカー行為に困っている場合は、警察署に相談し、行為者に対して警告や禁止命令等を発してもらえるよう申し出ることが必要です。とくに禁止命令等違反は罰則の対象となるので（18ページ）、一定の抑止効果が期待できます。また、禁止命令等がなくても、ストーカー行為は、それ自体が罰則の対象となるので、行為者を告訴して処罰を求めることができます。

一方、警察に相談する以外には、不法行為に基づいて、民事上の損害賠償請求や、ストーカー行為の差止めを請求することもできます。

相談6　ちかん被害にあった場合に示談交渉に応じるべきか

Case　友人がちかんの被害に遭いました。犯人はその場でつかまったのですが、電車に乗ろうとすると、記憶がよみがえり、足がすくみ、動悸が激しくなるそうです。犯人が罪を認め真摯に反省しているため、示談に応じてほしいと言われた場合、示談交渉に応じなければならないのでしょうか。

回答　犯人がつかまっているということですから、直後に駅事務室で事情聴取があり、犯人は警察署に連れて行かれていると思います。問題はこの際、その犯人が容疑を認めたかどうかです。犯人が犯行を否認した場合、警察で最大48時間、検察で最大21日間と身柄拘束されており、慰謝料の請求にも応じないケースが多いでしょう。つまり刑事上も民事上も裁判によって決着しなければならないことを意味します。

　これに対して犯人が犯行を認めて示談を求めている場合は、犯人に弁護士がついていると考えられますので、弁護士から被害者に連絡が入るはずです（事前に警察や検察より、弁護士に連絡先を知らせてもよいかどうかの確認があります）。この際に弁護士から「示談をしたい」という意思表示がなされます。示談と共に、被害届や告訴の取下げが約束されたり、取下げがなくても起訴猶予となる可能性がでてくるため、犯人側は積極的に示談交渉を持ちかけてきます。場合によっては一度会って話がしたいと提案されることもあります。示談交渉の中では、被害者に対する慰謝料額が決定し、通常20〜30万円となることが多いようです。

　示談をする際は、示談書に「被害届や告訴を取り下げる」や「刑事処罰を望まない」といった文言が記載されているかどうかを必ず確認する必要があります。これらの記載がある場合、犯人は起訴猶予が認められる可能性が高まります。そこで、心の傷が残っている被害者が心から犯人の処罰を望む場合は、示談に応じず、法廷で裁かれるのを見届けるという選択肢もあります。

107

相談7 盗撮被害にあった場合の責任追及

Case 電車の中でスマホにより盗撮されていたことに、近くに立っていた他の乗客が気づいてくれたおかげで、犯人をつかまえることができました。犯人に対してはいかなる罰則が適用されることになるのでしょうか。また、被害者として、犯人に直接どのような責任を追及することができるのでしょうか。

回答 電車の中で盗撮する行為は、各都道府県が定める迷惑防止条例で罰せられる犯罪です。たとえば、東京都の迷惑防止条例では、公衆便所、公衆浴場、公共の乗物（電車の中はこれに該当します）、公共の場所などの規制場所における盗撮行為（人の通常衣服で隠されている下着や身体を撮影する行為）は、粗暴行為として1年以下の懲役または100万円以下の罰金に処せられます（平成30年7月から盗撮行為の規制場所が拡大されます）。なお、人が通常衣服をつけない場所（住居・更衣室・便所など）での盗撮行為は軽犯罪法違反（のぞき見行為）として処罰される場合もあります。

　仮に犯人が逃げた場合、被害にあってから時間が経つと犯人を特定することが難しくなりますし、盗撮画像が悪用されたり削除される可能性があります。そこで、被害にあったらすぐに駅員や警察に相談し、犯人が逮捕されやすくなるような対応をとる必要があります。

　駅員や警察に相談する際は、被害にあった場所や時間帯、犯行の方法などの具体的な被害の状況を説明する必要があります。特に犯人が逃亡したような場合には、被害の具体的な状況を説明することにより、早期の犯人逮捕につながる可能性も高くなります。

　なお、犯人が特定できれば、盗撮行為により精神的苦痛を受けたことについて、不法行為に基づく損害賠償（慰謝料）の請求をすることができます。仮に盗撮画像が流出したり悪用された場合などは、さらに精神的苦痛を受けたということで、その分の損害賠償（慰謝料）の額を増額できる場合もあります。

相談8 宅配便を装った犯人にレイプされて傷害を負った場合の処罰

Case 先日自宅マンションで、宅配便を装った暴漢に襲われ、レイプ被害に遭いました。抵抗したはずみで、左の腕にかすり傷を負い、まだその傷跡は残っています。警察に告訴しなければ加害者は処罰されないのでしょうか。

回答 平成29年改正前の刑法では、レイプ被害について強姦罪が規定されていましたが、改正刑法では強制性交等罪に改められています。強制性交等罪（刑法177条）は、13歳以上の者を相手として暴行・脅迫を用いて「性交、肛門性交または口腔性交」（性交等）をすること、または13歳未満の者を相手として性交等をすることで成立します。後者の場合は、暴行・脅迫の有無にかかわらず、同意があっても罪になります。法定刑も改正前の「3年以上の有期懲役」から「5年以上の有期懲役」へと引き上げられています。なお、改正前の強姦罪は被害者が女性に限定されていましたが、強制的な性的行為が与える身体的・心理的なショックは男女を問わず認められるため、客体（被害者）に「男子」も含めています。

　強制性交等罪の手段としての暴行・脅迫は、相手の反抗を著しく抑圧する程度のものであることが必要です。暴行・脅迫が開始されれば実行の着手が認められ、性交等に至らなくても未遂になります。また、強制性交等罪（未遂を含む）により人を死傷させた者は、強制性交等致死傷罪として無期または6年以上の懲役に処せられます。本ケースのように強制性交等（強姦）の際に負った傷害はもちろん、強制性交等の機会に受けた傷害であれば、広く強制性交等致死傷罪の対象に含まれます。

　そして、改正刑法では性犯罪全般が非親告罪となり、被害者などの告訴がなくても加害者の訴追や処罰が可能となったため、本ケースの場合も警察への告訴は不要です。なお、本ケースで成立する強制性交等致死傷罪は、平成29年改正前の刑法の下でも非親告罪でした。

相談9　いたずら電話で店の業務を妨害された

Case　私は日本そば屋を経営しています。手打ちそばを安く提供しているため、評判がよく大変繁盛しています。ただ、最近どうも近隣の飲食店からよく思われていないらしく、いろいろな嫌がらせを受けるようになっています。店では出前の注文が多くなる昼どきに集中して、無言電話がかかってきて、満足に注文が受けられなくなっています。また、自宅の方には、深夜に無言電話が何回となくかかってきます。妻などは眠れなくなって、ノイローゼになってしまいました。いったいどうすればよいのでしょうか。

回答　脅迫とは、たとえば「つべこべ言うと、お前の腕をへし折ってやる」といったように、人が怖がる（畏怖する）ようなことを告げる行為（害悪の告知）を指します。無言電話は脅迫に該当しないので、脅迫罪は成立しないと考えられます。しかし、店の営業時間内に何度となくかけ続ければ、業務妨害罪が成立することがあります。

　実際に、あなたの場合と似たケースで、いやがらせの電話をかけ続けていた者を業務妨害罪で有罪としたケースがあります。さらに、無言電話について傷害罪が成立することもあります。傷害罪というと、ナイフで傷を負わせたりすることが思い浮かびますが、人の生理的機能を害すること全般が傷害と評価されます。そこで、無言電話をかけ続けることで、相手を不眠に陥らせ、ひいてはノイローゼにしてしまうことも傷害となります。本ケースでは、店への無言電話は業務妨害罪、自宅への無言電話は傷害罪に該当する可能性があります。

　ただ、最近は電話機の機能や電話のサービス内容も豊富になり、少しの工夫で嫌がらせ電話をかなり防止できるようになりました。かけてきた相手方の番号がわかるシステムや、番号非通知の電話を拒絶するシステムもあります。電話機などに備えられているこれらのシステムを利用すると、嫌がらせを受けずにすむかもしれません。

相談10　会社のコンピュータが何者かに侵入された

Case　私は大手情報産業の管理職として勤務しています。先日、当社のコンピュータネットワークに何者かが侵入した形跡があることが判明しました。専門家に調査を依頼してみたところ、どうやらわが社の保有する情報を引き出そうとしていたようでした。警察に被害届を出そうと思うのですが、どのような犯罪が成立するのでしょうか。

回答　最近では、官庁や大手企業だけでなく、パソコンやスマートフォンなどの普及によって、社会全体がコンピュータネットワーク（ネットワーク）でつながれているといっても過言ではない時代となってきました。インターネットを利用する方法や目的は、技術の進歩に伴って多様化しています。以前はメールの送受信や、ホームページの閲覧がほとんどでした。現在では、株取引をはじめとする、各種ビジネスのために利用している人がかなりの数になっています。

　その反面、コンピュータシステムにハッカー（クラッカー）が不正に侵入し、①ホームページの内容を書き換える、②メール、パスワード、企業秘密などの情報を盗み見たり、それらの情報を改ざんする、③利用者のパスワードを勝手に変更してパソコンなどを利用不可の状態にする、④コンピュータウイルス（ウイルス）を仕掛けたり、将来の攻撃の準備としてセキュリティホールをあけておく、といったことが行われ、これらが企業に甚大な被害を生じさせるケースもあります。

　このような問題に対処するため「不正アクセス行為の禁止等に関する法律」（不正アクセス禁止法）が制定されています。この法律により、不正アクセス行為自体が犯罪であるとされたことから、捜査当局も重大犯罪が起きる前に不正アクセス行為を理由として摘発（逮捕）するなど、他の重大犯罪を未然に防ぐことができるようになりました。また、他の犯罪が行われている場合に、まず不正アクセス禁止法違反を理由として摘発するケースも多く見られるようになりました。

　不正アクセス禁止法で禁じているのは「不正アクセス行為」と「不正

アクセスを助長する行為」です。不正アクセス行為とは、識別符号（ID・パスワード、生体認証情報、指紋情報など）を入力しないと使用できないような制限をしているコンピュータについて、①正規の利用者の識別符号を本人に無断で使用する行為（識別符号盗用型）、または、②脆弱性（セキュリティホール）を攻撃して識別符号を使用せずにコンピュータに侵入する行為（セキュリティホール攻撃型）です。

　たとえば、IDとパスワードを入力しないとパソコンが使えない場合に、正規の利用者でない者が無断でIDとパスワードを入力し、そのパソコンを使える状態にするのは①の行為にあたります。この場合、ログインするだけで犯罪が成立し、ログイン後の情報改ざんなどがなくても不正アクセス禁止法で処罰されます。

　しかし、本ケースは識別符号を使用せずにコンピュータネットワークに侵入したと思われますので、この場合は②の行為にあたります。不正アクセス行為をした者は、3年以下の懲役または100万円以下の罰金に処せられます。

　一方、不正アクセス行為を助長する行為とは、他人の識別符号を無断で第三者に提供する行為や、他人の識別符号を不正に保管する行為などです。これらの行為をした者も処罰の対象となります。

不正アクセス禁止法の処罰対象となる行為

不正アクセス行為
- **識別符号盗用型**
  識別符号を無断で入力
- **セキュリティホール攻撃型**
  脆弱性を突いて攻撃

不正アクセスを助長する行為
- **識別符号の第三者提供**
  無断提供が処罰対象
- **識別符号の不正保管**

相談11 不正アクセスによるなりすましの被害

Case 自分のIDやパスワードが悪用され、パソコンに不正アクセスされたことにより被害に遭いました。特に不正アクセスにより自分の評判等を下げるような行為が行われた場合に、不正アクセスした者にはどのような罰則が適用されますか。

回答 「なりすまし」とは、一言でいうと、本人でもないのに本人のふりをすることです。一般的には他人のIDやパスワードを盗用して悪事を働くことを指しますが、電子メールや掲示板ではID・パスワードを盗用せずになりすましが可能な場合もあります（本人が作成したかのように見える文章を送信・投稿するなど）。

その他、勝手にアダルトサイトなどの会員にされる、自分の評判が下がるような内容の電子メールを自分が書いたかのように送信される、などの被害も出ています。さらに、Twitter・FacebookをはじめとするSNSの利用者が急増するにつれ、なりすましの被害も増えています。

以前から、有名人や有名会社のなりすましは多いですが、加えて一般人もなりすましの被害にあっていることに注意する必要があります。SNSなどのアカウントに本人や会社と思わせる名前や画像を使って、他者に本人や会社自身であると誤解を与えて欺くことです。本来の自分のアカウントがあるのに、別人や別会社の名前でアカウントを追加作成してなりすますこともあります。

自分のなりすましを見つけた場合には、SNSなどの運営者に連絡をして、なりすましのアカウントを削除するように求めます。通常は運営者に連絡するための通報フォームがありますので、入力フォームになりすましているアカウントや、自分の連絡先、なりすましで被害を受けていることなどを記載します。たとえばTwitterは入力フォーム自体は英語で書かれていますが、日本語にも対応しています。

特に権利・義務・事実証明に関する文書を勝手に書き換えて送信するというなりすまし行為は、電磁的記録不正作出罪（刑法161条の2第1項）

113

として処罰されます。また、実在しない人や会社になりすまして売買契約を結び、代金をだましとった場合は、詐欺罪として処罰されます。

また、本ケースのように、自分の社会的な評価を下げるような言動を行っている場合には、侮辱罪や名誉毀損罪にあたります。犯人が特定された場合には、その犯人に刑罰が科せられる場合があると同時に、不法行為に基づいて民事上の損害賠償責任を追及していくことも可能です。

なお、「なりすまし」に関する典型的な規制法として、不正アクセス禁止法があります。一般に不正アクセスとは、アクセス権限のない者が、ネットワークを経由して、他のコンピュータに許可なく侵入することをいいます。不正アクセス禁止法では、本ケースのようなIDとパスワードを無断使用するなりすまし（識別符号盗用型）に加えて、コンピュータの欠陥（脆弱性）を利用して、IDやパスワードを使用せずにコンピュータに侵入する行為（セキュリティホール攻撃型）を不正アクセスと定義して禁止しています。

不正アクセス禁止法は、このような不正アクセス行為を行った者を処罰するだけではなく、他人のIDやパスワードを提供した人も処罰の対象に含めています。さらに、ネットワークの管理者に再発防止措置を求めると同時に、必要な場合には行政機関がその援助を行うことが規定されています（1条）。なりすましの被害にあった場合、なぜIDとパスワードが盗まれたのかを調査する必要がありますが、被害者自身が教えたのでなければ、IDとパスワードを盗用したなりすまし行為は、不正アクセス禁止法の処罰対象に含めることができます。

なりすましの被害に遭った場合の対応

他人の ID やパスワードを盗用して悪事を働くこと　➡　なりすまし

不正アクセス禁止法の対象　➡　なりすました者およびその者に他人の ID・パスワードを提供した人も処罰を受ける

なりすましを行った媒体で行う誹謗・中傷　➡　名誉毀損罪・侮辱罪

114

相談12 クレジットカードを不正に使用されたらどうしたらよいか

Case 時々クレジットカードを利用しています。ここ数か月はまったく利用していなかったのですが、カード会社から請求書が届いたので驚きました。明細を確認すると、行ったこともない店で利用していたことになっています。カードは盗まれていません。どうしたらよいのでしょうか。

回答 何らかの方法で、あなたのクレジットカードが不正に使用された可能性があります。所持しているカードそのものを使用したのではなく、カードの情報を使用したのだと思われます。至急警察に被害届を出しましょう。その上で、クレジット会社に対しても、不正使用があったことを届け出ます。通常、クレジットカードには盗難保険がかけられています。警察とカード会社に被害を届け出ると、カード会社により届出日の前後の相当期間にわたり、不正利用分の請求を免れることができます。不正使用分については、保険が適用されるのです。

ただ、カードの名義人自身がカード利用規約に違反している場合などは、保険が適用されないこともありますので、注意が必要です。利用規約を一度確認してください。カードの盗難はなかったということですので、その他の不正使用について検討します。最近多発しているのが、不正に読み取った情報に基づいて偽造クレジットカードを作成し、これを不正に使用すること（スキミング）です。加盟店などに読取装置がとりつけられている場合もあるようです。

クレジットカードやキャッシュカードをスキミングすることは、支払用カード電磁的記録不正作出準備罪（刑法163条の4）という犯罪になります。不正な形で電磁的記録を取得・保管することが処罰の対象になりますので、クレジットカードのスキミングの他、プリペイドカードの利用可能金額を改ざんする行為も処罰されます。また、偽造クレジットカードを作成することは「支払用カード電磁的記録不正作出罪」（刑法163条の2）となります。

第3章 犯罪被害者になった場合はどうする

115

相談13 ネット掲示板で中傷された

Case ネットのある電子掲示板に、私の実名をあげた誹謗中傷の文章が書き込まれていました。だれがやったかは大方見当がつくのですが、このような中傷行為・ネット荒らし行為に対してはどんな対抗措置がありますか。

回答 インターネットの普及によって、今までなかったようなトラブルが発生するようになりました。このようなインターネット関連のトラブルについては、一般的に初めてのケースが多いため、法の規制が追いつかず、適切な対処法が乏しいことが多いというのが現状です。このため、今後、法の整備がなされるのを期待するところです。

あなたの場合は、インターネットの掲示板での中傷記事の書き込みということですが、このような書込みは、刑法の名誉毀損罪（230条）または侮辱罪（231条）にあたるものと考えられます。名誉毀損罪は「○○は会社の金を横領している」など具体的な事実を摘示して人の名誉を傷つける罪であるのに対し、侮辱罪は「アホ・バカ」など、具体的な事実を摘示せずに人の名誉を傷つける罪です。したがって、いずれかの罪による告訴ができます。実際の例として、インターネットの伝言板に女性の実名と電話番号を示した上で卑わいな文書をのせた事件について、犯人には侮辱罪が適用されて有罪になったものがあります。本ケースの場合は個人的な誹謗中傷ですが、企業などを中傷する記事があったときは、その企業がその記事によって業務を妨害されているような場合であれば、業務妨害罪（233条）が成立します。

また、民法が定める不法行為も成立するものと思われますので、損害賠償を請求することもできるでしょう。ただ、具体的な損害額の計算は難しいため、慰謝料として希望額を請求することになります。

書込みをした相手のおおよその見当がついているとのことですが、匿名の場合には、投稿者を特定するための十分な証拠を準備した上で、損害賠償請求をすることが必要です。

相談14 ライバル業者の営業妨害行為を訴えたい

Case 私は食堂を営んでいますが、どのメニューにも添加物を一切使っていないため、健康的で安心だと評判で大変繁盛しています。ところが、ここ２か月ほど客足が急に途絶えたため、調べたところ、わが店の料理には添加物がたくさん使われているという噂が流れていることが判明しました。

調査会社に依頼して調べたところ、この噂は、最近、近所で開店したＡレストランが流していることがわかりました。Ａレストランに対して責任を追及したいのですが、できるでしょうか。

回答 Ａレストランに対して責任を追及することはできますが、Ａレストランが虚偽の噂を流しているという事実が間違いないかどうかを確認する必要があります。事実を調べもせずに告訴したり損害賠償請求訴訟を起こすと、逆に虚偽告訴罪（刑法172条）として告訴されたり、不当な訴訟提起だとして相手方から損害賠償請求訴訟を起こされることにもなりかねません。調査会社の資料を十分検討した上で行動を起こすべきです。

Ａレストランの営業妨害行為が間違いなければ、Ａレストランを警察に偽計業務妨害罪で告訴することもできます。「偽計」とは、他人が知らないことや勘違い（錯誤）に陥っていることを利用して、その人を騙したり誘惑することを指します。もっとも警察の捜査が始まれば、Ａレストランの妨害行為もやむかもしれません。

これに対し、民事責任については、不正競争防止法に基づいて、Ａレストランを相手に妨害行為の差止請求や信用回復のための謝罪広告を求めることができます。さらに、Ａレストランを相手に不法行為に基づく損害賠償を請求することもできますが、損害額の証明が難しいので、信用を害されたことによる無形の損害に対する賠償として希望額を求めるとよいでしょう。会社の場合は、他社との取引を通じて信用を得ていくのですから、信用に対する損害が「無形の損害」として認められることになるのです。

相談15 ピッキングによる被害にあった場合

Case 最近、私の家の周辺でピッキングが多発しています。手馴れた窃盗常習者が、器具でドアの鍵を開けたり、窓ガラスをカットして留守宅に侵入して、盗みを働いているそうです。

　私は、仕事柄、出張によって、長期間家を留守にすることが多いので、貴重品は金庫に保管はしていますが、やはり不安です。万が一、旅行中に窃盗に入られたら、どのように対処したらよいのでしょうか。

回答 たしかに、近年都市部ではピッキングによる被害が多発しています。手口が巧妙なので、戸締りをしていても被害が発生することもあります。帰宅して被害にあったことが判明したら、まず、現場をそのままにしておきましょう。そしてすぐに110番通報するか、近所の交番に通報します。警察には被害届を提出します。もしカードや通帳などが盗まれていたら、すぐにカード会社や銀行に連絡して、取引を停止するようにしてください。その場合の金融機関の連絡先は警察でもすぐに教えてくれます。

　捜査が始まると、事情を聴取され、現場の実況見分に立ち会うことになります。空き巣の場合には現場の下見をしていることが多いといえます。ですから、事件の前に不審人物を見かけていれば、警察に話しておくべきです。盗まれた物（盗品）については、事細かに警察に申告します。窃盗犯が盗品を処分して、そこから足がついて逮捕に至ることもよくあります。後日、犯人が逮捕されれば、民事上はもちろん盗品の返還を請求できます。すでに質屋や古物商に処分されている場合には、処分先と交渉して返還してもらうことになります。もっとも、親族間で窃盗罪などを犯したときは、刑が免除されるか親告罪になるとの特例があります（親族相盗例）。たとえば、窃盗罪の犯人が被害者の配偶者、直系血族、同居の親族の場合は刑が免除されるので、犯人を処罰できないことになります。

相談16 腕時計を友人に貸したがその弟に勝手に処分された

Case 先日、友人のⅠが試験を受けるのに時計が故障しているというので、私の腕時計を貸しました。しかし、試験が終了して何日か経つのに、一向に腕時計を返してくれる様子がありません。そこで、Ⅰに問い合わせてみると、「弟のⅡが腕時計を持ち出してリサイクルショップに売ってしまった」といいます。慌てて、そのリサイクルショップに行きましたが、すでに売れてしまった後でした。弟のⅡを問い詰めたところ、「兄弟の間での窃盗は罪にはならない」と開き直っています。納得がいかないのですが。

回答 親族間でも窃盗罪は成立します。しかし、家庭内の問題に国家が立ち入るべきではないとして、配偶者、直系血族または同居の親族との間の窃盗は「刑を免除する」と規定されています（刑法244条１項）。ここでの「親族」とは、６親等内の血族、配偶者、３親等内の姻族を指しますので、同居の兄弟姉妹は「親族」に含まれます。本ケースではⅠとⅡが兄弟なので、窃盗罪について刑が免除されるようにも思えます。

しかし、腕時計の所有者は他人であるあなたです。盗んだ物の占有は同居の親族にあっても、所有権は他人にあるという少し複雑なケースです。刑が免除されるためには身分関係がだれとの間で必要なのかに関しては、①行為者と占有者との間で必要、②行為者と所有者との間で必要、③行為者と占有者・所有者双方との間で必要、のいずれを採用すべきかをめぐって争われました。この点は、平成６年に最高裁判所の判決が下され、刑が免除されるには、盗んだ物の占有者と所有者の双方が、窃盗犯人と親族関係になければならないと判断して、③を採用しました。本ケースでは腕時計の所有者が他人のあなたなので、窃盗犯人であるⅡの刑は免除されません。あなたはⅡを刑事告訴することができます。

さらに、あなたはⅠとⅡに対して、民事上の不法行為行為に基づく損害賠償の請求もできます。

相談17 強制わいせつにあったが刑事告訴の手続きを教えてほしい

Case 知人男性Ａから、友人のＢ女が嫌がっているにもかかわらず無理やりキスをされるなどの行為が繰り返し行われています。Ｂ女は大変ショックを受けており、Ａ男の行為を止めさせることはもちろん、必要な処罰を受けさせたいと感じているようです。その一方で、警察沙汰になってしまうことも悩んでいるようですが、刑事告訴という手続によって、自分から処罰を望むことを求めていくなどの行為が必要になるのでしょうか。

回答 捜査機関というとまずは警察が思い浮かびますが、検察庁も捜査機関に含まれます。捜査機関は自身で犯罪の疑いを持ったときには、捜査を開始します。ただ、犯罪の最初の発見者は被害者であることが多いので、被害者からの申出によって捜査が開始されることもよくあります。捜査機関に対して犯罪の捜査と犯人の処罰を求める正式な手続を「告訴」（刑事告訴）といいます。被害届はただ事実を申告するだけで、正式に処罰を求める意思は示していません。告訴はだれでもできるわけではなく、「告訴権者」だけができます。告訴権者は、被害者自身、その法定代理人（未成年者の親権者など）、死亡した被害者の親族などです。

　なお、告訴がなければ処罰されない犯罪もあります。これを「親告罪」といいます。本ケースのように、嫌がる相手に無理やりキスする等の行為は強制わいせつ罪になると考えられます。強制わいせつ罪はかつて親告罪でしたが、平成29年の改正刑法の下では、犯罪の性質上、被害者が被害状況を詳しく述べなければならないなどの負担が大きいことを考慮して親告罪ではなくなりました。したがって、被害者の告訴がなくても行為者であるＡ男は起訴される可能性があります。なお、改正刑法の下でも親告罪とされている犯罪には、名誉毀損罪等が挙げられます。親告罪は、原則として6か月以内に告訴しなければなりません。また、一度告訴を取り消すと、二度と告訴はできないので注意が必要です。

120

相談18 時効により犯人が起訴されない場合

Case 経営している商店が強盗に押し入られて現金をとられました。警察に被害届を出し、捜査も行われましたが犯人は見つかりませんでした。12年以上の歳月が経過して、警察に犯人が自首してきたという連絡がありました。すでに公訴時効にかかっていると言われましたが、どのように扱われるということでしょうか。

回答 犯罪を犯した者は、当然、処罰されなければなりません。しかし、刑事手続では「公訴時効」という制度があります。これは一定期間が経過したら、公訴を提起することができなくなるという制度です。公訴時効の存在理由には、①長い年月が経過すると証拠もなくなり、証人の記憶も薄れてくる、②被害者や社会全体の処罰すべきだという感情も薄らいでくるなどが挙げられます。

　刑事訴訟法はおもに、人を死亡させた罪にあたるか否かにより、公訴時効を区別して規定しています（250条）。なお、殺人等の人を死亡させた死刑にあたる罪に関しては、公訴時効に関する規定は適用されません。

　具体的には、人を死亡させた罪のうち禁錮以上の刑にあたる場合、①無期懲役または禁錮にあたる罪については30年、②長期20年の懲役または禁錮にあたる罪については20年、③上記①②以外の罪については10年の公訴時効が規定されています。その他の罪にあたる場合、④死刑にあたる罪については25年、⑤無期懲役または禁錮にあたる罪については15年、⑥長期15年以上の懲役または禁錮にあたる罪については10年、⑦長期15年未満の懲役または禁錮にあたる罪については7年、⑧長期10年未満の懲役または禁錮にあたる罪については5年、⑨長期5年未満の懲役もしくは禁錮または罰金にあたる罪については3年、⑩拘留または科料にあたる罪については1年の公訴時効に関する規定が適用されます。

　本ケースの強盗罪は、5年以上の有期懲役が法定刑ですので、⑥の10年が時効期間となります。12年を経過していると起訴はできません。

相談19 ひったくりの犯人が不起訴処分となった

Case 近所に住むOさんが私の家で飲んだ帰りに、ひったくりにあいました。深夜で暗かったため、犯人の背丈と輪郭ぐらいしかわからないということでしたが、すぐに警察に告訴しました。数日してPという男が逮捕されたので、Oさんは大変喜んでいました。ところが、しばらくして、Oさんは検察庁からPを不起訴にしたという通知を受けました。Oさんは警察での面通しでも、自信をもってPが犯人であると言ったので、このままでは納得がいかないと怒っています。どうすればよいのでしょうか。

回答 事件が発生し、捜査が一通り終わると、警察は事件を管轄の検察庁に送ります。それを受けた検察庁では、容疑者（被疑者）を起訴するかどうかを決定します。すべての事件を起訴するわけではなく、比較的小さな罪で本人も反省している場合、証拠が不十分で有罪となる見通しが立たない場合など、容疑者の境遇・性格・年齢も加味して、不起訴にすることもあります。そのような場合、検察庁は告訴・告発をした者に対して、不起訴にしたことを通知します。

　この通知を受け取った者は、検察庁にその理由を示すように請求することができます。請求を受けた検察庁は、不起訴とした理由を告げなければなりません。不起訴の理由について納得できなければ、別の機関に不服を申し立てることができます。その機関が「検察審査会」です。検察審査会は11人の委員によって構成され、検察官の不起訴処分の当否について審査します。不起訴処分の通知や事件について詳細に記載した書面などを提出して手続をします。

　審査の結果、起訴が相当であると判断されれば（起訴相当の議決）、議決書が検事正に送られます。その結果、検察官が改めて起訴することもありますが、直ちに起訴が義務づけられるわけではありません。このように一度目の起訴相当の議決には法的拘束力はありません。しかし、検察審査会が二度にわたり起訴相当の議決をした場合（二度目は起訴議決といいます）には、強制的に公訴が提起されます。

122

相談20 犯人を現行犯逮捕しようとして死傷した場合

Case 私と同僚のQが仕事の帰りに、正面から走ってくる者を見つけました。さらにその後方から、2人の警察官が「待て！」と大声をかけながら、追いかけてきていました。どうやら、何かの犯人をつかまえようとしているようでした。警察官は私とQに「そいつを止めてください！」と叫びました。私とQは意を決して、逃亡者を取り押さえようとしました。ところが、相手は懐から登山ナイフを取り出して、Qの胸を突き刺しました。私も、そのナイフのため腕にかなり深いキズを負いました。結局、相手は逮捕されましたが、Qは2日後に死亡しました。このような場合、死亡したQや負傷した私は、泣き寝入りするしかないのでしょうか。

回答 逮捕を含めて、捜査は原則として警察の仕事です。しかし、ケースによっては、被害者本人やその付近に居合わせた人が逮捕をすることもよくあります。法律的にも現行犯逮捕は、逮捕状がなくてもだれにでも認められています。しかし、運悪く犯人の反撃にあって、死傷する場合もあります。せっかく勇気を奮って正義の行動に出たのに、そのまま第2の被害者として泣き寝入りするのではあんまりです。そこで、殺人などの故意の犯罪行為により、不慮の死を遂げた犯罪被害者の遺族や、重傷病・障害という重大な被害を受けた犯罪被害者に対して、国が犯罪被害者等給付金を支給する「犯罪被害者給付制度」が設けられて、死亡した遺族への給付や、受けた障害のレベルに応じた給付が行われることになりました。遺族給付金が最大で2964.5万円、障害給付金が最大で3974.4万円です。

また、「警察官の職務に協力援助した者の災害給付に関する法律」が制定されていて、警察官に協力援助した場合や市民が現行犯逮捕した場合、災害救助にあたった場合などで「災害」（死亡・負傷・疾病・障害）を受けた者に給付を与えることを規定しています。給付の内容も、療養・傷病・障害・介護・遺族・葬祭・休業給付と多様です。

相談21 犯罪被害者を救済する制度の手続きを教えてほしい

Case 私たちは4人家族で、夫と私と2人の子どもで幸せに暮らして きました。ところが先日、夫の会社に過激派の爆弾テロが仕掛けられて、 たまたま付近にいた夫は、死亡してしまいました。ただ、過激派の構 成員Rが逮捕されましたが、Rに資産などなく実際のところ損害賠償 請求のしようがありません。2人の子どもはまだ幼く、私が1人で育 てていかなければなりません。一家の大黒柱を失い途方にくれていま すが、犯罪被害者を救済してもらえる「犯罪被害者給付制度」は、ど のような手続をすれば利用できるのでしょうか。

回答 犯罪の被害者は直接、加害者に対して罰を下すことはできませ ん。国家が刑事裁判によって、刑罰を下します。被害に対する経済的な てん補（補償）としては民事上の損害賠償請求が認められます。ただ、 実際に犯罪の加害者から賠償を受けることは困難です。そこで、昭和55 年に「犯罪被害者給付制度」が創設され、救済が拡充されてきました。 給付を受けるには、地元の都道府県公安委員会の裁定を受けなければな りません。そのために、最寄りの警察署を経由して裁定申請書を提出して、 公安委員会の調査を受けます。次に、裁定を受けることができたら、国 に対して支払請求書を提出します。もし、公安委員会の調査が遅れるよ うであれば、仮給付金の支払もあります。ただ、給付申請は、犯罪行為 による被害を知ったときから2年以内に行わなければなりません。被害 を知らなくても被害の発生時から7年たてば、裁定申請はできなくなり ます。ただし、やむを得ず期間内に申請することができなかったときは、 その理由がやんだ日から6か月以内に限り申請可能です。

なお、犯罪被害者と加害者との間に親族関係等がある場合には、給付 金の全部または一部の支払いが認められない場合もあります。しかし、 犯罪行為が①配偶者からの暴力、②児童虐待、③高齢者虐待、④障害者 虐待などの場合は、例外的に親族関係があっても給付金の支給が認めら れることがあります。

相談22 夫のドメスティック・バイオレンスにどう対応すべきか

Case 結婚して3年になりますが、その間ちょっとしたきっかけで暴力をふるう夫におびえて生活してきました。先日はとうとう入院加療が必要なほどのケガをさせられ、もう限界です。しかし、私にはすでに両親もなく、頼る人もないので途方に暮れています。どうしたらよいのでしょうか。

回答 配偶者や恋人からの身体的・精神的な暴力をDV（ドメスティック・バイオレンス）といいます。DVは近年、被害の深刻化が問題視されており、DV防止法（配偶者からの暴力の防止及び被害者の保護等に関する法律）により、DV被害者を救済するしくみはかなり整備されました。まず、日常的な暴力に悩んでいる場合は各都道府県に設置されている「配偶者暴力相談支援センター」に相談してみてください。従来からある婦人相談所や男女共同参画センターなどがその機能を担っていることも多いようです。ここでは、DV被害から逃れるためのアドバイスや情報提供を受けることができる他、一時保護や離婚後の自立支援、カウンセリングなどを受けることもできます。早めに相談しておけば、緊急事態が起こったときに迅速に対応してもらうことができます。夫から逃げたいのに逃げる場がないときは、シェルターを利用することができます。シェルターとは、夫から身を隠して生活することのできる場所で、公的機関の他、民間のNPO法人などでも開設しています。利用方法については、前述した支援センターなどに相談すれば情報提供を受けることができます。

この他、離婚や保護命令など法的手続きを求める場合は、各弁護士会の相談窓口を利用するとよいでしょう。また、今まさに暴力を振るわれかけているなど緊急の対応を必要とする場合は、とにかく警察に連絡しましょう。なお、内縁の配偶者や生活の本拠を共にする交際相手からの暴力等も規制の対象に含まれ、交際相手による被害についても、被害者はDV防止法による保護を受けることが可能です。

相談23 保育士の体罰で子どもが死亡した場合

Case ２歳の次男を保育園に預け、共働きをはじめました。次男は毎日行くのを嫌がって泣きましたが、やむなく通園させていました。ある日、保育園から次男が危篤状態だとの連絡が入り、急いで病院に行ったのですが、そこには息を引き取った次男の姿がありました。園側からは次男がいすでふざけていて後方に転倒したと説明を受けましたが、医師から「そんな程度の傷ではない」と言われて追及したところ、担当保育士が上手にスプーンを使えない次男に腹をたて、いすごと投げた上、１時間以上放置していたことがわかりました。次男は保育園で日常的に体罰を受けていたのです。園側にどんな責任を追及することができるでしょうか。

回答 スプーンを上手に使えなかったことを理由に２歳の幼児をいすごと投げるという行為は、しつけの範囲を超えた暴力に他なりません。どんな理由があっても許されることではなく、担当保育士に対しては刑事・民事の両面から責任を追及することができます。殺すつもりはなく、いすごと投げた暴行が原因で死亡した場合には、一般的に傷害致死罪（刑法205条）が成立します。しかし、本ケースの場合、息子さんを投げた時点で、保育士に明確な殺意があったかは不明ですが、「死んでしまうかもしれない」という予測は容易に可能であること、また適切な治療も行わないまま１時間も放置していたことを考えると、「死んでしまっても仕方ない」という未必の殺意が認定され、殺人罪（不作為の殺人）となる可能性が高いと思われます。

また、保育士の行為は民法上の不法行為ですから、息子さんがこれから得るはずだった収入などを換算した逸失利益、慰謝料、葬儀にかかる費用などについて損害賠償請求をすることができます。さらに、保育士の雇用主である保育園に対しては、民法上の使用者責任（民法715条）に基づく損害賠償請求ができるでしょう。

第4章

被疑者になった場合は
どうする

相談 1　返すつもりで顧客の預金を引き出したら横領罪になるのか

Case　私はＡ銀行で預金管理の業務をしています。最近、商品先物取引に手を出していますが、どうしても200万円の現金が必要になりました。そこで、やむをえず、端末を操作して顧客の預金を引き出し、先物取引の会社に送金しました。

　もちろん、そのまま放っておくつもりはさらさらなく、後日、利益が上がった時点で必ず返金しておくつもりでした。ところが、現金を引き出してから３日後に、そのことが上司に発覚してしまいました。会社としては、懲戒解雇だけではすまさず、業務上横領罪で刑事告訴をするといいます。私としては、必ず返すつもりだったのですが。

回答　会社は業務上横領罪で刑事告訴するということですが、あなたの行為が「横領」に該当するかどうかは、権限を超えて所有者でなければできないような領得行為をしたかどうかで決まります。そして、行為の時点で直ちに横領罪は成立してしまいます。たとえ「ちょっと借用するだけですぐに返そう」という気持ちでいたとしても、客観的に見て、所有者以外に許されない程度のふるまいであれば、直ちに横領となるのです。もし、いつでも現金を用意できるほど十分に資力のある人であれば、ちょっとばかり他人から預かった現金を借用して買い物をしたとしても、客観的に見て、その埋め合わせは時間的にも金額的にも簡単です。そのようなケースでは「横領」とは評価されないでしょう。一時的に借用しようとしている場合には、行為者は自分がその物の所有者等ではないことを十分に認識しているため、権利者を排除して自ら所有権者としてふるまおうとする意思（不法領得の意思）を欠き、論理的には領得行為を認めることができないともいえます。

　しかし、あなたのケースでは、200万円の現金をすぐに銀行の顧客口座に戻せるという状況ではないため、あなたの行為が「横領」となる、つまり業務上横領罪が成立することは否定できません。そこで、200万円を早急に返還して、刑事告訴は見合わせるようにお願いすべきでしょう。

相談2 公務員の退職祝いに現金を贈るとどうなるのか

Case 私は商社を経営しています。昨年、経営状態がよかったせいか、税務署の調査が入ることになりました。ただ、たまたま管轄の税務署長が旧知の友人Bだったので、Bに依頼して税務調査をストップしてもらいました。そのときは、Bは公務員という立場にあったので、その件に関する謝礼は控えていました。

そして、今月をもってBが定年退職することになりました。私としては、あの件でBには多大な恩義を感じているので、300万円ほどの現金を「定年祝い」の名目で贈与しようと考えています。

回答 公務員がその職務に関して金品などを受け取ることは収賄罪にあたり、贈ることは贈賄罪になります。

この「職務」とは、その公務員の一般的職務権限の範囲内にある行為のことを指します。たとえ公務員であっても、税務署の職員が職務と何ら関係のない行為について謝礼を受け取っても、原則として罪にはなりません。しかし、このケースでは、税務署の職員に税務調査を止めてもらったのですから、300万円の謝礼が職務に関することは明らかです。

ただ、定年退職して公務員でなくなった者に、金品を贈与することは罪になるのでしょうか。たくみに法の網の目をかいくぐって賄賂を授受する者も多いため、刑法では、いろいろな類型の賄賂罪が設けられています。その中に事後収賄罪（刑法197条の3第3項）があります。公務員だった者が、その在職中に不正な行為をしたり、正当な行為をしなかったことについて、退職後について賄賂を収受すると、事後収賄罪として罪に問われます。賄賂を贈った方も、当然に贈賄罪となります。

このケースでも、どのような名目であれBに現金を渡せば、あなたには贈賄罪、Bには事後収賄罪が成立するので注意してください。なお、類似のケースとして、公務員を退職してはいないが、他の職種に変更したような場合、あくまでも公務員としての身分を失っていませんので、事後収賄罪ではなく、その他の収賄罪が成立するものと考えられます。

相談3 盗品を買い取ると犯罪になるのか

Case 私は古物商を営んでいます。最近、東南アジア系の外国人Ｆが店にやってきて、総額１００万円相当の宝飾品を買い取ってほしいと言ってきました。どうも風体からしてそれほどの資産家には見えません。私たち古物商は犯罪にかかわる物件を持ち込まれることがよくあるのですが、どうも怪しい様子でした。ただ、「３０万円にでもなればよい」と言うので、当方としてはよい商売になります。先日、隣の町で貴金属店に複数の覆面をした外国人の強盗団が押し入ったとのニュースが報道されていましたが、買い取りに応じても問題ないでしょうか。

回答 刑法では、窃盗や強盗は当然のことながら厳しく処罰することとされています。しかし、それだけではなく、これらの犯罪によって得られた盗品の譲受け、買取り、運搬、保管、または買取契約のあっせんをした場合にも処罰されます。これらの犯罪を総称して「盗品等に関する罪」といいます。盗品等に関する罪が処罰されるのは、個人の財物に対する間接的な侵害行為（被害回復をより困難にさせる行為）にあたるためです。他の多くの犯罪と同様に、盗品等に関する罪が成立するためにはその物品が盗品であることを知っていること（故意）が必要です。過失（不注意）で盗品を買ってしまった場合は、盗品等に関する罪が成立しません。ただ、未必の故意（犯罪になるかもしれないと思いつつ、そうなってもかまわないと思うこと）といって、盗品である可能性を認識していた場合は、やはり故意があるということで処罰されてしまいます。過失と未必の故意とでは、境界が不明確なので注意を要します。

このケースでは、古物商であるあなたは、なんとなく強盗による盗品であることを認識しています。ですから、未必の故意が認められる可能性が高いといえます。しかも、古物営業法によって、盗品であることを知り、または知ることができた古物商は、被害者に対し無償で、盗品を返還しなければなりません。怪しいと思っているのであれば、手を出さない方が無難です。

相談4 グルメサイトへの書き込みは業務妨害罪にあたるのか

Case グルメサイトにお店の感想などを書き込んだ際に、「料理がまずい」などの批判的で過激な内容になってしまい、店側から業務妨害だと反論されました。あまりにも内容が過激すぎる感想は、お店に対する業務妨害罪にあたることがあるのでしょうか。

回答 グルメサイトにお店に関して料理がまずい、店員の対応が悪いなどの書き込みをすることは、サイトへの書き込み行為が、偽計業務妨害罪（刑法233条）にあたる可能性があります。この場合、３年以下の懲役または50万円以下の罰金が科されることになります。偽計業務妨害罪とは、人を欺いたり、人の不知を利用して業務を妨害することです。欺くことで他人に財産等を交付させる必要はなく、詐欺罪よりも、処罰の対象になる行為は広いといえます。

この場合には、グルメサイトを利用するそのお店にまだ行ったことのない、お店についての情報を持たない人に対して、料理がまずいなどの書き込みをしていることが「偽計」に該当する可能性があり、そのような書き込みを見た人は、「そのお店に行くのをやめよう」「そのメニューを注文するのはやめよう」などと考える場合もあるでしょう。また、「あのお店の料理には虫が入っている」など、うその事実をサイトに記載した場合も、うその事実を真実であるかのように信じ込ませるような内容の書き込みであれば、やはり偽計業務妨害罪が成立することになります。

そして、偽計業務妨害罪の場合には、実際にお客が減ったかどうかは問題ではなく、お客が減る可能性があるという状態になっていれば成立することに注意が必要です。

もっとも、グルメサイトの書き込みの場合には、プラス評価もマイナス評価もあるのが普通で、書き手の主観が多分に含まれていることは、見る人も承知の上です。１回や２回の書き込みであれば、その書き込みだけでお客が減ることは通常考えられませんので、偽計業務妨害罪にはあたらない可能性が高いといえます。

131

相談5 ちかんに間違われた場合にはどうなるのか

Case 先日の朝、通勤のために郊外から都心へ向かう快速電車に乗っていました。電車が○○駅に着き、右側のドアが開いたので、降車客の流れに乗って一度電車を降り、再び乗り込もうと立ち止まったとき、後ろから私の右袖を見知らぬ女性がつかんできました。不機嫌そうな表情で「さっきお尻触わりましたね」「警察へ行きましょう」といってきたのです。私が否定すると、その女性は「間違っていた場合には謝罪しますから、とにかく駅員さんのところで話しましょう」と言って来ました。私は「ここで言い争うよりはましだ」と思い了承しましたが、この後どうなるのでしょうか。

回答 満員電車内でのちかん行為は、刑法176条の「強制わいせつ罪」にあたることがあります。また、各都道府県で制定されている迷惑防止条例に違反することもあります。ちかん行為も犯罪のひとつなので、逮捕により身柄を拘束されて警察官や検察官の取調べを受けた後、勾留が決定して長期にわたり身柄を拘束されることがあります。その後、検察官が起訴を相当と判断した場合には、刑事訴訟が始まります。ただ、被害者との間に示談が成立すれば、告訴が取り下げられて、その時点で身柄が解放されることもあります。このように身柄拘束の危険性があるとしても、濡れ衣であれば毅然とした態度をとるべきです。ちかん行為をしたという濡れ衣がもたらす影響は、社会生活を営んでいく上で、どの程度に及ぶのか、はかり知れません。濡れ衣でも逮捕されたという情報が会社に知られると、職を失うなどの不利益を受ける可能性があります。また、家族が「○○さんの夫（父）がちかんの犯人としてつかまっている」などと好奇の目にさらされることにもなりかねません。

そこで、ちかん行為をしたと誤解された人が、その場から逃げ去ることも少なくありません。この場合、「無実である」ということを明らかにしなければ、単に逃走を図ったとみなされ、逃げ切れなかった場合に不利に働くことになりかねません。

132

もっとも、駅員室に連れて行かれて警察官が到着した場合、その時点で現行犯逮捕になる可能性があります。この際、最も大事なのが、駅員との話し合いの時点、警察官や検察官による取調べの時点など、どの場面においても「妥協して真実ではないことを認めてはいけない」ということです。特に取調べの中で「認めたら家に帰してやるから自白しろ」というような内容の働きかけが行われることが多々あります。しかし、身柄の解放と引き換えに真実ではない自白を行うと、それに基づいて真実ではない調書が作り上げられてしまいます。日本の刑事訴訟において、特にちかん犯罪はまず無罪にならないと言われていましたが、最近では検察側の立証が不十分として無罪となるケースが出ていますから、無罪を信じて真実でない自白をしないことが大切です。

　被疑者には黙秘権があるので、取調べに一切答えなくてもかまいません。また、逮捕された場合でも初回は無料で弁護士の接見を受けることができます。これを「当番弁護士制度」といって、警察に対して申し入れれば弁護士に来てもらえます。客観的な証拠や目撃者の証言がなければ、いくら女性が騒いでも有罪にはできません（補強法則、94ページ）。とにかく冷静に振る舞うことが大切です。

　このように、ちかんに間違われてしまった場合、長期間に渡って身柄の拘束を受けることはもちろん、刑事訴訟になって有罪判決となることすらあります。そこで、ちかんに間違われた場合、無実を主張すると同時に、目撃者を探しましょう。また、最初に駅員室等に連れて行かれた時点で、弁護士に連絡をして、適切な指示を仰ぐようすることが重要です。

ちかんに間違われてしまった場合の対応

相談6　ちかんとえん罪被害への賠償請求

Case　ちかんの犯人に間違えられましたが、後日濡れ衣だと判明しました。実は被害を訴えた女性は、以前に万引きを注意した女性であり、そのことを逆恨みして、専ら復讐目的で、一方的に騒ぎ立てたということでした。その後、自分が無罪であることは明らかになりましたが、相手の女性に損害賠償を請求できるのでしょうか。

回答　実際にちかん行為をしていなくても、一度ちかんと言われてしまうと、身の潔白を証明するのはなかなか難しいものがあります。一般的に物的証拠がほとんどない場合が多く、被害者や目撃者の証言のみで犯人にされてしまう事も数多くあります。

　また、一度容疑者（被疑者）とされてしまうと、長い期間身柄を拘束されることになり、仮に無罪が証明されたとしても、身柄を拘束されている間仕事をすることもできず、さらに深刻なケースでは、職を失ってしまうというようなことにもなりかねません。無実であることが後に判明しても、社会的なイメージを含め、受ける損害は、財産的損害・精神的損害を含めて、決して小さいものではありません。

　そこで今回のようなケースでは、復讐目的で騒ぎ立てたため、民法上の不法行為に基づき、あなたが被った損害の賠償請求が可能であると思われます。またその他にも、賠償の女性の明らかな不注意でちかんと間違えた場合や、女性が初めから示談金目的などによりわざとちかんの犯人にしたような場合でも、同様に損害賠償を請求できる可能性があります。しかし、このような女性の明らかな不注意や示談金目的などを証明するのは簡単なことではなく、当時の現場の状況や、被害者との距離関係などのさまざまな状況から判断する必要があります。

　このような、ちかんの犯人に間違われたことによる損害賠償請求の他にも、女性がちかんの噂を広めてしまい名誉が傷つけられたような場合に精神的苦痛を受けたとして、損害賠償請求ができる場合があります。

相談7 ファイル共有ソフトの開発とインストールした場合の刑事責任

Case ファイル共有ソフトの利用者が、映画や音楽等を著作者に無断で公開して、広く不特定多数の人がダウンロードして、コンテンツを利用できる状態を作っていました。共有ソフトの開発者に罰則が適用されることはあるのでしょうか。また、共有ソフトからコンテンツをダウンロードした利用者も罰則が科されることはありますか。

回答 不特定多数の人とインターネット上でファイルを共有し、交換し合うことができるソフトをファイル交換ソフトあるいはファイル共有ソフトと呼びます。WinnyやWinMXといったものがこれにあたります。ファイル共有ソフトは、利用者同士が持っているファイルを交換という形で無償でダウンロードすることができます。使用方法によっては、著作物の著作権者が持つ「複製権」「公衆送信権」「送信可能化権」を侵害する場合があります。たとえば、映画や音楽など他人の著作物を無断でアップロードした場合は、送信可能化権（著作物を自動的に公衆に送信できる状態に置く権利）を侵害しており、著作権侵害にあたります。また、判例では、ファイル共有ソフトの開発者も、「入手者のうち例外的といえない範囲の人が、著作権侵害に使う可能性を認容して、提供した場合には著作権侵害行為の幇助罪にあたる」として、著作権法上の罰則が適用される場合があるとしています。音楽や映像など他者が著作権を持っているファイルを、ファイル共有ソフトやWebサイトなどからダウンロードする利用者の行為も、著作権侵害にあたる場合があります。

著作権法は、著作権侵害行為に対して、「10年以下の懲役もしくは1000万円以下の罰金、またはこれを併科」するとしており（同法119条）、実際に逮捕・起訴されれば、懲役1〜2年程度の有罪判決が下されることが多いようです。「自分の楽しみのためにするだけだから問題ない」と安易に考えず、著作権侵害に加担する可能性のあるファイル共有ソフトの使い方には充分注意しましょう。

相談8 ウイルス供用罪の成否

Case 自分のパソコンが知らない間にウイルス感染しており、身に覚えがないのに、自分のアドレスからウイルスメールが送信されたようです。この場合、何らかの罪に問われるおそれがあるのでしょうか。

回答 ウイルス（コンピュータウイルス）に関して、刑法は「不正指令電磁的記録に関する罪」として各種の罰則を規定しています。

本ケースでは、Emailのしくみを利用して、ウイルスが勝手に拡大をする危険性が生じた場合です。自分のコンピュータがウイルスに感染すると、自分では送ったつもりがないのに他人にウイルスメールが送信されてしまうことがあります。この場合には、不正指令電磁的記録供用罪（ウイルス供用罪）の適用の有無が問題になります。ウイルス供用罪は、正当な理由がないのに、ウイルスを第三者（ウイルスであるのを知らない第三者に限ります）のコンピュータで実行できる状態に置く行為を処罰するものです。同罪が適用されると、3年以下の懲役または50万円以下の罰金が科されることになります（168条の2第2項）。ウイルスメールを送信し、他人のコンピュータをウイルスに感染させることは、同罪に該当する可能性があります。

しかし、自分のコンピュータがウイルスに感染しているということを知らずにウイルスメールを送っている本ケースでは、犯罪の故意に欠けるため、ウイルス供用罪は適用されず、何の罪にもなりません。なお、ウイルスに感染していないのに、他人が自分になりすまして、自分のアドレスからウイルスメールを送るという場合もあります。この場合も自分は送信者ではないので、何の罪にもなりません。

また、自分のコンピュータにウイルスを保管しているということは、不正指令電磁的記録取得・保管罪（ウイルス取得・保管罪）の適用の有無が問題になります。しかし、わざとウイルスを保管していない本ケースでは、何らかの罪により処罰されることはありません。

相談9 裁判ではどのようにして刑罰が決められるのか

Case 私の妻は、最近免許証を取得した初心者ですが、ブレーキとアクセルを間違えて、人身事故を起こしてしまいました。現在、裁判中ですが、まもなく判決が下るそうです。刑はどの程度になるのでしょうか。また、執行猶予はつくのでしょうか。

回答 刑罰は、行った犯罪に対応して科されるものです。わが国の刑罰法規では、法定刑の幅が比較的広く、裁判官の裁量が広くなっています。たとえば、人身事故を処罰する自動車運転死傷行為処罰法の過失運転致死傷罪（5条）は、死亡の場合も傷害の場合も含めて「7年以下の懲役もしくは禁錮または100万円以下の罰金」と幅をもって規定しています。有罪と認定した後、この裁量の範囲内で、裁判官は刑罰と執行猶予の可否を決定します。では、どのような基準で裁判官は判断するのでしょうか。過去の似通った事件の判例が参考になりますが、事件の事情によって異なってきます。具体的には、犯罪の性質・軽重、被告人の性格・動機・態度・前科の有無、被害者との関係、社会に対する影響など、さまざまな事情を考慮して判断します。

　以前の交通事件は、刑法上の業務上過失傷害罪（211条）で処罰されており、軽微に扱われてきました。しかし、平成13年に危険運転致死傷罪が制定されたあたりから、裁判官も交通事件に対して厳しく臨むようになったと言われています。現在では運転行為の危険性と事故の重大性の相関関係から判断するようです。特に、無免許・酔っ払い・ひき逃げなどの悪質犯は、自動車運転死傷行為処罰法によって、過失運転致死傷罪よりも刑罰が重くなっていますので、実刑の可能性が高いといえます。ただ、あなたの奥さんのように悪質ではない場合は、緩やかに判断される可能性が高いでしょう。また、被害者との示談の成否も重要な判断材料となるので、早急に交渉するとよいでしょう。

相談10 裁判官はどのようにして刑を決めるのか

Case 私の友人のUは、3か月ほど前に、チンピラに絡まれていた女性を助けるために1人で3人を相手に大立ち回りを演じました。ところが、勢い余ってその中の1人に大ケガをさせて、Uは傷害罪で起訴されてしまい、現在、公判中です。ケガをさせた相手とも示談は成立しているし、本人も反省しています。そもそも、人助けのためでしたし、女性も法廷で証言をしてくれています。なんとか軽い刑ですまないでしょうか。

回答 刑法をはじめとした刑罰法規には、さまざまな犯罪が規定されていると同時に、それに応じた刑が規定されています。そして、わが国の刑罰法規は、刑の範囲が幅広く規定されているのが特徴です。たとえば、殺人罪の刑は「死刑または無期もしくは5年以上の懲役に処する」と規定しており、懲役5年から死刑まで、かなり幅があります。また、罰金刑も「○○万円以下」というような幅があります。これは同じ犯罪であっても、裁判官の裁量によって、刑の軽重を弾力的に決定できるようにするためです。

　裁判官は、まず被告人が有罪であるのか無罪であるのかを判断します。そして、有罪であると判断した場合には、どの程度の刑を科すのが適切であるのかを判断する、という手順を踏みます。裁判官が具体的に刑を決めることを「量刑」といいます。この量刑に加えて、執行猶予をつけることもできるので、裁判官の裁量はかなり広いといえます。量刑はあらゆる事情を総合的に考慮して決定されます。具体的には、犯行の動機、被告人の境遇、年齢、反省の程度、初犯か前科があるのか、もともとの被害者との関係、示談の成否など、諸事情を総合して判断します。量刑が不当であるとして、被告人または検察官が上訴するケースもあります。

　Uさんのケースでは、女性を助けるという動機があり、また、示談が成立し反省もしているので、過剰防衛（防衛の程度を超える加害行為をした）が成立して、執行猶予がつく可能性は高いといえるでしょう。

相談11 長男が逮捕されて警察から呼出しを受けた

Case 警察から、長男が逮捕されたから警察署まで来るように、との連絡がありました。警察の話によると、長男は朝会社に向かう途中の電車内でちかん行為を行ったため、現行犯として逮捕され、警察署で取調べを受けているとのことでした。どうやら長男は取調べに対して何も応じていないようです。警察には、長男が捜査への非協力的な態度を続ければ、起訴するしかないと言われましたが、どうすればよいのでしょうか。

回答 お話からすると、あなたの息子さんは警察の取調べに対して黙秘権を行使しているようです。黙秘権は憲法で認められた権利です。この権利を行使したことだけを理由に起訴されることはありませんから、安心してください。捜査当局が被疑者を取り調べるのは、被疑者から犯罪を行ったという供述を得た上で調書（供述調書）に署名させ、裁判でその供述調書を証拠とするためです。したがって、警察は黙秘を続ける被疑者から供述を引き出すために、さまざまな手段を講じます。被疑者の家族による説得なども、そうした手段としては有効であると考えられています。特に被疑者の母親が自分の目の前に現れた場合、多くの被疑者は動揺することでしょう。このように、黙秘している被疑者が家族と引き合わされると、気持ちが揺らいでしまうことがあります。

　息子さんが黙秘し続けているということは、自分が法的に不利な状況とならないように冷静な対応をしているといえるでしょう。したがって、あなたは自ら警察に出向くことよりも、息子さんが安心して相談できる弁護士を探してあげるべきです。被疑者は一般に法的知識に乏しいため、弁護人の助力を得る必要があります。そのためには、弁護人と面会し、率直に意見を交換し合う機会が保障されなければなりません。これは接見交通権という被疑者の重要な権利です。仮にあなた自身が警察に行く場合でも、事前に弁護士に相談し、同行してもらう方がよいでしょう。

139

相談12 自動車・自転車の検問にあったときの対応

Case 先日、会社帰りに検問を受けました。事故が多い場所で速度違反車を取り締まっていたようで、法定速度を守って運転していたところ、検問に遭遇しました。停車させられたのは交通量の少ない道で、飲酒検問を実施しているとのことでした。トランクを開けるように言われ、開けましたが、従わなければならなかったのでしょうか。

回答 本来、飲酒検問は速度違反の取締りと同様、交通検問に該当するもので、実施する目的は危険防止にあります。実際には整備不良車に対して停車するように指示して、自動車検査証（車検証のこと）や運転免許証の提示を求めます。

こうした交通検問が適法であるかどうかの要件については、最高裁判所による判例が出ています。その判例によると、検問を行う場所として適当な場所で行うこと、検問の目的が交通違反の予防や交通違反者の検挙にあること、検問を行う際には相手方に対して協力するように求めること（強制ではなく任意であることが必要です）、停車させる時間が短時間であること、検問の方法が検問を受ける人の自由を不当に奪うものではないことなどとされています。

もっとも、警察官は犯罪の予防・検挙のためという名目を理由に、走行中の自動車を停止させ、自動車検問として、自動車に乗っている人や車内の調査・見分を要求することが少なくありません。

飲酒検問の目的は、酒気帯び運転の予防と酒気帯び運転者の検挙にあります。あなたの場合、トランクを開けるように言われたとのことですが、通常、トランクを開けることで酒気帯び運転をしているかどうかがわかるとはいえないでしょう。したがって、原則としてあなたはトランクを開けることについては拒否できます。

ただ、飲酒検問の場合、アルコール検査（アルコールの体内含有量を調べる呼気検査など）に協力するように言われた場合には、従っておく方がよいでしょう。

140

相談13 任意同行を求められ長時間の取調べを受けた

Case 先日、帰宅途中の路上で警察官に警察署まで来るように任意同行を求められ、連行されました。警察署では何時間も拘束され、強盗事件の犯人扱いをされました。いくら犯行を否定しても取り合ってもらえず、一晩中取調べを強要されて朝方にやっと釈放されました。その後犯人がつかまり、私の無実が明らかになったのですが、警察官は謝罪する様子もありません。損害賠償を請求したいと思いますが可能でしょうか。

回答 警察官があなたに求めたのは任意同行ですが、取調べの実体は不当な身柄拘束にあたります。あなたの場合は、何の心当たりもないのに、十分な証拠もなしに警察に連行され、厳しい取調べを受けていますから、警察官による取調べは違法な職務執行と評価されるでしょう。警察官の違法な取調べは、国家賠償法に規定する損害賠償請求の対象になるのです。無実であるあなたを犯人と誤認して、事実上の身柄拘束を行い、一晩中取調べを強要していますから、精神的・肉体的な損害に対する損害賠償請求ができます。

もっとも、警察官が無実の者を犯人扱いして取り調べてしまったということが、直ちに違法な取調べであるとの根拠にはなりません。取調べを行った当時、その人を犯人であると疑うのに相当な嫌疑があったと認められれば、仮に間違いであったとしても、捜査自体は違法ではないと判断されるでしょう。

そして、警察官が所属する警察は都道府県の組織のひとつなので、国家賠償法に規定する損害賠償請求の相手は都道府県になります。取調べを行った警察官個人を相手とすることはできません。なお、警察予算の一部を国が負担していますので、国も損害賠償請求の相手になります。

あなたの場合、国と都道府県のうち一方または双方を相手に国家賠償法1条に基づく損害賠償請求ができます。損害賠償請求の証明は困難な作業ですから、弁護士に依頼して裁判をするのがよいでしょう。

141

相談14 人身事故を起こして警察の取調べを受けているが

Case 私は運送会社でトラックを運転していますが、突然、狭い路地から飛び出してきた小学生をはねてしまいました。幸い、奇跡的にも子どもは軽傷ですみました。ただ、危険運転致傷罪の疑いで、連日、管轄の警察署に呼び出され、事情聴取を受けています。警察は私に対して、スピード違反か居眠り運転の疑いを抱いているらしく、なかなか、私の言葉を信じてくれません。どうしたらよいのでしょう。

回答 刑事事件の被疑者といっても、自分の身を守るための権利は保障されています。まず、自己に不利益な自白は強要されません（黙秘権）。次に、弁護士の援助を受ける権利も保障されています（弁護人依頼権）。特に身柄を拘束された時は、弁護士会の設けている当番弁護士の制度によって、最初の１回は無料で弁護士のアドバイスを受けることができます。従来から、捜査段階において被疑者が外部と連絡を取ることもできないままに、密室の空間に置かれることが強制されてきました。また、捜査官が威圧的に供述を迫ることも少なからずありました。

　ただ、本ケースでは人身事故自体は争いのないところなので、むやみに黙秘を継続するのは、必ずしも得策とはいえません。状況によって不起訴も十分にありえるので、事実を正直に話すのがよいでしょう。警察官も人間ですから、誠実に対応すれば、あなたに有利な話も十分に聞いてくれます。事故の直後はだれでも動揺し、不安になりますが、とにかく冷静になるように注意しましょう。

　注意すべき点は、記憶が曖昧なことは決して断定せず、聞かれても「その点は記憶が不確かです」と答えることです。また、捜査官から供述調書への署名・押印を求められますが、読み聞かされて内容に間違いがないかを確認してから応じてください。署名・押印がなければ、あなたが行った供述とはみなされず、裁判での証拠とはなりません。しかし、署名・押印があれば、あなたの供述として証拠になってしまうからです。

相談15　警察官に呼び止められ所持品検査をされた

Case　最近、テロを警戒して多くの人が集まるところでは所持品検査などが行われています。私も先週、アメリカの政府関係者を招いた討論会を聞きに行ったところ、かなり警戒が厳重で、何人もの警察官が警備していました。そして、会場である建物のある敷地に入ったとたんに、警察官に呼び止められました。警察官は金属探知機を持っていて、それが反応したため、中の金属物を見せてほしいと言いました。中にはＣＤプレーヤーが入っていただけですが、あまりよい気分ではありませんでした。このような場合、所持品検査はどこまで許されるのでしょうか。

回答　個人の持ち物を捜索・差し押さえられない自由は、憲法や刑事訴訟法で保障されています。例外的に犯罪捜査のために捜索・差押えが必要な場合には、裁判官の発する令状に基づいて行わなければなりません（逮捕に伴う捜索・差押えは令状がなくても行うことができます）。

　所持品検査については、法律上明確な定めがありません。ただ、個人のプライバシーにかかわるものなので、相手方の同意がなければ許されないのが原則です。もっとも職務質問に関連して必要になる場合は、相手方の同意がなくても所持品検査が許される場合があります。一口に所持品検査といっても、その方法はさまざまですが、所持品を外部から単に観察するだけのものであれば、職務質問の一環として許されると考えられており、このような所持品検査は広く行われています。

　なお、最高裁判所の判例は、「所持品検査の必要性、緊急性、これによって害される個人の法益と、保護されるべき公共の利益との権衡などを考慮し、具体的状況の下で相当と認められる限度においてのみ許容される」と判断しています。

　本ケースの場合も、原則としてあなたの同意が必要ですが、テロを厳重に警戒している中でかたくなに検査を拒むなど不審な行動を見せれば、同意がなくても相当な限度での所持品検査が許されることになるでしょう。

第4章　被疑者になった場合はどうする

143

相談16 別件逮捕後の取調べで自白を迫られている

Case 私は、１年ほど前に酒に酔ってケンカをしました。相手はチンピラだったのですが、軽いケガを負わせてしまいました。そのときは、警察も示談ですませればよいとして、任意の事情聴取だけで終わりました。ところが、先日、突然に傷害罪の逮捕状をもった刑事がやってきて、私は逮捕されてしまいました。その後の警察での取調べは、ケンカの件ではなく、最近、近所で多発している連続放火事件についてでした。放火など、私にはまったく身に覚えのないことでしたが、自供を迫られました。これは別件逮捕というものであって、違法なものではないのでしょうか。

回答 別件逮捕とは、ある重大犯罪の嫌疑がかけられている者について、本命である事件（本件）では逮捕できないので、逮捕のできる軽い別件で身柄を拘束しておいて、その間に本件の取調べを行うという捜査方法です。犯罪捜査の必要上、警察の実務ではよく行われているようです。容疑者を逮捕し、取調べを行う場合には、原則としてその理由を示した逮捕状がなければなりません。これを令状主義の原則といいます。傷害罪を理由とする逮捕状で容疑者を逮捕したのに、別の容疑で取調べをすることは、この令状主義に違反する疑いがあります。ましてや、別件で逮捕・勾留しておきながら、ほとんどの時間、本件について取調べを行っているような場合には、実質的に見て、令状なしで本件の逮捕を行ったことと変わりがないことになってしまいます。

　ただ、一回の逮捕において、その容疑者に関する事件の取調べがすべて行われるのであれば、かえって合理的です。そこで、本件の取調べだけに時間が費やされたり、本件と別件について何の関連もないのであれば、違法な別件逮捕となりますが、そうでなければ、別件逮捕が直ちに違法とはならないと考えられています。しかし、あなたのケースは１年も前の事件であり放火とは何の関係もないので、傷害罪での別件逮捕は違法といえます。身柄の解放に向けて、弁護士と相談すべきでしょう。

相談17 警察の取調べの後、検察庁からも呼び出された

Case 人身事故を起こして、警察の取調べを受けました。幸い、被害者に対して誠意をもって臨んだため、示談は成立しています。しかし、管轄の検察庁から呼び出され、来週、出頭します。このまま、裁判にかけられ有罪となってしまうのでしょうか。どのように対応すればよいのでしょうか。

回答 刑事事件については、一般的には、警察が取調べなどの捜査を行い、それが終わると、事件を検察官へ送致します。送致を受けた検察官は、補充的に捜査を行って、起訴・不起訴を決定します。この決定は検察官だけの権限です。その判断材料となる捜査資料の多くが、警察の捜査によるものですが、検察官による取調べも、起訴・不起訴の決定に直結するので重要です。刑事手続における検察官の関与は、裁判（公判）の場面に限られているわけではありません。警察官と共に、捜査活動に携わる場合もあります。つまり、検察官は刑事手続の全場面に関わることができるということです。

検察官による取調べでも、警察での取調べでの注意点が基本的に妥当します。ここでも黙秘権は認められますし、弁護人の依頼もできます。ただ、警察での捜査との食い違いや、捜査の足りない点があるようでしたら、積極的に事情を話し、証拠も提出しましょう。また、調書がとられた場合も、検察官の読み上げる内容を聞いた上で、納得してから署名・押印しましょう。取調べが終わると、検察官は起訴・不起訴を決定します。その際、事件が犯罪とならない場合、証拠不十分で犯罪の証明が難しい場合、情状により不起訴が妥当と判断した場合には不起訴となります。交通事件では、被害の程度や交通違反の悪質さなどが考慮されますが、示談の成否は起訴・不起訴を決定する際に重要なポイントとなります。

あなたの場合、示談が成立していることを、必ず話しておきましょう。不起訴となる可能性が高まります。なお、起訴された場合には、刑事裁判の手続きで有罪か無罪かが審理されることになります。

相談18 人身事故で逮捕された家族と面会したい場合

Case 主人が昨日、飲酒運転の上、人身事故を起こして、地元の警察に逮捕されてしまいました。非は主人にあるのですが、持病のため投薬治療をしている最中ですし、下着などの生活用品も差し入れたいと思っています。警察に厄介になるなどの経験はない人なので不安だと思います。とにかく会って話しをしたいのですが、どうすればよいのでしょうか。

回答 身柄を拘束されている被疑者の家族に対する配慮は必要です。ただ、犯罪の容疑がかかっている以上、逃亡や証拠隠滅を防止する必要から、家族との面会は制限されています。ご主人と面会をするには警察署に赴き、家族であることを証明するものを示して面会許可を得なければなりません。ただ、逮捕から72時間以内は、原則的に家族との面会は警察から拒絶されます。また、面会が許可されたとしても、必ず警察官が面会に立ち会います。時間も10分程度と短いので、話すべきことは要領よくまとめて話しましょう。このように面会が制限されているため、一度に多くの人数で訪れてしまうと、面会可能時間を超過してしまい、被疑者に会うことができなくなることに注意が必要です。また、一度に複数人が面会する場合には、一般的に入室は3名程度に制限されています。

差入れについては、下着・洗面道具といった最小限の生活用品は差入れができます。洗濯物については、面会ができなくても、警察官を通して交換できます。一方、食料品については、家族といっても自由にできず、警察の指定する業者の指定食品だけを差し入れることができます。ぜいたく品も原則として差入れが許されません。また、あなたの場合、ご主人の常備薬を気にしているようですが、薬品の差入れは厳しく規制されています。しかし、健康に関わることなので、警察に事情を話し、警察医の診断を受けて処方してもらうようにしましょう。なお、弁護人との面会は、警察官の立会いがなくても無制限で許されます（72ページ）。

146

相談19 ケンカで逮捕されたので弁護士を頼みたい

Case 私の父親は気が短く、よく酒に酔ってはケンカをしていました。先日はとうとう居酒屋でちょっとしたことからケンカをはじめて、警察に逮捕されてしまいました。いつもは寛大な警察も今回は騒ぎが大きかったせいか、刑事罰は免れないと言っています。今後、裁判もあるので、弁護士が必要になるかと思います。ただ、私も父も知り合いに弁護士はいません。また、弁護士の報酬は高額と聞いているので、依頼できないのではないかと不安です。どのようにしたらよいのでしょうか。

回答 被疑者・被告人は警察や検察という大きな組織を相手にしなければなりません。しかも、ほとんどの被疑者・被告人は、法律については素人です。そこで、法律のプロである弁護人の助けが必要になるのです。弁護人になれるのは、原則として弁護士資格のある者です。この弁護人を選任する権利を「弁護人選任権」といい、憲法と刑事訴訟法で保障されています。ただ、弁護士費用を支払えない者もいるので、実際にこの権利は「絵に描いた餅」になる危険性もあります。そこで、国の費用で弁護人をつける制度が用意されています。これが「国選弁護」という制度です。反対に自費で弁護人を依頼することを「私選弁護」といいます。

かつての国選弁護の制度は、起訴後の被告人にだけしか認められませんでしたが、現在は捜査段階の被疑者にも認められています。そして、被疑者国選弁護の対象については、殺人などの一定の重大事件における勾留中の被疑者のみに限定されていましたが、平成28年の刑事訴訟法改正により、被疑者が勾留された全事件が被疑者国選弁護の対象となりましたので、あなたの父親が逮捕に続けて勾留された時は国選弁護の制度が利用できます。また、日弁連では、全国の弁護士会と協力して、当番弁護士制度を設けています。当番弁護士は、警察官の立会なしに逮捕された人と面会し、その人の言い分を聞いたり、被疑者に認められた権利や今後の手続きなどを説明します。1回目の面会は無料です。

相談20 横領で逮捕されたが釈放されることはないのか

Case 私の親友Sは先日、借金苦からついつい会社の金を横領して、逮捕されてしまいました。もともと、そのようなことをする人物ではなかったのですが、かなり追い詰められていたようです。逮捕された後はどうなるのでしょうか。ずっと釈放されないのでしょうか。また、保釈という制度もあるようですが。

回答 逮捕や勾留といった身柄の拘束は、強制捜査の代表例です。強制捜査とは、本人の意思に反して強制的にその重要な権利を制限する捜査のことです。身柄の拘束は個人の権利を大きく制限するため、その期間も必要最小限でなければなりません。そのため、刑事訴訟法によって、逮捕や勾留の期間は厳格に規定されています。

まず、被疑者を逮捕した警察官は、48時間以内に身柄を検察官に送らなければなりません。身柄を受け取った検察官は、24時間以内に勾留すべきか否かを判断し、必要であれば裁判官に勾留を請求します。勾留しないときは、被疑者を釈放しなければなりません。勾留は逮捕より長期間の身柄拘束です。原則として10日間ですが、捜査の必要があれば最大10日間延長できます（合計20日間）。

この勾留の間に、検察官は起訴するか不起訴にするかを判断します。不起訴となれば釈放されます。起訴の後は、被告人の裁判所への出廷を確保するため、裁判所が必要に応じて勾留をします。勾留期間は最初2か月ですが、その後は1か月ごとに更新ができます。保釈の制度は、この起訴後の勾留の段階で用意されています。保釈とは、保釈金を積んで、実刑判決がなされるまで身柄を解放してもらえる制度です。勾留中の被告人や、その弁護人・法定代理人などに対して、保釈請求権を認めています。逃亡すると保釈金は没収されるため、被告人に経済的・精神的なプレッシャーをかけて、裁判所への出頭を確保できます。保釈金の額は、犯罪の性質、情状、被告人の性格などから、決定されます。

148

相談21 誤認逮捕された場合どのように対処すればよいのか

Case 私は近所に住むＴ君と親しく、よく家でいっしょに酒を飲んだりしています。先週の金曜日も私の家で酒を飲み、そのまま深夜まで飲んで、明け方、Ｔ君は帰っていきました。ところが、２日後の新聞にＴ君が逮捕されたという記事が出ているのを見てビックリしました。容疑は私たちの家の近所で起こった強盗殺人罪です。ただ、よく読むと、事件が発生したのは、金曜日の深夜だということです。Ｔ君にはアリバイがあります。私は急いで彼が逮捕されている警察署に行って、事情を話しました。Ｔ君も私の家に居たと主張していたので、すぐに釈放されました。Ｔ君のように誤認逮捕された場合、どう対処すればよいでしょうか。

回答 間違って真犯人以外の者を逮捕してしまうことを、「誤認逮捕」といいます。誤認逮捕されてしまうことは、本当にまれですが、万が一巻き込まれた場合には、不安でしょうが、慎重に対処すべきです。通常の逮捕では必ず、容疑となる事実を記載した逮捕状が発付されています。そして、必要な手続として、逮捕をする捜査官は、逮捕される者に対してその逮捕状を示さなければなりません。そのため、その時点で自分がどのような容疑をかけられているのかを知ることができます。

次に、逮捕されると当番弁護士の制度によって、最初の１回は無料で弁護士に相談をすることができます。当番弁護士制度は、警察や検察での捜査・取調べが適正であるのかをチェックするための制度です。逮捕直後の被疑者自身はもちろん、その家族・知人から連絡をすることも可能で、連絡を受けた弁護士は、すぐに被疑者のもとへかけつけます。警察署に対して「当番弁護士の制度を利用したい」と申し入れれば、弁護士に来てもらえます。弁護士に対して、無実であることを話すと、身柄の解放（釈放）に向けて対処してくれるはずです。

誤認逮捕と判明すれば、すぐに釈放されます。その後は警察署のある都道府県に対して国家賠償を請求することが考えられます。

相談22 加害者として起訴されたがどのような準備が必要か

Case 私は個人タクシーの運転手です。先月、深夜の幹線道路を走行中に交差点で接触事故を起こしてしまいました。相手は重傷を負ってそのまま入院しました。警察の取調べに対して、相手の方にこそ過失があると主張したのですが、信じてもらえずに過失運転致傷罪で起訴されることになりました。幸い親しい友人が弁護士なので、相談して私選弁護人となってもらいました。ただ、プロがついているとはいっても不安です。自分としてはどのような準備を進めていけばよいのでしょうか。

回答 弁護人（弁護士）がついているとはいっても、刑事被告人となれば精神的にかなり辛いことは確かです。ただ、公判に向けて、できる限りのことはしておくべきでしょう。刑事訴訟規則においても、すべての訴訟当事者が、第1回公判期日前に、できる限り証拠を収集・整理して、審理が迅速に行われるよう準備することを求めています。まず、大切なことは弁護人との意思の疎通です。弁護人との呼吸が合っていないと、しっかりとした防御も望めません。弁護人には守秘義務があるので、たとえ自分に不利な事実であっても、隠さずにすべて話しておくべきです。弁護人としても、知っているのと知らないのでは、弁護活動はかなり違ってきます。他にも、警察での取調べの様子や相手方との示談の状況なども、事細かに話しておきます。

　また、目撃者に証人となってもらう場合には、その確認もしておきましょう。検察側の証拠については、弁護人に閲覧謄写権が認められる場合があるので、必ず謄写してもらっておきます。さらに、検察側と自分の主張との食い違う点については、現場写真や実況見分の様子なども含めて、十分に確認しておきます。

　交通事故で特に大切なことは、示談の成否です。できれば、公判が終結するまでに示談を成立させておくと、裁判官の心証も、かなり違ってきます（刑が軽くなる可能性が高まります）。

相談23　司法取引はどんな場合に認められるのか

Case　平成28年の刑事訴訟法改正で、司法取引の制度が導入されることになりましたが、なぜこのような制度が必要なのでしょうか。

回答　「司法取引」といえば、自分が捜査・公判の対象となっている事件で犯罪を認める見返りに、刑罰を軽くしてもらう（または刑罰を免責してもらう）取引を思い浮かべることが多いと思われます（自己負罪型）。しかし、わが国の制度は、他人の犯罪の捜査・公判に協力する見返りに、自分の刑罰を軽くしてもらう（または刑罰を免責してもらう）もので（捜査・公判協力型）、自己負罪型ではありません。わが国で導入する司法取引は、①証拠収集などへの協力および訴追に関する合意制度（協議・合意制度）、②刑事免責制度の2つです（平成30年6月に導入されます）。

　協議・合意制度は、検察官と被疑者・被告人との間で、弁護人の同意を条件に、被疑者・被告人が他人の犯罪事実を明らかにするための供述などをする代わりに、検察官が被疑者・被告人を不起訴処分または求刑の引下げなどをする旨を合意するものです。対象犯罪は、一定の財政経済関係犯罪（贈収賄、詐欺、横領、背任、脱税、独占禁止法違反、金融商品取引法違反など）、薬物銃器犯罪などです。

　刑事免責の制度とは、検察官が、証人が刑事訴追を受け、または有罪判決を受けるおそれのある事項に関する証人尋問を予定している場合で、当該事項に関する証言の重要性、関係する犯罪の軽重や情状などを考慮し、必要と認めるときは、事前に裁判所に対しその証人尋問を次の条件により請求できる制度です。

ⓐ　証人尋問に応じてした証人の供述およびこれに基づいて得られた証拠は、その証人の刑事事件では、原則として証人に不利益な証拠とすることができない。

ⓑ　証人は刑事訴追または有罪判決を受けるおそれのある証言を拒否することができない。

相談24 執行猶予の判決とはどういうものなのか

Case 私の夫は、普段はとてもいい人なのですが、酒癖が悪く、酔うとよくケンカをしてしまいます。先日も居酒屋でケンカをしてしまい、相手に大ケガを負わせてしまいました。何とか私が損害賠償を支払うということで示談は成立しましたが、傷害罪で起訴されました。弁護士によると、おそらく執行猶予はつけてもらえるとの見通しです。執行猶予とは、無罪とどう違うのでしょうか。無罪判決と比べて、どのような不利益があるのでしょうか。

回答 刑法の条文を見てみると、「……した者は、〇年以上〇年以下の懲役に処する」などと規定されています。しかし、有罪判決を受けた者を、常に刑務所に入れることがベストとはいえません。被告人にも同情すべき余地がある場合や、深く反省している場合には、刑務所には入れずに社会の中で更生させる方がよいといえるでしょう。そのような場合に「執行猶予」といって、3年以下の懲役刑・禁錮刑または50万円以下の罰金刑の言渡しをする場合に、1年以上5年以下の期間を定めて、裁判所が刑の執行を猶予する制度があるのです。執行猶予は判決を言い渡すときに、「ただし〇年間刑の執行を猶予する」といったようにつけ加えます。また、3年以下の懲役刑・禁錮刑の言渡しをする場合に、一部は執行し（実刑）、残りの一部はその執行を猶予するという一部執行猶予の制度もあります。たとえば「懲役3年、うち1年を2年間猶予する」との判決があった場合、2年間は刑務所で服役し、残り1年は刑の執行が3年間猶予されることになります。

　執行猶予をつけるには、上記のような条件がありますが、裁判官の裁量がかなり認められていて、犯人の性格、経歴、年齢、境遇、犯罪の軽重、示談の成否や反省などの犯罪後の情況といった各種の事情を総合的に考慮して、執行猶予をつけるかつけないか、つけるとして何年にするかが決定されます。なお、執行猶予も有罪判決であるため、執行猶予の期間中は公務員や弁護士資格などの欠格事由になることに注意が必要です。

152

相談25 罰金刑でも執行猶予がつけられる場合があるのか

Case 私はうっかり運転免許証の更新を忘れたまま自家用車を運転していて交通事故を起こしてしまい、現在裁判中です。弁護士が「罰金刑で済みそうだ」と言っていましたが、執行猶予はつかないのでしょうか。また、罰金刑の他にどのような刑罰がありうるのでしょうか。

回答 刑罰法規では、犯罪行為を類型的に定め、その軽重に対応して、刑罰を定めています。刑罰は、犯した犯罪を償うという意味と、犯罪者を改善させるという働きを持っています。わが国では、刑罰として、死刑・懲役・禁錮・罰金・科料などが定められています。交通事件は他の犯罪と異なり、悪質性は低いことが多いため、一般的に懲役・禁錮・罰金・科料といった緩やかな刑罰が用意されています。刑罰の種類としては、懲役と禁錮は一定期間の身柄拘束という点では共通ですが、禁錮刑は労務を強制されません。懲役刑に比べて軽い刑罰だといえます。禁錮刑に服するのは交通違反者がほとんどです。また、科料は1000円以上1万円未満というだけで、罰金と実質的に大差はありません。

そして、執行猶予という制度は、犯罪の性質・軽重・被告人の性格・前歴などから、刑罰を実行せず、しばらく様子を見ることで改善を図るものです。懲役刑や禁錮刑を言い渡されるときは、刑務所に送られるか否かで大きく異なるので、執行猶予がつくかどうかは被告人・弁護人の大きな関心事です。もっとも、執行猶予も有罪判決であることには変わりませんので、執行猶予が認められても犯罪自体が消えるわけではありません。何事もなく執行猶予期間を経過することで、はじめて刑の言渡しの効力が失われます。

仮に判決で罰金刑が言い渡された場合、法律上は50万円以下の罰金刑のときに執行猶予をつけることができますが、慣例からすると、執行猶予がつく可能性はかなり低いといえます。というのは、罰金刑にまで執行猶予がつけられると、罰を加えたという意味がほとんどなくなり、再発防止の効果が期待できなくなってしまうからです。

相談26　人違いの起訴や判決文の読み間違えをした場合はどうなる

Case　この前、テレビのサスペンスドラマを観ていたところ、検察官が、加害者がＡなのに、間違えてＢを起訴するといった場面がありました。また、ある場面では、裁判官が判決文を読みながら有罪判決を下していましたが、もし、あれを読み間違えたらどうなるのでしょうか。実際には、ほとんどないとも思われますが、間違えられたりしたら、かなり迷惑を被るのではないでしょうか。

回答　刑事訴訟は、人に刑罰を科するための手続です。そのため、慎重に手続を進めることになっています。携わる裁判官、検察官、弁護人は皆、専門家としての教育を受けてきた者です。しかし、いかにプロといっても人間である以上、ミスを犯すことがあります。ミスをした場合、そのミスを修正するのにも、厳格な手続が用意されています。

　まず、検察官の起訴にミスがあった場合ですが、被告人を間違えても、すぐに書類だけ補正してすますわけではありません。被告人に対して公訴棄却の決定（起訴をなかったことにすることです）を言い渡してから、改めて本来の被告人を起訴します。

　また、被告人に間違いがなくても、起訴した事実に違いがあれば、検察官が裁判所に申立てをして変更します（これを訴因変更といいます）。ただ、被告人の防御にとって不利益であれば、変更は許されません。

　次に、裁判官のミスですが、被告人に対する判決は、宣告により行うと規定されていますので、口頭で言い渡した内容が正式なものとなります。裁判官は判決書を作成の上、これを朗読するという形式が一般的ですが、判決書の内容と食い違う宣告を行うと、宣告の内容が優先されます。たとえば、懲役10年のところを、うっかりと懲役１年と言ってしまえば、被告人の刑は懲役１年となってしまうのです。これを修正するには、検察官が上級審に上訴することが必要です。判決が確定した後に気づいた場合には、検事総長が最高裁判所に非常上告をすることになります。

154

相談27 無罪判決を受けたので刑事補償を請求したい

Case 私は、昨年、無実の罪で逮捕され起訴されました。何でも、近所のマンションで発生した殺人事件の目撃者が犯人と私が似ていると証言したことから、捜査され逮捕されました。もちろん、まったく身に覚えがないので、取調べでも終始否認していました。3日間の逮捕の後、20日間勾留されて起訴されました。ところが、幸いなことに、公判中に真犯人が逮捕されたため、私は晴れて無罪判決を受けることができました。しかし、この事件のため会社はクビになり、一家は離散し、大変な経済的、精神的損害を受けました。この損害は補償されるのでしょうか。

回答 「疑わしきは被告人の利益に」という言葉があります。しかし、いったん刑事被告人とされると、そこから受ける苦痛は計り知れないものがあります。そこで、憲法では、「何人も、抑留または拘禁された後、無罪の裁判を受けたときは、法律の定めるところにより、国にその補償を求めることができる」と規定しています（40条）。そして、この規定を受けて「刑事補償法」が制定されて、救済を図っています。適用要件は、刑事事件について、逮捕・勾留など身柄を拘束されて、その後に無罪の判決を言い渡されることです。手続は、無罪判決の確定した日から3年以内に、無罪判決を下した裁判所に対して、補償請求書を提出して行います。

　補償は金銭で行われ、裁判所が拘束期間の長さ、損失などを考慮して金額を決定します。ただ、その額はかなり低く、身柄拘束（抑留・拘禁）に対する補償は1日につき最大1万2500円、死刑執行に対する補償は最大3000万円となっています。もし、逮捕・勾留だけで不起訴となった場合は、刑事補償法は適用されません。その場合は、被疑者補償規程による補償等を請求することになります。特に、刑事補償請求は、捜査機関等に落ち度があっても補償額は変わりません。捜査機関等の責任追及をするには、別途国家賠償請求を行う必要があります（141ページ）。

相談28　一審で無罪となったが検察官に控訴されるとどうなるのか

Case　叔父は、工事現場でパワーショベルなどの重機械を操作していますが、事故を起こして作業員の1人を死亡させてしまいました。叔父としては、十分注意していたので、ミスはないと主張しています。その後、叔父は業務上過失致死罪で起訴されましたが、主張が認められて、地方裁判所で無罪判決を受けました。叔父は喜んでいましたが、検察官は判決を不服として控訴するようです。この後、叔父の裁判はどのように進んでいくのでしょうか。

回答　裁判は国家が強制的に国民を裁く作用ですが、たった1回だけでは、十分な審理が行われない危険性もあります。そのため、わが国では「三審制」といって、判決に不服のある当事者が上級裁判所に不服を申し立てることを認めています。第一審は簡易裁判所または地方裁判所、第二審は高等裁判所、第三審は最高裁判所が担当します。第一審に対する不服申立てを「控訴」、第二審に対する不服申立てを「上告」といいます。このように裁判が確定する前に上級裁判所に不服を申し立てることを「上訴」といいます。第一審で無罪判決が下っても、第二審で有罪となることもありますし、その逆もありえます。

　ただし、第二審（控訴審）の審理は、証拠調べの対象となるのが、原則として、第一審で取り調べられた証拠や第一審の弁論終結前に当事者から取調請求のあった証拠に限られます。第二審で新たに証拠を提出するには、裁判所の許可が必要です。そして、第三審（上告審）は「法律審」とも言われており、原則として憲法違反か判例違反だけが上告理由とされています。また、上訴は14日以内に申し立てなければならず、それを過ぎると判決は確定して上訴はできなくなります。

　なお、再審とは、すでに確定した判決に対して、それが誤りであったために、訴訟をやり直して、無実の者を救済する制度です。再審は事実認定の誤りが発見された場合に限って認められます。

156

第5章

こんな場合も
犯罪になるのか

相談1　道路交通法違反で刑罰に科せられる場合

Case 自動車を運転中に心筋梗塞を発症し、とっさに自動車を停止することができず、信号機にぶつかり倒壊させてしまいました。このようなやむを得ない場合であっても、道路交通法違反として罰則が科されるのでしょうか。刑事責任を負わなくてもよい場合などはあるのでしょうか。

回答 道路交通法は、交通の安全などを図るためのルールを規定した法律です。道路交通法上の義務に違反した者は反則金の納付を命じられるのが一般的ですが（163ページ）、以下の違反行為などを行った者には刑罰が科せられます。

① 信号機や道路標識等を移転したり、損壊するなどして交通の危険を招いた場合（115条）

② 業務上の過失または重大な過失により他人の建造物を損壊した場合（116条）

③ 交通事故を起こして死傷者を出した場合に、その者を救護する義務を果たさなかった場合（117条）

④ 酒酔い運転だった場合／過労・薬物・病気などの影響で正常な運転ができない状態で運転した場合／酒に酔った状態の者に運転を命じたり容認した場合（117条の2）

⑤ 無免許運転だった場合／酒気帯び運転だった場合／運転者に対して酒類を提供したり飲酒をすすめる行為をし、その運転者が酒酔い運転をした場合など（117条の2の2）

⑥ 無免許運転を助長する行為（自動車を提供する一定の行為や無免許者の運転する自動車に依頼や要求をして同乗する行為）をした場合など（117条の3の2）

⑦ 一般道で時速30km以上、高速道で時速40km以上の最高速度規定違反をした場合／積載物重量制限違反をした場合など（118条）

もっとも、次のような事情がある場合には、道路交通法違反およびそ

の他の刑事責任を負わないこともあります。

ⓐ 事故と結果（死亡や損傷など）との間に因果関係がない場合

　たとえば、自動車と自転車がぶつかった事故で、当日は特に問題がなかったものの自転車の運転者が翌日に心臓発作で死亡したという場合は、事故と死亡の結果との間に明確な因果関係があるとは言えず、過失運転致死傷罪にはあたらないとされる可能性が高くなります。

ⓑ 事故を起こした運転者が必要な注意義務を果たしていた場合

　加害者が被害者の違法行為を予想せずに走行していて事故を起こしたとしても、加害者が必要な注意を怠らず、交通ルールを守って走行していた場合には、過失はないとみなされます。

ⓒ 運転者に責任能力がなかったと認められる場合

　心臓発作や脳出血などの病気等によって運転中に意識がなくなり、事故を起こした場合、心身喪失状態として刑事責任を問われません。本ケースの場合も、原則として刑事責任を負う必要はありません。ただし、意識がなくなる可能性があることを知りながら、運転前に飲酒や睡眠薬の摂取などをした場合や、持病によって心身喪失状態となる可能性があることを知りながら運転を行い、本ケースのような事故を起こした場合には、刑事責任を負うことになります（前記②にあたります）。

無免許運転者と周辺者に対するおもな道路交通法上の刑事責任

車両提供者

無免許運転をするおそれのある者への自動車（自動二輪を含む）や原付バイクの提供
➡ 3年以下の懲役 または 50万円以下の罰金

無免許運転
➡ 3年以下の懲役 または 50万円以下の罰金
免許証の不正取得
➡ 3年以下の懲役 または 50万円以下の罰金

運転者　同乗者

運転者の無免許を知りながら要求・依頼して同乗した場合
➡ 2年以下の懲役 または 30万円以下の罰金

※事業主・安全運転管理者等の使用者が、業務について、運転者の無免許運転を命令・容認すると、3年以下の懲役 または 50万円以下の罰金となる。

相談2 交通違反で懲役刑になる場合もあるのか

Case 私は、30年以上におよぶベテランドライバーですが、昨年、酒酔い運転などによって運転免許を取り消されました。交通事故自体は起こしたことはなく、運転には自信があります。それゆえ、今年に入ってから、無免許で自動車を運転していました。しかし、先日、交通検問に引っかかり検挙されました。検察官に送致されて、地方裁判所に起訴されています。事故ではないので罰金ぐらいで済むと思うのですがどうでしょうか。

回答 交通事故に至らない交通違反だけの場合は、罰金刑で済むことがほとんどです。交通違反は、他の強盗などの犯罪と違って反社会性が低く、だれもが犯してしまう可能性があります。また、日々大量に発生する交通違反のすべてを通常の裁判手続きで処理するのは不可能ですから、略式手続（86ページ）による罰金刑ですませているのです。

しかし、最近では、交通事故が激増し、その予備軍ともいえる交通違反に対しても取締りが厳しくなってきています。つまり、悪質犯と呼ばれる、酒酔い運転や無免許運転は、交通事故を伴わなくても、繰り返された場合には罰金刑では軽すぎると考えられるようになりました。平成26年には自動車運転死傷行為処罰法が施行され、刑法に規定されていた「自動車運転過失致死傷罪」「危険運転致死傷罪」が同法に移されるなど、罰則はますます強化されている社会的背景があります。

そこで、検察官は、悪質な交通事犯に対して、基本的に罰金刑しか科せない簡易裁判所にではなく地方裁判所に起訴して、懲役刑を求刑することになります（無免許運転は3年以下の懲役です、前ページ）。あなたの場合、たしかに、無免許運転の1回だけでしたら、罰金刑ぐらいですまされるかもしれません。しかし、以前に、酒酔い運転も犯して免許を取り消されている事情があります。懲役刑を求刑される可能性もあると思われます。

相談3 道路標識の見えない場所で交通違反をした

Case 仕事で初めての取引先を自動車で訪問しました。見知らぬ町の交差点を、右折したところ、前方から来るパトカーに止められました。聞くと、その道路は一方通行なので、道路交通法違反だというのです。しかし、路上には何の表示もなく、標識が交差点の付近に一本あるだけでした。しかも、その標識の前には大きな街路樹が生い茂っていて、その枝葉のために、交差点からはまったく見ることができない状態でした。これでも、違反なのでしょうか。

回答 法律の世界では、法律を知らないからといって、法律違反に対する責任は免れません。これを法律の格言で「法の不知は害する」といいます。世の中には多くの法律が存在しますが、その内容を知らなければ責任を免れる、というのでは法秩序が成り立たないからです。このことは道路交通法にも該当しますので、いかに初めての場所でも、一方通行は守らなくてはなりません。ですから、あなたも、道路交通法違反に対する責任を負わなければなりません。

ただ、これは原則であって、例外を許さないわけではありません。いかに法律であっても、不可能を強いるものではないのです。判例は、道路標識は「いかなる車両のいかなる通行を規制するのか容易に判別できる方法で設置すべき」なので、このように設置されていなければ交通規制がないとみなし、たとえ違反しても無罪であると判断しています。

本ケースでは、一方通行を知るための唯一の手がかりである標識が、交差点からはまったく見ることができない状態ですから、無罪となる可能性は高いといえます。この状況を警察官・検察官によく話すようにしましょう。

なお、軽微な交通違反の場合には、取締りをした警察官から反則金の納付（163ページ）を求められます。しかし、本ケースのように違反事実に不服がある場合には、原則として反則金を納めずに、起訴された刑事手続の中で、不服内容を争っていくことになります。

相談4 軽微な交通事故でも逮捕される場合があるのか

Case 私は仕事から乗用車で帰る途中、突然、路地からサッカーボールが転がってきて、子どもの飛び出しを警戒する余り、運転を誤り、路上の自動販売機に激突しました。警察官が駆けつけて来て、私に職務質問をしました。私は、正直に事実を話したのですが、道路のスリップ痕を見た警察官は「スピード違反だろう。正直に話さないと逮捕することになる」と言って、なかなか信じてくれません。本当に逮捕されるのでしょうか。

●●

回答 近年、飲酒運転などによる悪質な交通事故が多発していることを受けて、交通違反に対する刑罰を重くする道路交通法などの法改正が行われていますので、現行犯逮捕の可能性もなくはありません。ただ、交通違反の捜査は、他の犯罪と同じように警察官職務執行法や刑事訴訟法に従って行われるため、原則として捜査は任意で行われるべきことになります。あなたの意思に反して取調べをしたり、警察署に強引に連行することはできないのです。これを任意捜査の原則といいます。

また、道路交通法違反の多くは刑罰も軽いので、住所や氏名が不明である場合や、逃亡のおそれがある場合などでなければ、交通違反を理由とする身柄拘束はめったにありません。

さらに、道路交通法違反の疑いがあっても黙秘権は保障されているので、万が一身柄を拘束されても、この点は変わりません。ただ、道路交通法は、交通事故を起こした者に報告義務を課しているので、警察官に対してありのままに事故の状況を報告すべきです。

あなたの場合、職務質問にも素直に応じていますから、強制捜査の対象となる可能性は低いといえます。ただ、職務質問を理由なく拒んだり、途中で逃げだすと、犯罪の嫌疑をかけられて、身柄を拘束されることもありえます。警察官に誤解を受けないためにも、事実を根気強く話すのがよいでしょう。

相談5 反則行為の内容と反則金の額に不服がある

Case トラックの運転手ですが、昨日、20キロの速度制限オーバーということで、交通反則告知書を渡されました。しかし、私の記憶では10キロ程度のオーバーしかしていなかったはずです。このまま反則金を払わなければなりませんか。それとも、不服を申し立てられるのでしょうか。

回答 交通反則通告制度は、道路交通法違反のうち比較的軽いものを「反則行為」とし、反則金を納付した場合には刑事事件として起訴しないとする制度です。大量に発生する交通違反を簡易・迅速に処理するための行政上の制度です。不服のない者にとっては簡単に手続が終わる一方で、不服のある者にはもちろん不服申立ての機会が与えられています。

まず、反則の「告知」を受けた翌日から起算して7日以内に反則金を「仮納付」すれば、行政上の手続で終わりです。この間に納付がなければ、反則金納付の「通告」を受けます。その翌日から起算して10日以内に反則金を「納付」すれば、ここで手続が終了しますが、納付しないと刑事手続に移ります。

ただ、あなたのように告知の内容に不服がある場合は、告知書記載の出頭日に出頭場所へ行き、不服を申し立てることができます。反則金は刑事手続にかけられないために支払う金銭ですので、いったん反則金を納付してしまうと、後になって不服申立てができなくなることに注意が必要です。不服が認められないと通告書が正式に出されます。

通告後、反則金の納付がないと、検察官が道路交通法違反を理由に起訴します。ここで刑事訴訟となるわけですが、20キロオーバーを否認するためには、略式手続（86ページ）に同意せず、公判が開かれる通常の審理（正式裁判）を受けたい旨を伝えなければなりません。略式手続に同意すると100％有罪となる（罰金刑が言い渡される）からです。

相談6 反則金の納付だけではすまされない場合

Case 仕事関係の忘年会が終わって、家も大して遠くないので自家用車で帰宅しようとしました。しかし、ビールを２本ばかり飲んでいたせいもあって、スピードを出し過ぎて、隣の車と接触事故を起こしてしまいました。幸い、相手にケガはなく、車にキズがついただけでしたが、かけつけた警察官からは交通反則告知書を渡されませんでした。大した事故ではないのに、反則金の納付だけではすまないのでしょうか。

回答 交通反則通告制度は、日々大量に発生する交通違反について、いちいち刑事手続を行っていたのでは処理しきれないことから設けられた行政上の制度です。つまり、反則金を納付するという行政上の手続だけで処理するものです。反則金は反則者が任意に納付する行政上の制裁金であり、刑罰としての罰金とは異なります。ただ、交通反則通告制度は、刑事事件として扱うほどのものではない軽微な違反であることが前提となっています。交通反則通告制度の対象になるのは、一時停止違反や駐車違反など、比較的軽微な道路交通法違反行為です。逆に、行政上の簡易な手続だけで処理するには不適当な重大かつ悪質な違反に対しては、交通反則通告制度は適用されません。

つまり、酒気帯び運転をした者は、その運転行為があまりに危険を伴うものなので、交通反則通告制度は適用されません。また、無免許や無資格で運転をした場合も、違反が重大かつ悪質なので反則金だけではすまされません。さらに、交通事故を起こしてしまった場合も、簡単に見過ごすわけにはいかないので、交通反則通告制度は適用されません。ここでいう「交通事故」には、人身事故だけでなく物損事故も含まれます。

これらの重大かつ悪質な交通違反に対しては、刑事訴訟の審理を経て刑罰が科されます。あなたの場合は、明らかにアルコールの残っている状態で運転を行い、しかも軽度とはいえ物損事故を起こしています。したがって、反則金の納付だけではすまないと思われます。

相談7 過失運転致死傷罪が成立する場合

Case 自動車を運転中に、一瞬よそ見をしてしまったために、車道を横断中の歩行者に気づくのが遅れ、はねてしまい重傷を負わせてしまいました。この場合に適用される過失運転致死傷罪とはどのような罰則が定められているのでしょうか。

回答 本ケースのように、自動車運転中の過失によって、他人に障害を負わせた場合には自動車運転死傷行為処罰法が適用されます。かつては刑法において、自動車運転過失致傷罪や危険運転致死傷罪が規定されていました。平成25年の刑法改正・自動車運転死傷行為処罰法制定によって、現在はこれらの刑法の規定が自動車運転死傷行為処罰法に移されると共に、犯罪類型がいくつかに区分されて、刑罰も強化されています。

本ケースの場合、自動車運転死傷行為処罰法が規定する過失運転致死傷罪（5条）が適用され、運転手には「7年以下の懲役もしくは禁錮または100万円以下の罰金」が科されます。あなたが無免許運転であったときは、刑罰がさらに重くなって、罰金刑や禁錮刑のない「10年以下の懲役」となります。

一般的な業務上の過失犯に対する処罰規定である、刑法上の業務上過失致死傷罪（211条）は「5年以下の懲役もしくは禁錮または100万円以下の罰金」です。つまり、自動車を運転中、過失によって事故を起こし、相手を傷つけたり死なせたりすることは、一般的な業務上の過失よりも責任が重いと規定されているわけです。なお、ここで言う「自動車」には、四輪以上の自動車はもちろん、二輪バイクや原動機付自転車（原付バイク）も含まれます。

では、一般的な過失よりも責任が重い、自動車運転中の過失とはどのようなものでしょうか。基本的には、自動車の発進から停止までの運転上に必要な注意義務を怠れば、自動車運転中の過失があると判断されます（自動車を停止させる動作も運転に含まれます）。

たとえば、本ケースの「よそ見運転」以外にも、運転中に車内で流し

165

ていた大音量の音楽により気分が高まり、何度も前走車を追い抜く運転などが過失にあたる可能性があります。このような場合、制限速度を超過した状態になっても気づきにくいといえるからです。このときに、直線路であるにも関わらず、ハンドル操作を誤って歩道に乗り上げて信号待ちをしていた人々に突っ込んで死傷させた場合には、過失運転致死傷罪が成立します。

　もっとも、上記のような事故を起こす可能性が高い運転については、過失運転致死傷罪よりも重い刑罰を定めた危険運転致死傷罪で処罰される可能性もあります。危険運転致死傷罪に該当すると、原則として、被害者が負傷にとどまる場合でも15年以下の懲役、被害者が死亡すると1年以上の有期懲役（有期懲役の上限は20年です、刑法12条）が科されます。

　上記のように、前走車を何度も追い抜いた結果、ハンドル操作を誤って人を死傷させることは、危険運転致死傷罪の類型（次ページ）のうち「その進行を制御することが困難な高速度で自動車を走行させる行為」に該当する可能性があります。

自動車運転過失致死傷罪から過失運転致死傷罪への移行

自動車を運転する際に必要な注意を怠り、
人を死傷させた運転者に対する罪

	改正前	改正後
犯罪の名称	自動車運転過失致死傷罪	過失運転致死傷罪
規定されている法律・条文	刑法211条2項	自動車運転死傷行為処罰法5条
刑罰	7年以下の懲役あるいは禁錮か、100万円以下の罰金	7年以下の懲役あるいは禁錮か、100万円以下の罰金（無免許の場合、10年以下の懲役となる）

相談8　危険運転致死傷罪が成立する場合

Case　違法な薬物を使用したことにより意識がもうろうとしている状態で自動車を運転し、その結果運転を誤り、歩道を通行している人をひいてしまった場合、危険運転致死傷罪に問われることはあるのでしょうか。

回答　自動車運転死傷行為処罰法2条は、危険運転致死傷罪に該当する行為として、以下の類型を列挙しています。

① 　アルコールまたは薬物の影響により正常な運転が困難な状態で自動車を走行させる行為

② 　自動車の進行を制御することが困難な高速度で自動車を走行させる行為

③ 　自動車の進行を制御する技能を有しないで自動車を走行させる行為

④ 　人または車の通行を妨害する目的で、走行中の自動車の直前に進入し、その他通行中の人または車に著しく接近し、かつ、重大な交通の危険を生じさせる速度で自動車を運転する行為

⑤ 　赤色信号またはこれに相当する信号を殊更に無視し、かつ、重大な交通の危険を生じさせる速度で自動車を運転する行為

⑥ 　通行禁止道路（道路標識等により自動車の通行が禁止されている道路等であって、通行することにより人や自動車に交通の危険を生じさせる道路等）を進行し、かつ、重大な交通の危険を生じさせる速度で自動車を運転する行為

　たとえば、自動車運転中に人を負傷または死亡させた際に、薬物摂取のため自動車を正常に制御できない状態で運転していた場合（①に該当）、制御困難に陥るほどの高速度で運転していた場合（②に該当）、人や他の車に危険な速度で接近したり割り込み行為をしていた場合（④に該当）、危険な速度で赤信号等をわざと無視していた場合（⑤に該当）などに、危険運転致死傷罪が適用されます。

　もっとも、かつての刑法に規定されていた危険運転致死傷罪は「自動

167

車を正常に制御できない状態」であることが適用要件のひとつでした。たとえば、酒酔い状態や薬物摂取状態で運転を行っても、ある程度正常な状態で運転していたのであれば、危険運転致死傷罪ではなく自動車運転過失致死傷罪が適用されるという問題点がありました。そこで、自動車運転死傷行為処罰法では、このような不都合を見直しています。

　本ケースのように、違法な薬物を使用したことにより意識がもうろうとしている状態で自動車を運転した結果、人身事故を発生させた場合、自動車運転死傷行為処罰法によると、上記①の類型にあたるとすれば、被害者が負傷にとどまる場合は15年以下の懲役、被害者が死亡した場合は１年以上の有期懲役に処せられます。もし①の類型にあたらず、自動車を制御する能力を失っていないときでも、アルコールや薬物などの影響で、その走行中に正常な運転に支障が生じる「おそれがある状態」で自動車を運転し、人を負傷させた場合には、被害者が負傷にとどまれば12年以下の懲役、被害者が死亡すれば15年以下の懲役に処せられます。つまり、正常な運転に支障が生じる「おそれのある状態」であれば危険運転致死傷罪が適用されます。

危険運転致死傷罪の改正

改正前は①〜⑤の５類型

① アルコール・薬物等の影響により正常な運転が困難な運転者による死傷事故
② 進行の制御が困難な高速度で運転した者による死傷事故
③ 進行を制御する技能をもたない未熟な者による死傷事故
④ 人や車の通行を妨害する目的で運転した結果生じた死傷事故
⑤ 信号を無視し、さらに危険な速度で運転した結果生じた死傷事故

⑥ 通行禁止道路を危険な速度で運転した結果生じた死傷事故
⑦ アルコール・薬物・一定の病気の影響で運転に支障が生じる可能性がある状態で運転したことによる死傷事故

➡ 改正で⑥、⑦を追加。処罰対象が拡大されることになる！

相談9 てんかんなど意識障害を伴う持病と自動車運転

Case てんかんなど意識障害を伴う持病があるのですが、普通に自動車を運転することができるのでしょうか。また、運転中に発生したてんかんの発作が原因で交通事故を引き起こし、多数の人が死傷した場合、どのような責任を負うことになるのでしょうか。

回答 道路交通法90条（これに基づく政令の規定）により、以下の①〜⑧までの「一定の病気等」のある者は、道路交通の安全確保のために、運転免許試験に合格しても免許の取得ができない場合があります。

① 自動車等の安全な運転に必要な能力を欠くこととなるおそれがある症状を呈する統合失調症の者

② 意識障害や運動障害をもたらすてんかん症状の者

③ 脳全体の虚血により一過性の意識障害をもたらす病気であって、発作が再発するおそれがある者（再発性の失神）

④ 人為的に血糖を調節することができない無自覚性の低血糖症の者

⑤ 自動車等の安全な運転に必要な能力を欠くこととなるおそれがある症状を呈する躁鬱（そううつ）病の者

⑥ 重度の眠気の症状を呈する睡眠障害の者

⑦ 認知症の者

⑧ その他自動車等の安全な運転に必要な能力を欠くこととなるおそれがある症状を呈する病気の者

⑨ アルコール、麻薬、大麻、あへんまたは覚せい剤の中毒

そして、いったん免許を取得できた場合についても、その後上記のいずれかに該当すると判断された場合は、免許の更新ができない場合や免許が取り消される場合があります。

これらの規定は、一定の病気等の影響による事故を未然に防ぐために定められています。道路交通法では、公安委員会が、免許保持者や免許を受けようとする者に対し、病気の症状等に関する質問をすることを認めています。免許保持者や免許取得を希望する者は、質問等に対して虚

偽の報告をすると、1年以下の懲役または30万円以下の罰金が科されます。

　あわせて、一定の病気等に該当する者を診断した医師による任意の届出制度や、一定の病気等にかかっていると疑われる人の免許を3か月以内の範囲で停止することができる旨の規定もあります。一定の病気等を理由に免許を取り消された場合、取消しから3年以内に免許を再取得すれば、取消日までの免許期間と再取得した免許期間は継続されていたものとみなされる特例基準が設けられています。つまり、合計で5年以上「無事故・無違反」であれば「優良運転者」とされるわけです。

　なお、運転中にてんかんの発作が起こり、そのために交通事故を起こした場合は、どのように扱われるのでしょうか。てんかんの発作は、意図せず起こるものですので、かつての刑法上の危険運転致死傷罪は適用要件が厳しかったこともあり（167ページ）、自動車運転過失致死傷罪が適用されていました。しかし、自動車運転死傷行為処罰法では、運転に支障をおよぼす病気の影響で、正常な運転に支障が生じる「おそれ」がある状態で人を負傷させた場合に12年以下の懲役、死亡させた場合に15年以下の懲役に処せられると規定しています（3条）。本ケースのようにてんかん発作が起こるおそれを認識した状態で運転し、交通事故を引き起こした場合は、危険運転致死傷罪が成立するといえます。

一定の病気等の症状がある運転者についての対策

免許取得・更新時	一定の病気等についての質問制度 ＋ 罰則
医師による届出	医師が一定の病気等を診断した場合、都道府県公安委員会に届け出ることができる
暫定的停止	都道府県公安委員会は、一定の病気等の疑いがある場合、暫定的に免許の効力を停止できる
免許の取消し	一定の病気等に該当するときは免許の取消事由となる
免許の再取得	症状の改善により免許取消後3年以内に再取得する場合、技能・学科試験が免除 ＋ 優良運転者についての特別制度

相談10 飲酒運転と自動車運転死傷行為処罰法

Case 登校中の小学生の列にトラックが衝突して、多数の死傷者が出ました。逮捕された運転手は飲酒により酩酊状態に陥っていて、狭い路地であるにもかかわらず時速100kmで走らせていたトラックを制御することができず、歩道に乗り出してしまったために起きてしまった事故であることがわかりました。飲酒運転や危険な運転の刑罰が厳罰化されたと言われていますが、具体的にはどのような刑罰が科されるのでしょうか。

回答 かつての刑法では、交通事故に関する過失致死罪・過失傷害罪の特則として自動車運転過失致死罪が規定されていました。さらに、飲酒運転などによって引き起こされる交通事故を想定して、より重い罰則を定めた危険運転致死傷罪も規定されていました。しかし、危険運転致死傷罪の適用要件は厳しく、危険な運転行為であっても、事故発生時に運転手が自動車を制御する能力を完全に失っているような状態でなければ、刑罰の軽い自動車運転過失致死傷罪が適用されるケースが相次ぎました。

そこで、現在では自動車運転死傷行為処罰法に基づき、交通事故を起こした当時の状況に応じて刑罰が強化されています。本ケースの場合、飲酒により運転能力を失っていたのであれば、後述①の危険運転致死傷罪にあたります。さらに、飲酒により運転能力を失っていなくても、運転当時に飲酒による正常な運転に支障が生じる「おそれ」が認められれば、後述②の危険運転致死傷罪が適用されます。自動車運転死傷行為処罰法の処罰類型をまとめると以下のとおりです。

① 従来からの危険運転致死傷（２条）

従来の危険運転致死傷罪に規定された５類型に加え、通行禁止道路を走行し、かつ重大な交通の危険を生じさせる速度で自動車を運転する行為が定められました。

② 新設の危険運転致死傷（３条）

アルコール、薬物、運転に支障を及ぼすおそれがある病気の影響により、正常な運転に支障が生じるおそれがある状態で自動車を運転した結果、人を負傷させた場合は12年以下の懲役、死亡させた場合は15年以下の懲役に処せられます。従来から危険運転致死傷罪と違い、「おそれ」があるだけでも適用されるのが特徴です。

③　**過失運転致死傷アルコール等影響発覚免脱（4条）**

　飲酒運転等による死傷事故をおこした者が、その発覚を免れる目的で、現場から逃走したり、アルコールの重ね飲みをした場合、12年以下の懲役に処せられます。いわゆる逃げ得をなくすために新設された類型です。

④　**過失運転致死傷（5条）**

　従来の自動車運転致死傷罪が名称変更されたものです。

⑤　**無免許運転による加重（6条）**

　無免許運転者が事故を起こした場合、①～④の懲役刑に3～5年が加重されることになりました。

自動車運転死傷行為処罰法の規定内容と法定刑

危険運転致死傷	①アルコール・薬物等の影響で正常な運転が困難、②高速度、③未技能、④通行妨害目的、⑤信号無視、⑥通行禁止道路危険速度運転	・**負傷事故** 1か月以上15年以下（無免許の場合は6か月以上20年以下）の懲役 ・**死亡事故** 1年以上20年以下の懲役
	⑦アルコール・薬物・一定の病気等のため正常な運転に支障が生じるおそれのある状態での運転	・**負傷事故** 1か月以上12年以下（無免許の場合は1か月以上15年以下）の懲役 ・**死亡事故** 1か月以上15年以下（無免許の場合は6か月以上20年以下）の懲役
過失運転致死傷アルコール等影響発覚免脱	発覚を免れる目的での逃走、重ね飲みその他の行為	1か月以上12年以下（無免許の場合は1か月以上15年以下）の懲役
過失運転致死傷	運転上必要な注意をしなかったために生じた死傷事故	・1か月以上7年以下の懲役もしくは禁錮または100万円以下の罰金 ・無免許の場合は1か月以上10年以下の懲役

※図中①～⑦として記載した危険運転致死傷の類型については168ページ図を参照

相談11 飲酒運転はどのように処罰されるのか

Case 先だって、友人の結婚式の帰りに交通検問に止められ、呼気検査を求められました。私は、呼気検査を拒んだのですが、「罰金になりますよ」と警察官に言われ、しぶしぶ応じました。その結果、飲酒運転と判断されました。結婚式では一杯だけ飲酒をしましたが、私は酒に強いので、全然運転に支障はありませんでした。それでも、たった一杯でも飲酒していると処罰されることになるのでしょうか。また、違反によっては、免許が取り消されるというのは本当でしょうか。

回答 飲酒運転による交通事故は依然として多発しており、ドライバーのモラルの低下が社会問題化しています。また、死傷者の発生する確率も高いため、取締りも強化されてます。飲酒運転については、道路交通法によって重く処罰されます。また、飲酒運転によって交通事故が生じた場合には、「自動車運転死傷行為処罰法」により厳しい罰則が定められています。

道路交通法において、飲酒運転は「酒酔い運転」と「酒気帯び運転」に区別されます。酒酔い運転とは、アルコールの影響で正常な運転ができないおそれがある状態で自動車を運転した場合をいいます。酒気帯び運転については、呼気1リットル中0.15mg以上のアルコール濃度を検出した場合を基準としています。これはビール中びん1本、日本酒1合程度を飲めば上回る数値と言われています。

つまり、体質的に酒に強い弱いにかかわらず酒を1杯飲んで運転すれば、事故を起こすおそれがなかったとしても、酒気帯び運転となるでしょう。酒気帯び運転をすると「3年以下の懲役または50万円以下の罰金」に処せられます。一方、酒酔い運転をすると「5年以下の懲役または100万円以下の罰金」に処せられます。なお、呼気検査を拒むと「3か月以下の懲役または50万円以下の罰金」に処せられます。

また、運転免許の違反点数は、呼気1リットル中のアルコール濃度検出量が0.15mg以上0.25mg未満の時は13点、0.25mg以上の時は25点です。

さらに、呼気の中のアルコール濃度に関わらず、酒を飲んで正常な運転ができない状態で自動車の運転をした時は35点です。

また、飲酒運転者だけでなく、その周囲の人も道路交通法によって処罰の対象になることを認識しておかなければなりません。具体的には、運転手の運転行為が酒酔い運転に該当する場合に、運転手への酒類提供者や同乗者は「3年以下の懲役または50万円以下の罰金」に処せられ、車両提供者は「5年以下の懲役または100万円以下の罰金」に処せられます。同様に、運転手が酒気帯び運転に該当する場合、酒類提供者や同乗者は「2年以下の懲役または30万円以下の罰金」に処せられ、車両提供者は「3年以下の懲役または50万円以下の罰金」に処せられます。

特に気をつけなければならないのは、運転手が酒気を帯びていることを認識しながら、自己の運送を依頼して「同乗」した同乗者も処罰される点です。飲酒運転自体が許されない行為ですから、飲み会・宴席の後に車で送ってもらう場合には、運転手が酔ってないかどうかをしっかりと確認する必要があるといえます。

飲酒運転と運転者・周辺者の道路交通法上の刑事責任

車両提供者　運転者が酒酔い運転、酒気帯び運転のときは運転者と同様に処罰

運転者　同乗者

酒酔い運転
→ 5年以下の懲役または100万円以下の罰金

酒気帯び運転
→ 3年以下の懲役または50万円以下の罰金

運転者が酒酔い運転
→ 3年以下の懲役または50万円以下の罰金

運転者が酒気帯び運転
→ 2年以下の懲役または30万円以下の罰金

相談12 当事者ではない指導医や責任者は一切責任を負わないのか

Case 母の顎下部に腫瘍が見つかって摘出手術を受けることになりました。主治医のXはまだ若いのですが、大学病院であり、指導医Yがいるし、診療科の責任者は著名な大学教授Zでもあるので、手術を受けることにしました。ところが、手術後1週間ほど経過して、母の容態がしだいに悪くなってきました。後でわかったことですが、投与すべき薬品の量をXが間違えていたのです。その後、薬品の過剰投与が原因で、母は多臓器不全により死亡しました。その後の病院側の対応も誠意が感じられません。私は思い切って刑事告訴することにしました。しかし、担当医であるXだけに責任があるとは思えません。指導医Yや診療科責任者Zにも責任を問えないものでしょうか。

回答 医療過誤で問われる刑事責任は、刑法211条の業務上過失致死罪です。その場合のおもな争点は、因果関係の有無あるいは過失の有無です。このような医療過誤のケースで、当事者である担当医以外の指導医や責任者に対して同罪の成立が肯定されるには、それらの者に過失があったといえなければなりません。過失があったといえるには、前提として注意義務が必要です。過失とは、注意すべき義務があったのに、それに違反したことを意味するからです。実務上は、結果の発生を予見できた（予見可能性がある）か、さらにその予見に基づいて結果の発生を回避できた（回避可能性がある）のに、意識の集中を欠いたため結果の予見や回避ができず結果が発生したか否か、により判断されています。

　本ケースでは、簡単な治療で臨床経験も豊富な担当医が失敗した場合であれば、その上司たちに注意義務はないといえるでしょう。しかし、臨床経験が少なく、指導医や責任者らの監督指導が必要だった場合には、その注意を怠った指導医と責任者には過失があったといえるかもしれません。したがって、摘出手術の状況によっては、YとZに対しても刑事責任を問うことができる可能性があります。

相談13 急病死の原因が知りたいが、解剖を依頼できるのか

Case 深夜に息子が突然具合悪くなったので、救急車を呼びました。息子は救急病院に運ばれましたが、夜が明ける前にその病院で死亡しました。あまりに急で、原因もよくわからないので、葬儀を行う前にまずは解剖して死因を特定したいと考えています。解剖を病院に頼むことはできるでしょうか。

回答 解剖は、死因を特定するのに非常に有効な方法です。死因を特定しておくことは、後のことを考えるととても大切です。というのも、通常、日本では死亡後は火葬となるからです。火葬された後にトラブルが生じた場合、死因についての判断材料となるものがカルテなどしかなく、しかもカルテは病院側が保管している資料ですので、後に裁判等のトラブルに至っても、なかなかスムーズに病院側がカルテの開示に応じず、証拠の収集に苦労することが少なくないからです。そこで事前に死因を特定しておくことは重要といえます。解剖の結果、死因の特定ができていれば、トラブル発生時に強力な証拠となります。

ただ、解剖は火葬する前にしか行えません。急なことで混乱の最中にあると思いますが、死因を特定したいと考えるのであれば、病院に対し病理解剖を依頼するようにしましょう。病院側が解剖依頼に応じた場合には、解剖の結果の死因について説明を受けて、問題がなかったかを考える機会を得られます。説明が納得のいかないものであった場合には、専門家に相談することもできます。病院が解剖依頼に応じない場合、司法解剖の依頼を捜査機関に対して行うことも視野に入れましょう。時間が十分にありませんから、警察に病院が解剖を拒否したことを伝え、司法解剖の手続きを依頼します。ただし、司法解剖の記録は、必ずしもすぐに開示されるとは限りません。特に刑事事件となる可能性のある場合、刑事訴訟法に「訴訟に関する書類は、公判の開廷前には、これを公にしてはならない」（47条）と規定されているからです。

相談14 責任逃れのために医療記録を改ざんした医師を許せない

Case 私の父は、内臓疾患で手術をしました。場所は私立Ｓ大学病院です。しかし、手術は失敗し、父は帰らぬ人となりました。その後、いろいろと調べた結果、担当医のＴに医療過誤があったと思われるので、損害賠償の民事訴訟を起こしました。その訴訟の中で、Ｔの同僚であるＵ医師が、Ｔから頼まれて医療記録を改ざんしていたことが判明しました。ただでさえ、医療側の対応に不満があるのに、責任逃れのために医療記録の改ざんをしていたなどの行為は許せません。この点の責任は問えないのでしょうか。

回答 本ケースで問題となるのは、刑法104条に規定する証拠隠滅等の罪です。刑法104条は「他人の刑事事件に関する証拠を隠滅し、偽造し、もしくは変造し、または偽造もしくは変造の証拠を使用した者は、２年以下の懲役または20万円以下の罰金に処する」と規定しています。ここで「刑事事件」とは、現在は刑事事件となっていなくても、将来的に刑事責任を追及する対象となるものであれば十分です。本ケースは現在のところ民事事件にすぎないようですが、業務上過失致死罪の疑いが濃厚ですので「刑事事件」に該当します。そして、医療過誤に関する刑事事件では、医療記録が有力な証拠となります。それを改ざん、廃棄、隠避することは、証拠の「隠滅、偽造、変造」に該当します。ただし、証拠隠滅等の罪は「他人の」刑事事件について成立し、自分の刑事事件については成立しません。自分の刑事事件に関する証拠を隠滅等する行為は、適法行為（隠滅等しない）への期待が困難ですので（期待可能性を欠く）、処罰の対象から除かれているのです。本ケースでは改ざんをしたＵ医師は本件の当事者ではないので、証拠隠滅等の罪が成立します。

　もっとも、自分の刑事事件に関してでも、他人をそそのかして改ざんなどを行わせた担当医Ｔは、証拠隠滅等の罪の教唆犯として刑事責任を負います。他人を引っ張り込むことまでは、許されないからです。

相談15 会社ぐるみで犯罪をしているので内部告発したい

Case 勤務先の企業が、食品の偽造表示の隠ぺいなど、企業の信頼を揺るがす事実を行っていることを知ってしまいました。企業内部の問題として、上司に相談しようとも考えたのですが、消費者に深刻な被害が出るにもかかわらず、企業の内部で揉み消されてはならないと思い、内部告発を行うのが適切であると考えています。内部告発に関しては、どのような法律や制度があるのでしょうか。

回答 企業が自主的に企業倫理を確立して法令等を遵守することをコンプライアンスといいます。しかし、利潤の追求などを優先するがために、ときとしてコンプライアンスをないがしろにして、消費者等に深刻な影響を与える経営を行っているという事実を隠ぺいすることが、少なからず行われています。

企業の不祥事が外部に公表されるきっかけとしては、従業員等が不祥事を告発するという方法が考えられます。告発するといっても、企業の処罰を求める行為ではなく、企業が法令違反を行っているという事実をリークすることです。これが内部告発の問題です。

内部告発とは、自社が犯罪行為をしていると知った内部の従業員等がその事実を公表することです。しかし、内部告発により企業の不祥事を明らかにすることで、企業の名誉・信用を失墜させ、不買運動などによって企業の業績を悪化させ、企業を倒産といった大変な状況に追い込む引きがねになる場合もあります。そのため、企業は従業員等に対し、雇用契約等の中で企業に損害を与える行為を禁止すると同時に、企業の重要な情報を外部に漏らす行為も厳しく禁止する（守秘義務）のが通常です。したがって、内部告発者は、社会的には有益となる行為を行っているにもかかわらず、企業との間で取り決められている守秘義務を破り、企業の名誉・信用を毀損したとして、懲戒処分の対象になる可能性さえあります。また、賃金差別、査定差別、配置転換など、不利益な取扱いを受けるおそれもあります。

そこで、公益通報者保護法が規定されており、企業の不祥事に関する事実を公表すること（公益通報）を理由とする解雇を無効とし、また、降格や減給といった不利益な扱いをすることを禁じるなど、企業の法令違反行為を通報した者（内部告発者）を保護するしくみが設けられています。

具体的な通報先としては、①事業所内部、②行政機関（監督官庁など）、③事業所外部（新聞社など）があります。

なお、公益通報者保護法では内部告発者が保護されるためのさまざまな要件を定めているため、要件を充たさない方法で内部告発を行ったような場合は、公益通報者保護法による保護の対象にならない可能性があるので注意が必要です。たとえば、従業員等が、不正に利益を得る目的を持っている場合や、他人に損害を加える目的を持っている場合など、不正の目的から企業の不祥事を公表した場合などは、公益通報者保護法に基づく保護は及びません。

また、民間企業の内部告発者を保護するために、たとえば弁護士会を通じて弁護士が相談を受け付け、問題に応じてアドバイスをしている場合があります。

内部告発と通報者の保護

担当の行政機関

通報

このような解雇や左遷は無効となる

報復的な解雇・左遷

違法行為を行っている勤務先の企業

相談16 デートクラブで女子児童といっしょにいたら摘発された

Case 私の知人Dは、児童買春を行った容疑で逮捕されてしまいました。聞くと、都内のデートクラブに行き、その部屋の中で15歳の女の子といっしょにいるところを摘発されたというのです。本人が言うには、「その店では性交は禁止されているし、相手が13歳以上の場合だから処罰されないと思っていた」とのことです。果たして、Dは処罰されるのでしょうか。

回答 現行の刑法では、子どもの性的自由を守るために、13歳未満の少女に対してはたとえ相手方の承諾があったとしても、強制わいせつ罪や強制性交等罪が成立するとしています。ただ、それなら13歳以上の未成年者が保護されないことになってしまいます。そこで、各地方公共団体が淫行条例などを制定して、取締りを強化しています。しかし、各地で処罰の要件や範囲が異なるので、全国的に法律によって児童買春を取り締まることになり、「児童買春・児童ポルノに係る行為等の処罰及び児童の保護等に関する法律」（児童買春・児童ポルノ取締法）が制定されました。

取締りの対象となっている児童買春とは、①金品を与え、または与えることを約束して、児童に対し、性交や性交類似行為を行うこと、または②自己の性的好奇心を満たす目的で、児童の性器などを触ったり、児童に自己の性器などを触らせることで、①②共に禁止されています。さらに、直接金品等を児童に与える（または与える約束をする）場合のみではなく、児童に対する性交等の周旋をした場合や、児童の保護者等に金品等の対価を与えた場合も、処罰の対象になることは注意が必要です。そして、ここでの児童とは18歳に満たない者です。一般に児童といえば、小学生ぐらいを思い浮かべそうですが、18歳までは広く児童に含まれているので注意を要します。

あなたの知人であるDさんの相手は15歳だったので、同法の児童に含まれます。また、性交自体はしていなくても、性交類似行為や児童の性器などを触る行為があれば処罰対象となります。

相談17 ホームページにわいせつな写真を載せると罪に問われるのか

Case ホームページに成人の女性器が露出している写真が掲載されていました。この場合、写真の掲載者にはどのような罪が問われるのでしょうか。

回答 ホームページに文章や写真を掲載するということは、不特定多数の人の目に触れるということです。写真や文章を公開した場合、自分では意図しない問題となることがあります。特にわいせつ物の場合、大きな問題になることがあります。

刑法は、わいせつ物頒布等罪を規定しており（刑法175条１項）、わいせつな物の配布、販売、陳列は禁じられていています。違反者には、２年以下の懲役または250万円以下の罰金もしくは科料に処せられるか、懲役および罰金刑が併科されることになります。わいせつ物とは、文書や図画といった形のあるもので、電気や光、権利などの無体物は含まれません。本ケースのように、ホームページ上の画像は文書や図画にはあたりませんが、刑法は「電気通信の送信によりわいせつな電磁的記録その他の記録を頒布した」場合も処罰する旨を規定していますので、本ケースも処罰の対象に含まれます。

わいせつであるかどうかの基準は、その時代にあわせて移り変わっています。実際は、個人・一般人・社会全体という違った視点から見て総合的にわいせつ性があるといえるかの判断がなされます。一般に性器を露出している画像は、わいせつ物にあたるといえます。

なお、本ケースのように、ホームページに成人のわいせつ物を公開した場合、不特定多数の人がわいせつ物を閲覧できる状態にしているため、公然陳列罪にあたるとされています。成人のわいせつ画像を閲覧しているだけ、持っているだけ（単純所持）の場合には、刑法上は特に罰せられません。しかし、販売目的で所持している場合には、わいせつ物販売目的所持罪（同法175条２項）として罰せられます。

相談18 個人で鑑賞する目的で外国のポルノを送ってもらったが

Case 私は商社に勤務しているため、海外にも多くの友人がいます。先日、アメリカに出張したおり、ポルノのDVDでとても気に入ったものがあったので、何枚かを友人に頼んで、後日航空便で送ってもらうことにしました。ところが、その荷物が成田空港で税関を通過するときに、輸入禁制品にあたるとして摘発をされてしまいました。国内に持ち込んで売りさばくつもりはなく、個人で鑑賞するつもりで送ってもらっただけなのですが。

回答 わが国では、関税法の規定によって「輸入してはならない貨物」（輸入禁制品）を列挙しています。その中に「公安または風俗を害すべき書籍、図画、彫刻物その他の物品」があります。具体的には、「男女の性交行為が撮影されており、性器、陰毛など肉体の特定部分が明瞭かつ判然としている」書籍などは、風俗を害すべきものとして輸入ができなくなります。本ケースのポルノのDVDは、その内容によっては輸入禁制品に該当する可能性が高いといえます。違反者（輸入した者）は「10年以下の懲役または1000万円以下の罰金」（またはこれらの併科）に処せられます（同法109条2項）。

　税関では輸入禁制品が密かに持ち込まれないかどうか、検査が行われています。輸入禁制品に該当すると判断された場合は、輸入者に対してその旨が通知されます。この通知に不服がある場合には、3か月以内に税関長に対して再調査の請求ができます。再調査の請求に対する税関長の決定に不服があれば、財務大臣に対して審査請求ができます。財務大臣の裁決にも不服があれば、裁判所に対して取消訴訟を提起することになります。

　個人的な鑑賞が目的の輸入もできないのかについて、判例は、個人鑑賞が目的でポルノ雑誌や映像を輸入することを禁止しても、それは憲法が禁止している検閲にあたらないので、輸入禁止は許される（憲法に違反しない）と判断しています。

182

相談19 子どもが性的な被害に遭ったときはどうすればよいのか

Case 中学生の娘についてです。先輩の家に遊びに誘われて行ってみると、複数の男子高校生がいて集団で乱暴されたそうです。その日の帰宅後に打ち明けられましたが、対処の仕方がわからなくて困っています。どうしたらよいのでしょうか。

回答 年頃の娘さんから性暴力の被害を打ち明けられると、親としては非常に慌ててしまいます。まずは落ち着いて、大声を出したりせず、ゆっくりと話を聞いてあげてください。叱ったり、責めたりしてはいけません。最後まで話を遮らずに聞くことに徹し、打ち明けたことの勇気を誉めてあげてください。

子どもの話を信じない言動をとったり、自分の悲しみや怒りをぶつけてはいけません。子どもの意向を無視して警察や学校に届けるのもいけません。大事になるのを不安に思う子どもも多いのです。警察に被害届を出すのは子どもの意思を尊重する必要がありますが、繰り返し被害を受けるおそれがあるなら、早めに警察に相談した方がよいでしょう。警察署の刑事課で事情聴取を受けることになりますが、女性警察官に対応してもらえる場合がありますし、男性警察官も十分配慮してくれます。

また、都道府県の警察本部には性犯罪被害110番がありますので、電話で相談することもできます。性犯罪の被害者は恥ずかしいなどの気持ちから事件を明るみにすることを避けがちですので、性犯罪被害110番を利用すれば、実際に警察等に出向く必要もありませんし、いますぐにするべきことが何であるのか指示を受けることができます。

犯罪で相手から性的な行為を強要された場合、妊娠や性感染症、HIV感染の危険もありますので、すみやかに医師の診察は受けた方がよいでしょう。

その他、性被害がトラウマとなり、不眠や引きこもり、人間不信、異性への過度の恐怖等の精神的外傷が残る場合があります。これらも医師に相談し、必要な程度に応じて専門外来での治療が望ましいといえるでしょう。

相談20　警察から子どもに呼出しがあったときの対応

Case　17歳の高校生の息子がいます。警察から電話があり、息子に警察署まで来るようにとのことです。用件を聞いても「調べているところなので」と教えてくれません。はじめてのことで、どうしたらよいのか不安なのですが。

回答　警察署員が自宅に来たわけでもなく、また呼出しを受ける理由のあらましがわからない場合、親としては不安になるのは当然です。「呼出し程度なら」ということで放置するケースも最近は多いようです。単なる呼出しの場合は断ることができます。ただし、呼出しを断った場合、次はいきなり逮捕されてしまう可能性も十分に考えられますので、息子さんを連れて警察署に出向く方がよいでしょう。

　その場合、警察の呼出しに応じて警察署に行ったとたん、その場で逮捕されてしまう可能性もあります。そのときは、少年にも大人と同じように、弁護人を選んで自分の弁護をしてもらう権利や、言いたくないことは言わなくてよいという黙秘権が保障されていることを覚えておいてください。少年が逮捕される場合、学校等の関係はどうなるのか、また大人以上に法的な知識がないことが通常であるので、少年の不安の大きさは計り知れません。そこですぐに、弁護士会の当番弁護士（警察に逮捕された場合に、初回だけ弁護士が無料で面会に来る制度）に息子さんとの面会を依頼すべきでしょう。また、弁護人となってくれる弁護士を探すことも重要です。

　警察で取調べを受けたときには、警察官が供述調書を作る場合があります。この供述調書は、後の家庭裁判所での審判などのときに、証拠として採用される場合があるので、内容をよく確認してから署名するように注意してください。供述調書の内容が、自分が言ったことと違っていたり、言っていないことが書かれていたりする場合は、署名を断ることができます。署名を断ったことで警察の対応が厳しくなった場合には、すぐに弁護人に相談するように言いましょう。

相談21 少年の起こした犯罪が刑事処分となるのは

Case 少年の引き起こす事件の中には、「自分達は子どもだから、少々悪いことをしても刑務所に入らない」と知って犯罪に手を染める子もいるようです。通常は保護処分として少年院などに入ることになるのでしょうが、少年でも刑務所に行くことがあると聞きました。どういう場合に刑務所に行くことになるのでしょうか。

回答 未成年者が非行をした場合、自我が確立されていないこと、今後の矯正の可能性があることなどを考慮し、少年法によって保護されています。ただ、少年犯罪の低年齢化・凶悪化の傾向を受けて、少年に対する刑罰について厳罰化が進んでいます。

少年法によると、①罪を犯した少年、②14歳未満で刑罰法令に触れる行為をした少年、③将来罪を犯し、または刑罰法令に触れる行為をするおそれのある少年は、家庭裁判所に通告され、その調査を受けることになっています。特に「死刑・懲役・禁錮に当たる罪」を犯した少年は、刑罰を科するのが相当と判断されると、家庭裁判所から検察庁へ送致（逆送）され、成年者と同じく刑事事件として扱われます。なお、逆送された事件が裁判員裁判対象事件である場合には、第一審は裁判員の参加する裁判で裁かれることになります。

刑事事件として扱われるのは、①凶悪犯罪を行い、本人も犯罪であることを確信している場合、②被害者感情・社会的感情を考慮して家庭裁判所の審理だけでは不十分と考えられる場合、③すでに何度も保護処分を受けているにもかかわらず再犯を繰り返すなど、保護処分が効果的ではないと判断される場合などです。また、④故意の犯罪行為により被害者を死亡させた16歳以上の少年は、原則として逆送することになっています。検察官に逆送されると犯罪の嫌疑がある限り起訴されるので、刑事責任を問われる（有罪判決を受けて刑務所に行く）可能性が高まります。ただ、刑法の規定により、14歳未満の少年に対して刑事責任を問うことはできません。

185

相談22 17歳の息子が事件を起こして警察に保護された

Case 私の息子はもともと優しい子だったのですが、悪い仲間と付き合いだして、とうとう暴走族に入ってしまいました。家にも寄り付かず、学校にも行かずに、週末には暴走行為を繰り返していました。先週末にとうとう、対立抗争中のグループと乱闘事件を起こして警察に保護されました。連絡を受けて駆けつけたところ、少年法によって保護事件として扱われると聞かされました。息子は17歳ですが、今後、どのようになっていくのでしょうか。

回答 刑法では14歳未満の者は刑事未成年者として処罰されないと規定されていますが、20歳未満の者については、「少年法」が適用されて、特別の取扱いがされることになっています。少年少女はまだ未成熟なため、一般の成人のように刑事事件として扱うのではなく、保護育成へ向けた処分をする必要があるからです。

少年法の対象となるのは非行少年です。犯罪を犯した少年、14歳未満で刑罰法規に触れる行為をした少年、将来法に触れる行為をするおそれのある少年、が非行少年とされています。

手続としては、非行少年は警察から検察庁を経由して家庭裁判所に送致されます。家庭裁判所では、調査官が家庭環境も含めて綿密な調査を行います。調査では、非行少年の性格・日頃の行動等について、心理学や教育学等の専門知識を活かして、心理テスト等の方法により行われます。調査では家庭裁判所調査官が反省を促したり、再非行を防止するための面接指導を行う等が行われます。

とられる措置としては、①審判不開始の決定、②知事または児童相談所への送致、③保護処分、④刑事処分相当として検察官への送致（逆送）、などがあります。家庭裁判所は少年に対して裁判を行うのではなく「審判」を行います。審判では罪を裁くのではなく、今後の少年の保護育成のための保護処分を決定します。具体的には、保護観察、児童自立支援施設・児童養護施設・少年院への送致などがあります（207ページ）。

186

相談23 16歳の息子が逮捕されたので弁護士をつけたい

Case 息子は1年ほど前から、近所の不良グループと付き合っています。先日とうとう、他の不良グループとケンカをして、傷害事件を起こして警察に逮捕されました。刑事さんによると、息子は16歳なので、少年事件として手続が進められるということでした。普通の刑事事件では弁護士をつけて弁護してもらうのですが、少年事件では弁護士はつけられないのでしょうか。つけられるとしても、高額な費用がかかるのでしょうか。

回答 一般の刑事事件では、被告人の立場が弱いため、弁護人を依頼する権利が保障されています。経済的資力がない被告人が多いことから、国の費用によって弁護人をつける国選弁護人の制度も用意されています。少年の場合は、理解力や知識が成人よりも劣るため、特に専門家の助力が必要となります。そこで、少年を補佐して、その利益を守って活動する「付添人」をつけることが認められています（少年法10条）。付添人は弁護士の資格を持っている必要はありませんが、弁護士以外の者が付添人となるには家庭裁判所の許可が必要です。付添人は、家庭裁判所での審判に同席して意見を述べたり、証人尋問、記録の閲覧などの活動をします。また、調査官と接触したり、少年の家族、学校関係者などと話し合うこともします。

また、少年事件が「死刑または無期もしくは長期3年を超える懲役・禁錮」にあたる罪であって、家庭裁判所の審判の手続に検察官が関与する場合、弁護士である付添人がいなければ、家庭裁判所が「国選付添人」をつけなければなりません（同法22条の3）。国選付添人は弁護士であることが必要です。

なお、国選弁護人と同様に、日本司法支援センター（法テラス）によって国選付添人の候補を紹介する制度が整備されています。刑事処分や少年院送致が予想され、本人が事実を争っているなど、付添人が必要なケースでは、法テラスから国選付添人を推薦してもらえます。

相談24 直接的な加害者を特定できない

Case 不良グループに絡まれ暴行を受け大ケガをしました。特にリーダーは指示だけ出しており、全員が暴行を行っていたわけではないようです。直接的な加害者を特定できないときは、罰則の適用や損害賠償請求はどのように行うことになるのでしょうか。

回答 本ケースのように集団暴行の場合には、傷害の発生が具体的にだれの行為によって発生した者であるのか判明しません。そこで刑法207条は、2人以上で暴行を加えて人を傷害した場合に、それぞれの暴行による傷害の軽重や傷害を加えた者が不明である場合には、共同して実行した者でなくても、全員に傷害罪が適用されるという特例を規定しています。したがって、本ケースでは、暴行に関与した不良グループ全員に傷害罪（同法204条）が適用され、15年以下の懲役または50万円以下の罰金に処せられます。また、暴行について共謀していれば、実際に手を出していない者にも、暴行から発生した傷害について責任を追及することは可能です。本ケースでは、全員が直接的な暴行を行っていないものの、現場にいた不良グループ全員が被害者に対して暴行を行うことについて共謀していたとはいえそうです。そのため、後方にいて直接手を出していなかったリーダー格の少年も含めて、グループ全員のそれぞれについて、傷害罪に問うことができます。

また、民事上の不法行為責任を追及する場合も、損害を加えた者を特定して、その者の行為（暴行）と発生した損害（傷害）の間に、因果関係があることを証明しなければならないのが原則です。しかし、複数の者が共同して不法行為を行った場合には、それを一体のものとみなして、全員に対して損害すべての賠償責任を追及することができます。これを共同不法行為といいます。そこで共謀が認められる本ケースでは、治療費や慰謝料といった損害賠償の全額について、グループ全員に請求することが可能です。

相談25 共謀罪とはどんな法律なのか

Case テロリズムを含む、組織的犯罪行為に関する実行準備行為を処罰対象とする、テロ等準備罪が新設され、一時さかんに報道されていましたが、一般人が処罰の対象にされることはないのでしょうか。

回答 テロ等準備罪は「組織的な犯罪の処罰及び犯罪収益の規制等に関する法律」（組織的犯罪処罰法）の改正により、6条の2として新設されました。犯罪実行の合意に基づく当該犯罪行為の準備行為段階で処罰される可能性があるため、共謀罪とも呼ばれています。テロ等準備罪に該当するためには、①「組織的犯罪集団」が関与すること、②犯罪の実行を2人以上で「計画」すること、③計画に基づいた「実行準備行為」が行われること、のおもに3つの要件を充たす必要があると規定することで、処罰範囲に限定を施しています。このようにテロ等準備罪では、①の組織的犯罪集団が関与している場合でなければ、処罰の対象になりませんので、①の組織的犯罪集団には関与していない一般人が処罰の対象にされることはないと言われています。

このように、テロ等準備罪は、処罰の対象になる行為が限定されていますが、その成立要件である「計画」行為や、「実行準備行為」は、必ずしも明確な概念ではありませんので、依然として処罰対象が不明確であって、処罰対象が広がりすぎるのではないかという懸念が指摘されています。たとえば、一般企業や労働組合、サークル・同好会などの正当な活動を行っている団体は、犯罪を行うことを目的としていないので組織的犯罪集団に該当しないとされています。

しかし、犯罪目的を持った組織的集団とこれらの正当な活動目的を持った集団を明確に区別できる保証はありません。また、実行準備行為に該当するおそれがあると判断される場合には、電話等の通話や、電子メール・SNSのやり取りなどが捜査機関の監視対象に含まれ、個人の自由な活動に対する萎縮効果を生むのではないかという懸念があります。

資料　刑法上のおもな犯罪

	犯罪名	刑罰
放火・失火の罪	現住建造物放火罪（108条）	死刑または無期もしくは5年以上の懲役
	非現住建造物放火罪（109条）	2年以上の有期懲役
偽造の罪	通貨偽造罪（148条）	無期または3年以上の懲役
	公文書偽造罪（155条）	1年以上10年以下の懲役
	有価証券偽造罪（162条）	3月以上10年以下の懲役
わいせつ・強制性交等の罪	強制わいせつ罪（176条）	6月以上10年以下の懲役
	強制性交等罪（177条）	5年以上の有期懲役
	準強制わいせつ・準強制性交等罪（178条）	6月以上10年以下の懲役／5年以上の有期懲役
汚職の罪	受託収賄罪（197条第1項後段）	7年以下の懲役
	贈賄罪（198条）	3年以下の懲役または250万円以下の罰金
殺人・傷害の罪	殺人罪（199条）	死刑または無期もしくは5年以上の懲役
	傷害罪（204条）	15年以下の懲役または50万円以下の罰金
	傷害致死罪（205条）	3年以上の有期懲役
	業務上過失致死傷罪（211条）	5年以下の懲役もしくは禁錮または100万円以下の罰金
不正指令電磁的記録の罪	不正指令電磁的記録作成等罪（168条の2）	3年以下の懲役または50万円以下の罰金
	不正指令電磁的記録取得等罪（168条の3）	2年以下の懲役または30万円以下の罰金
名誉に対する犯罪	名誉毀損罪（230条）	3年以下の懲役もしくは禁錮または50万円以下の罰金
	侮辱罪（231条）	拘留または科料
窃盗・強盗の罪	窃盗罪（235条）	10年以下の懲役または50万円以下の罰金
	強盗罪（236条）	5年以上の有期懲役
	強盗致死傷罪（240条）	人を負傷させたときは無期または6年以上の懲役、死亡させたときは死刑または無期懲役
詐欺・背任・恐喝の罪	詐欺罪（246条）	10年以下の懲役
	背任罪（247条）	5年以下の懲役または50万円以下の罰金
	恐喝罪（249条）	10年以下の懲役
横領の罪	横領罪（252条）	5年以下の懲役
	業務上横領罪（253条）	10年以下の懲役
盗品等に関する罪	盗品譲受罪（256条1項）	3年以下の懲役
	盗品有償譲受罪（256条2項）	10年以下の懲役および50万円以下の罰金
その他の罪	公務執行妨害罪（95条）	3年以下の懲役もしくは禁錮または50万円以下の罰金
	住居侵入罪（130条）	3年以下の懲役または10万円以下の罰金
	保護責任者遺棄罪（218条）	3月以上5年以下の懲役
	逮捕・監禁罪（220条）	3月以上7年以下の懲役
	脅迫罪（222条）	2年以下の懲役または30万円以下の罰金
	業務妨害罪（233条、234条）	3年以下の懲役または50万円以下の罰金

第6章

裁判員制度・少年事件・
その他の手続き

1 裁判員制度はどのようなしくみなのか

国民参加型の新しい司法制度

裁判員制度とは

裁判官と一般から選出された裁判員とが、犯罪事実の認定と量刑（被告人に下すべき刑を決定する作業のこと）についていっしょに判断する制度が**裁判員制度**です。

国民参加を進めることで、公判の調書裁判主義（法廷での供述よりも警察や検察の取調べで作成された供述調書が偏重されている日本の刑事裁判の実情を表した言葉）などを改善することも一つの狙いといえます。裁判員制度を導入することで、一般国民にわかりやすい裁判が実現されることが期待されています。

裁判員制度は、一般市民が裁判員として、刑事裁判に参加する制度で、国民の司法への理解と関心を高めることと、一般市民の経験や良識を判決に生かすことで、より信頼性を高めることを目的としています。裁判員制度の対象となるのは、殺人罪や強盗致死傷罪などの重い犯罪に関する事件です。一つの事件につき、裁判官3名と裁判員6名が選ばれます。

一度裁判員となれば、期間に関係なく審理が終了するまでその事件を担当することになります。審理はおもに以下のような形で進められることになります。

① 公判

事件に関する証拠を調べ、証人や被告人に対して質問を行います。公判の場では、裁判官と同様に、裁判員が証人に質問を行うことも認められています。

② 評議・評決

公判後は、これらの証拠を基にして、裁判官と共に議論を行うことになります（評議）。そして被告人が有罪か無罪か、有罪である場合にはどれほどの重さの刑罰が妥当であるのかを裁判官と共に決定します（評決）。評議の際の裁判員の意見は、裁判官と同じ重みを持ち、評決は全員一致か、過半数によって決められます。

③ 判決

評決内容が決まると、裁判長が判決の宣告を行います。この判決の宣言によって、裁判員の仕事も終了す

ることになります。

自分が住む地域の事件を担当する

　裁判所とは、何か問題が発生したときに、法律を適用することによって問題の解決を図る機関です。日本には最高裁判所、高等裁判所、地方裁判所、家庭裁判所、簡易裁判所の５種類の裁判所があります。

　日本の裁判の審査は、誤審を少なくする目的で三審制となっており、第一審の結果、事件の当事者に不服があれば控訴審、それでも不服があれば上告審で争われます。

　裁判員の候補に選ばれた場合には、自分の住所地を管轄する地方裁判所への出頭を要請されます。裁判員参加の裁判が実施される各地方の裁判所名、支部名は195ページの図のとおりです。

どんな事件を担当するのか

　裁判員制度の対象となる事件は、重大な刑事事件に限られます。しかし、実際裁判員は、自分がどの事件を担当するのかについては、公判の当日に裁判所へ出向いて初めて知らされることになっています。

　なぜなら、審理前に自分がどの事件を担当するのか知ってしまうと、前もってその事件について情報を収集する、調べるといった弊害が生じる可能性があるからです。

　裁判員制度では、刑事事件のみを対象としていますが、その中でも国民の関心が高い事件や、国家を脅かす可能性のある重大な事件が対象となります。刑罰としては、死刑または無期懲役と判断される可能性が高いものになります。

　最高裁判所の統計によると、平成

第６章　裁判員制度・少年事件・その他の手続き

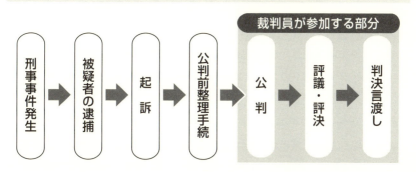

刑事手続きにおいて裁判員が参加する部分

刑事事件発生 → 被疑者の逮捕 → 起訴 → 公判前整理手続 → 公判 → 評議・評決 → 判決言渡し

（裁判員が参加する部分：公判／評議・評決／判決言渡し）

29年に地方裁判所で受理した事件中、裁判員制度の対象となるものは1122件（速報値）です。全事件の1.5％〜2％程度の数が対象になります。

対象事件は、以下のような重大な犯罪の場合に限られています。

・殺人罪や強盗致傷罪などの、法定刑に死刑・無期懲役・無期禁錮のある犯罪事件
・傷害致死罪や危険運転致死罪（自動車運転死傷行為処罰法2条）などの、故意の犯罪行為が原因で被害者を死亡させた犯罪事件

危険な事件も担当するのか

裁判に関わることで被告人に逆恨みされるのではないかという不安があると、公平に判決を行うことも難しくなります。そのため、もし裁判員やその家族に危害が加えられたり、著しく生活の平穏が侵害される可能性のある事件には、裁判員制度の対象事件にもかかわらず、裁判員は事件から外されることになります。裁判員を除外するかどうかを判断する場合のポイントは以下の3つです。

① 被告人の言動

被告人が暴力団の構成員であり、しかも実際に暴力団員に脅かされたような場合です。

② 裁判員への危害のおそれ

裁判員やその親族の生命や身体、財産、そして日々の平穏な生活に危害が加えられる恐れのある場合です。

③ 裁判員が畏怖している

②の理由のために危害を恐れて裁判員が出頭できないような場合です。

なお、裁判員とは別に、裁判官が該当事件について公平ではない判断をする恐れのある場合には、忌避（40ページ）、あるいは回避（40ページ）という手続きによって事件の担当を外れることになります。

このように、裁判員対象事件であるにもかかわらず、一定の場合に裁判官のみで事件を行う理由は、裁判員を保護し、公正な裁判を確保する、という点にあります。

少年事件も担当するのか

少年が事件を起こした場合、原則として家庭裁判所が処分を行いますが、16歳以上の少年が重大な殺人事件などを起こした場合は、家裁が事件を検察官に送り、成人同様に起訴扱いにされます（逆送といいます）。

少年が起こした事件が裁判員裁判の対象事件に該当する場合には、逆送により、裁判員裁判で審理することになります。少年事件を裁判員裁

判で裁くことについて、疑問も投げかけられていますが、すでに平成21年12月には裁判員裁判によって少年事件の審理もなされています。

罪名別で見る裁判員制度の対象となる事件（平成29年：速報値）

多い順	罪　名	
1位	殺人	（278件）
2位	強盗致傷	（253件）
3位	現住建造物等放火	（105件）
4位	覚せい剤取締法違反	（102件）
5位	傷害致死	（96件）
6位	（準）強制わいせつ致死傷	（90件）
7位	（準）強制性交等致死傷	（65件）
8位	強盗・強制性交等	（21件）
9位	強盗致死（強盗殺人）	（19件）
10位	危険運転致死	（18件）
11位	銃刀法違反	（16件）
12位	偽造通貨行使	（13件）
13位	通貨偽造	（11件）
14位	保護責任者遺棄致死	（10件）
15位	組織的犯罪処罰法違反	（7件）
16位	逮捕監禁致死	（5件）
	その他	（13件）

裁判員裁判の行われる全国の裁判所

北海道地方	旭川地裁、釧路地裁、札幌地裁、函館地裁
東北地方	青森地裁、盛岡地裁、秋田地裁、仙台地裁、山形地裁、福島地裁、福島地裁郡山支部
関東地方	水戸地裁、宇都宮地裁、前橋地裁、さいたま地裁、東京地裁、東京地裁立川支部、千葉地裁、横浜地裁、横浜地裁小田原支部
中部地方	新潟地裁、長野地裁、長野地裁松本支部、甲府地裁、静岡地裁、静岡地裁沼津支部、静岡地裁浜松支部、名古屋地裁、名古屋地裁岡崎支部、岐阜地裁、富山地裁、金沢地裁、福井地裁
関西地方	大津地裁、津地裁、和歌山地裁、奈良地裁、大阪地裁、大阪地裁堺支部、京都地裁、神戸地裁、神戸地裁姫路支部
中国地方	鳥取地裁、岡山地裁、松江地裁、広島地裁、山口地裁
四国地方	徳島地裁、高松地裁、高知地裁、松山地裁
九州地方	福岡地裁、福岡地裁小倉支部、大分地裁、宮崎地裁、鹿児島地裁、熊本地裁、佐賀地裁、長崎地裁、那覇地裁

第6章　裁判員制度・少年事件・その他の手続き

2 裁判員選任の流れを知っておこう

一定の事情がないと辞退できない

選任の流れ

裁判員の選任手続きについては、裁判員の参加する刑事裁判に関する法律（裁判員法）や裁判員の参加する刑事裁判に関する規則（裁判員規則）によって規定されています。裁判員は、20歳以上の日本国民（衆議院議員の選挙権をもっている20歳以上の者）の中から選ばれます。選出方法は事件ごとにくじで行われます。

裁判員として選任されるまでの大まかな流れは次ページの図のとおりです。この選任手続きは、①裁判員として呼び出されるまでと、②裁判当日、候補者の中から裁判員として選任されるまで、の2段階に分けることができます。

裁判員候補者の選出の準備は前年からスタートします。前年の9月1日までに、地裁（地方裁判所）が次年度に必要となる裁判員候補者の人数を算出し、各市区町村への割りあてを行った後、管轄区域内の市区町村の選管（選挙管理委員会）に通知します。

その年の12月頃、全国で約30万人程度の翌年1年間の裁判員候補者に、裁判員候補者に選ばれた旨の通知と、

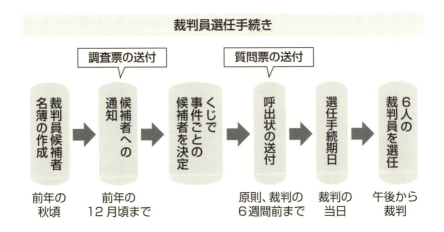

調査票（裁判員になることができない事情などを調査する書類）及び裁判員制度についての説明が載っているパンフレットを送ります。その後、地裁はくじで呼び出すべき裁判員候補者を選出し、裁判員選任手続きの6週間前までに、裁判員候補者に呼出状を送付します。

また、裁判員候補者に辞退する事由の有無を確認し、不公平な裁判のおそれがないかを判断するための質問票も送ります。裁判員候補者は、質問票を返送または持参します。

裁判当日の手続き

裁判員候補者として裁判所に出頭したからといって、必ずしも裁判員として選出されるわけではありません。通常、ひとつの裁判に対して50人〜100人の裁判員候補者が選ばれ、この中から最終的に6人の裁判員と補充裁判員（裁判員が途中で審理を抜ける場合に備えて、あらかじめ審理に立ち会う裁判員）が選出されることになります。裁判当日、裁判員候補者は午前9時30分頃に裁判所の待機室に集合し、下図の手続きを経て6人の裁判員が選定されます。

午前中には選任手続きが終了し、午後から裁判員裁判が開始されます。裁判員は参加すべき公判期日などに出頭しなければなりません。正当な理由がないのに候補者としての呼出しに応じないと刑罰ではありませんが、10万円以下の過料の支払いを命じられることになります。

ただし、裁判員候補者に選ばれたとしても、正当な理由があれば裁判員の辞退や、裁判員選任手続きの日に出頭しないこともできます。たとえば、当日、急に体の具合が悪くなったなどの理由で、やむを得ず裁

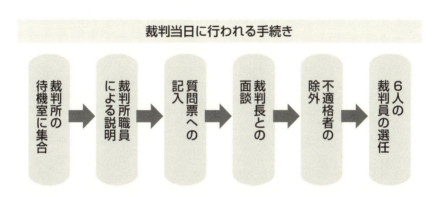

裁判当日に行われる手続き

裁判所の待機室に集合 → 裁判所職員による説明 → 質問票への記入 → 裁判長との面談 → 不適格者の除外 → 6人の裁判員の選任

判所に出頭できないケースなどは認められます。

裁判員になれる人

裁判員になれるのは、原則として衆議院議員の選挙権を持っている20歳以上の者です。つまり、日本国民で20歳以上であれば、原則として裁判員になることができますが、外国人は裁判員になることができません。

ただし、法律に詳しい弁護士や学者、あるいは事件の関係者といった人が裁判員になってしまうと、公正な裁判員裁判が行われるとはいえなくなってしまいます。そこで、20歳以上の日本国民で衆議院議員の選挙権を持っていても、裁判員になれない人が定められています。

また、障害のある人であっても支障なく参加できるように、手配が整えられています。身体障害を抱えている場合、手話の通訳や点字などを利用することができますし、盲導犬の付き添いも認められています。裁判所内も、車椅子の利用者を考慮した設計が行われています。

ただ、障害によって裁判員としての職務遂行に著しい支障が出る場合は、裁判員になれないことがあります。

調査票と呼出状に理由を書く

裁判員制度は国民の意見を裁判に反映するために作られた制度ですから、裁判員に選ばれた人は、自分勝手な理由で辞退することはできません。ただし、以下の事情がある人は辞退が認められることもあります。

① **特別の事情がある場合**

特に医師などの専門性の高い仕事を行っている場合にあてはまります。基本的に仕事が忙しいからという理由だけでは、辞退理由とはなりませんが、自営業者や農繁期の農家である場合も、辞退理由として考慮されるべきではないかという声が上がっています。

② **深刻な悪影響が生じる場合**

具体的な例としては、おもに以下のようなことが挙げられます。

・審理に差し障るほどの重い病気や障害がある

・親族の介護や保育、通院の付き添いを行う必要がある場合

・葬儀等の社会生活上の重要な用務がある場合

・妊娠中か、出産から8週間を経過していない女性

一方、自分の信念（「死刑は絶対にダメ」など）や宗教などの思想上の問題を理由に、裁判員を辞退する

ことはできません。なお、裁判員を辞退できる事由について政令が下図のような例示をしています。

裁判所側は初公判の前年の12月頃に候補者全員の就職禁止事由と辞退事由を把握するために、調査票を送ります。

何か不都合な事情のある人は、調査票に理由を記入します。また、調査票の提出以降に不都合が生じた場合には、初公判の約6週間前に届く質問票に辞退理由を書くことができます。ただし、裁判員からの辞退を願い出ても、それが認められるかどうかは各々の裁判所に委ねられています。

連日開廷の実施

審理期間が長くなれば、会社勤めの人は会社に迷惑をかけますし、自営業の人は何日も店を閉めなければなりません。公判が2週間おきに行

政令で認められている裁判員辞退理由

裁判員辞退事由

- 妊娠中である者または出産の日から8週間を経過していない者
- 介護・養育しなければ日常生活に支障が出てしまう親族や同居人などの介護・養育をしなければならない者
- 配偶者（事実婚の配偶者を含む）や直系親族など一定の親族が療養中であり自らが付き添う必要がある者
- 妻（事実婚の妻を含む）または子が出産予定であり、出産の際に必要な入退院の際に自ら立ち会う必要がある者
- 住所または居所が裁判所の管轄区域外の遠隔地にあり、裁判所に出頭することが困難である者
- 裁判員等選任手続の期日に出頭することにより、自己または第三者に身体上、精神上または経済上の重大な不利益が生ずると認めるに足りる相当の理由がある者

われるとなれば、結果的に何か月も拘束されることになります。

そこで、初公判から判決までを原則数日間で終わらせる連日開廷の実施が検討されており、アンケート結果などをふまえ、裁判にかかる日数が3日以内の事件では、実際に連日開廷を行うことが多いようです。

ただ、連日開廷を行うには、弁護人と検察官の事前の準備が必要となるため、常に緊張感のつきまとう、体力的にも消耗する裁判になります。

そのため、長期にわたって開廷することが予想される場合には、開廷する日数を1週間に3日程度にして、裁判員の負担を軽減するという運用がなされています。

裁判員に支払われる金額

裁判員や裁判員候補者、補充裁判員に対しては交通費・日当・宿泊費が支払われます。裁判員には裁判ごとではなく、参加した日数ごとに日当が支給されるため、裁判日数が増えればそれだけ支給される額も多くなります。交通費については該当日数分がきちんと支給されます。

① 日当について

裁判員および補充裁判員には、1日1万円程度を上限に日当が支払われることになっています。裁判員候補者に関しては8000円が上限です。

② 交通費・宿泊費はもらえるのか

自宅から裁判所までの交通費については、最も経済的な（安価な）経路・交通手段で計算された金額が支給されることになっています。裁判所と自宅の距離が遠く、宿泊施設を必要とする場合は、宿泊費が支払われることになっています。宿泊費の金額は、宿泊する地域によって、7800円または8700円になります。

③ 日当、交通費などに対する税金

「日当1万円もらえるなら裁判員になってもいいかな」と考えている人も多いと思いますが、裁判員に支給される日当や交通費などは、税務上は雑所得として扱われます。そのため、公的年金などの他の雑所得と合わせて年間20万円を超えると、会社員でも確定申告が必要になります。

3 裁判員が参加する裁判・評議について知っておこう

裁判員が裁判官と共に被告人の処遇を決める

裁判員が裁判ですること

裁判で裁判員に求められているのは、一般国民としての常識や良心であり、法律の知識ではありません。提出された証拠から常識的に判断し、被告人が起訴状に書かれている罪を犯したかどうかについて意見を述べればよいのです。

もし、証拠に基づかない意見や法律的に見て間違っている意見を言った場合は、基本的には裁判官が指摘してくれます。法律へのあてはめての判断は裁判官が行いますし、証拠に基づいて本当に被告人が犯罪を行うことが可能かどうかの証明は検察官が行います。あくまでも、裁判員は普通の生活を営んでいる常識的な目線で判断することが求められているのです。

裁判長などの許可をとれば、紛失の恐れのない裁判所内で時間をかけて証拠書類を読むことは可能です。検察官が提出する書類は以前より減りつつありますし、被告人の精神状態を述べた精神鑑定書も、医学者の

協力を仰ぎ、簡単で理解しやすいものに変える作業が行われています。わからない法律用語については、評議などで裁判官に尋ねることも可能です。

法解釈自体はしないが意見を述べることは可能

法の解釈は高度な専門性と技術性、そして迅速性が要求されるため、裁判官の専権事項と定められています。また、裁判員制度は一般国民の健全な社会常識を裁判に反映させるために導入されているシステムですが、法の解釈に際しては、社会常識とは別のレベルの知識が必要となる場合もあるため、裁判員は法解釈自体には関与しなくてよいことになっています。

ただし、裁判員は法の解釈について、裁判官に対して自分の意見や見解を述べることは可能です。

事件の種類によっては、時に法の解釈を変えるのが妥当な場合があります。国民の常識から考えてどうし

第6章 裁判員制度・少年事件・その他の手続き

ても理不尽なケースがあれば、ぜひ発言すべきです。現実に起きる事件は非常に複雑で特殊な問題を抱えていることも多く、既成の法の解釈では充分に対応しきれないこともあります。このような場合に、法の解釈について意見を述べるのは裁判員の大切な役割のひとつと言うことができます。

被告人に直接質問することもできる

公判においては被告人質問（被告人に対して質問をすること）が行われます。裁判員は被告人質問をすることも可能です。通常、被告人に対しては弁護人、検察官、そして裁判官の順で質問をしますが、裁判員は裁判長の許可を得ればいつでも被告人に質問をすることができます。

なお、裁判員が被告人や証人にした質問の内容が不明確だった場合、検察官や弁護士に趣旨を確認される場合もありますが、原則として、それ以外の質問をされることはありません。被告人や証人への質問が不明確だった場合も、裁判長が裁判員に内容を確認した上で、適切に聞き直してもらえるはずです。

裁判員の守秘義務

裁判員はその職務上、被害者や加害者のプライバシーに関しての知識を得ることがあるため、守秘義務が課され、違反した場合、裁判員は秘密漏示罪（6か月以上の懲役または50万円以下の罰金）で処罰されます。

ただし、公表することが許される事項もあります（下図参照）。

裁判員が守秘義務を負う秘密は、

裁判員の守秘義務

●許されること	●許されないこと
・裁判員になったことを家族や親しい人に話すこと ・休暇を取得するために、裁判員になったことを上司に報告すること ・裁判としての任務を終えた後に、自分が裁判員であったことをインターネットなどで公表すること	・評議の経過や裁判官の意見を家族や友人に伝えること ・被害者のプライバシーを家族や親しい人に伝えること ・裁判員としての任務の継続中に、自分が裁判員であることをホームページやブログに掲載すること

「評議の秘密」と、「裁判員としての職務上知りえた秘密」です。

「評議の秘密」とは、評議の経緯や内容、結論についての多数決の状況です。具体的には、どの裁判員がどういった発言をしたのか、どういう話し合いがされたのか、多数決のときの賛成・反対の数はどうだったのかなどです。

一方、「裁判員としての職務上知りえた秘密」とは、評議以外の部分で、特に裁判員という立場であることによって知った事柄を意味します。具体的には、他の裁判員の氏名など裁判員のプライバシーに関わることや非公開の資料の内容などです。

多数決により評決する

裁判員の参加する裁判は、通常3人の裁判官と6人の裁判員の合議体によって行われます。裁判員は裁判官と共に証拠調べと被告人や証人への質問を行って、有罪か無罪かの判断と、有罪とする場合の量刑判断をします。

十分な議論を行っても意見が一致しない場合、多数決が採用されます。有罪とするためには、過半数の賛成と裁判官と裁判員が最低でも1名ずつは賛成していることが条件となります。裁判官全員が有罪と判断している場合でも、裁判員全員が無罪という意見であれば、判決は無罪となります。

量刑について意見が分かれた場合には、刑が重い（被告人にとって不利益である）順に過半数となるまで意見の数を足していき、過半数と

第6章 裁判員制度・少年事件・その他の手続き

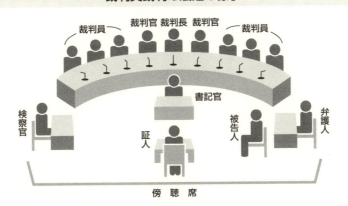

裁判員裁判の法廷の様子

なった時点の刑を宣告刑とします。

部分判決とはどんな制度なのか

　部分判決とは、裁判員の審理の対象となる事件が単一のものではなく、複数の犯罪によるものであった場合に適用されるルールです。たとえば、連続放火事件や連続殺人事件の場合などに適用されます。こうした事件は単一の刑事事件と比べると審理が長期化する傾向にあります。

　そこで、国は裁判員の負担を軽減するために、複数の犯罪について、その裁判を構成する個々の事件ごとに担当する裁判員を別々に定めることにしたのです（区分審理といいます）。各事件を担当するそれぞれの裁判員のチームは、自分が担当する事件についてのみ、その被告人が有罪か無罪かを判断します。たとえば、最初の事件を審理する担当チームはその事件について有罪か無罪かだけを決定します。そして、次の担当チームは、自分達が審理する事件について、有罪・無罪を判断すると共に、前の担当チームの判断を基に、前のチームの担当事件についての量刑と自分達が担当する事件の量刑、つまり全体の量刑を最終的に定めます。ただし、裁判官は、全体を通して同じ裁判官が担当することとなっています。

　このように、部分判決制度が導入されると、その事件を担当する裁判員は、いくつかに分けられた部分の一部についてのみ、判断を下すことになります。

部分判決制度のイメージ

A事件の起訴 → 区分審理決定

B事件の起訴 →

──A事件──
A事件の裁判員選任 → A事件の審理 → A事件についての部分判決 → A事件の裁判員の任務終了

──B事件──
終局判決を扱う裁判員の選任 → B事件の審理 → 必要な範囲でA事件の情状を審理 → A事件・B事件について終局判決 → 終局判決をした裁判員の任務終了

4 少年法について知っておこう

少年事件は原則として家庭裁判所で扱われる

少年犯罪の質が変化している

　テレビや新聞のニュースなどでは、毎日のように少年犯罪が取り上げられています。第二次大戦後、少年犯罪増加の波は何度か見られました。ただ、最近の少年犯罪は件数が減少傾向にありますが、インターネットなどの情報技術の発展に伴い、その「質」が変化しつつあります。

　たとえば、出会い系サイトやSNSでの交流をきっかけとする犯罪、覚せい剤などの薬物に絡む犯罪、「JKビジネス」などの少女が関わる犯罪、猟奇的な殺傷事件など、以前には見られなかったような少年犯罪が目につくようになりました。

少年は特別な扱いを受ける

　少年（少女を含む）が何らかの事件を起こしたとき、その責任はどのように問われるのでしょうか。

　どのような行為が犯罪で、どのような刑罰を科すべきかについては、刑法に規定されています（13ページ）。また、他の特別法や条例など

も刑罰を定めています。

　しかし、少年が罪を犯したとしても、成年と同じように取り扱うことには問題があります。少年はまだ心身共に未成熟なため、やってよいことと悪いこととの区別がつきにくい場合があるからです。また、「前科者」のレッテルを貼ってしまうと、更生して立ち直ることが困難になるおそれがあります。

　そこで、少年については、成年者（満20歳以上の者）と異なった扱いをするべきであるという見地に立って少年法が制定され、20歳に満たない少年については特別に取り扱うことにしています。なお、2018年3月現在、成年年齢を18歳に引き下げる民法改正案が国会に提出されています。これに併せて、少年法の適用を18歳未満に引き下げるか否かは、法制審議会により審議されています。

どんな分類方法があるのか

　少年法は家庭裁判所の審判に付する対象となる少年を次のように分類

205

しています。

① 犯罪少年

　刑法では、14歳未満の少年には刑事責任がないものとして、犯罪にあたる行為をしても犯罪を成立させず、処罰しません（41条）。そのため、14歳以上20歳未満の少年で罪を犯した者を「犯罪少年」として14歳未満の少年と区別しています。

② 触法少年

　14歳未満の少年に犯罪は成立しませんが、その行為自体は刑罰法規に触れています。そこで、14歳未満で刑罰法規に触れる行為をした少年を触法少年といいます。

③ ぐ犯少年

　刑罰法規に触れる行為まではしていないが、それをしてしまう危険性のある少年もいます。20歳未満で保護者の正当な監督に服しない性癖がある、犯罪性のある人や不道徳な人と交際するなど一定の事由があって、その性格や環境に照らして、将来、罪を犯し、または刑罰法規に触れる行為をするおそれのある少年をぐ犯少年といいます。②③の少年のうち14歳未満の少年については、都道府県知事または児童相談所長から送致を受けたときに限って家庭裁判所で審判します。

　通常、「罪を犯した少年」「14歳未満で刑罰法令に触れる行為をした少年」「将来罪を犯し、または刑罰法令に触れる行為をするおそれのある少年」は、家庭裁判所に通告され、調査を受けます。「死刑・懲役・禁錮に当たる罪」を犯した少年で、事件の性質と少年の性格や環境などか

未成年者と刑事処分の可否

年　齢	刑事処分の可否
14歳未満	刑事未成年（刑事処分を科すことはできない）
14歳以上	逆送により刑事処分を受ける可能性あり
16歳以上	故意の犯罪行為の場合、原則逆送
18歳未満	死刑相当でも無期刑が科される
20歳未満	少年法が適用される年齢
20歳以上	成年者として刑事処分を受ける

※2018年3月現在、民法の成人規定の改正（18歳以上を成年者とする）が予定されているが、少年法の規定も併せて改正されるか否かは審議中。

ら刑事処分が相当と判断された場合には、家庭裁判所から検察庁へ送致（逆送といいます）され、刑事事件として扱われます。

少年事件の手続き

少年事件では、間違いを犯した少年を処罰するというのではなく、更生・改善するという観点から、その手続きが定められています。

① 年齢による違い

少年事件については、家庭裁判所で扱いますが、事件の性質によっては、その少年が14歳以上の場合には、成人と同様の刑事手続きに移行させる（検察官に送致する）こともあります。これを逆送といいます。

たとえば、凶悪犯罪を行い、本人も犯罪であることを確信している場合、被害者感情・社会的感情を考慮して家庭裁判所の審理だけでは不十分と考えられる場合、すでに何度も保護処分を受けているにもかかわらず再犯を繰り返すなど、保護処分が効果的ではないと判断される場合などがあります。

さらに、16歳以上の少年が故意の犯罪行為によって被害者を死亡させた場合は、原則として刑事手続きに移行させなければならない（逆送を

少年事件の手続きの流れ

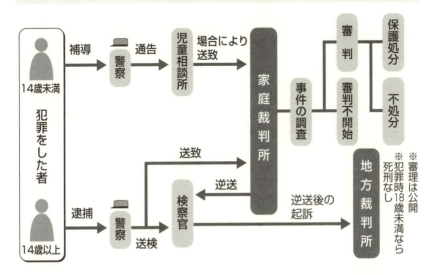

すべき）とされています。逆送されると、地方裁判所で刑事裁判を受けることになるので、判決によっては未成年でも懲役や罰金などの刑事責任を負わなければなりません。

② 審判のスタイル

非行少年をどのように処遇すべきかを決める家庭裁判所の手続きのことを審判といいます。審判は少年が今後健やかに成長するために何が必要かを判断する場ですので、そのスタイルは一般の刑事裁判とは大きく異なっています。

一般の刑事裁判では、検察官が被告人・弁護人と向かい合い、裁判官が一段高い裁判官席に座って、公平な立場から判断を下します。

これに対して、少年審判では、裁判官は少年と同じ目線に立って、後見的な観点から、その少年のもつさまざまな事情を考慮しながら、どのように処遇すべきかを決定します。

③ 手続きの流れと保護処分

事件から審判までの手続きの流れは次ページの図のとおりです。

もし、処分が必要と判断されると、保護処分が決定されます。保護処分には以下のようなものがあります。

・保護観察

保護司などが、その後の生活状況

などについて指導していく処分です。

・各施設への送致

少年の自立支援や養護のために児童自立支援施設や児童養護施設へ少年を送ります。

・少年院への送致

更生・教育のために少年院に送る処分です。

少年法の改正

少年犯罪の増加と共に近年では、凶悪な態様の少年事件も目立つようになってきました。

そのため、検察官送致（逆送）がなされる年齢の引き下げ（16歳→14歳）や事実認定手続きの変更（一定の事件についての検察官の参加）など、少年法もたびたび改正されてきました。

また、平成20年には被害者や遺族による少年審判の傍聴を可能にする旨の改正が行われました。

かつて少年審判は、少年のプライバシーや、加害者とはいえまだ未成年であるという点に配慮して、非公開で行われてきました。

しかし、その一方で犯罪被害者は真相を知ることができないという不都合が生じていました。そこで被害者やその遺族にとっては心情的に納

得できないしくみとなっていた点を改め、現在では傍聴が容認されています。

　具体的には、殺人や強盗致死などの一定の重大事件について、少年の年齢や心身の状態などを考慮し、少年の健全な育成を妨げるおそれがなく相当と認めるときに、家庭裁判所が許可することで、被害者や遺族が傍聴できます。

　ただ、少年審判の傍聴については、慎重論も根強く、少年審判の傍聴制度については運用方法が注目されています。

どんな犯罪が考えられるのか

　問題を起こした少年が14歳以上である場合、検察官送致により刑事処分が下される可能性があります。

　その場合、刑法上の犯罪の中で該当する可能性があるのは、次のような犯罪です。

① 傷害罪（204条）・傷害致死罪（205条）

おもな少年犯罪の罪名と刑法に規定されている法定刑

罪　名	法定刑
傷害罪	15年以下の懲役または50万円以下の罰金
傷害致死罪	3年以上20年以下の懲役
暴行罪	2年以下の懲役もしくは30万円以下の罰金、または拘留もしくは科料
強制わいせつ罪	6か月以上10年以下の懲役
強制性交等罪	5年以上20年以下の懲役
逮捕・監禁罪	3か月以上7年以下の懲役
脅迫罪	2年以下の懲役または30万円以下の罰金
強要罪	3年以下の懲役
名誉毀損罪	3年以下の懲役もしくは禁錮または50万円以下の罰金
侮辱罪	拘留または科料
窃盗罪	10年以下の懲役または50万円以下の罰金
恐喝罪	10年以下の懲役
器物損壊罪	3年以下の懲役または30万円以下の罰金もしくは科料
現場助勢罪	1年以下の懲役または10万円以下の罰金もしくは科料

他人の身体に傷を負わせる行為です。具体的には、殴る蹴るなどの暴行を加えてケガをさせたり、洗剤や薬品などをかけてやけどや腹痛などを引き起こした場合などです。傷害行為がエスカレートして被害者が亡くなった場合、傷害致死になります。

② **暴行罪（208条）**

殴る蹴るなどの暴行を加えた場合で、被害者がケガを負うまでには至らなかった場合です。

③ **強制わいせつ罪（176条）**

13歳以上の男女に対し、暴行や脅迫によってわいせつ行為（体にさわる、服を脱がせるなど）をした場合です。13歳未満の男女に対しわいせつな行為をした場合も同様です。

④ **強制性交等罪（177条）**

13歳以上の男女に対し、暴行や脅迫によって強制的に性交等をした場合です。13歳未満の男女と性交等した場合も同様です。

⑤ **逮捕監禁罪（220条）**

他人の自由を束縛したり、一定の場所から脱出できないようにしたような場合です。

⑥ **脅迫罪（222条）・強要罪（223条）**

「殴るぞ」「秘密をばらすぞ」などとおどして相手に恐怖心を与えた場合は脅迫罪になります。

さらに、暴行・脅迫によって嫌がることを無理やりさせるなどの行為をした場合は、強要罪となります。

⑦ **名誉毀損罪（230条）・侮辱罪（231条）**

クラスのみんなの前で成績を公表するなど、公然と相手の価値や評価を下げるような事実を示した場合は、示された「事実」が本当かうそかを問わず名誉毀損罪になります。

逆に、事実を示さないで公然と相手をさげすむようなことを言うなどした場合は、侮辱罪となります。

⑧ **窃盗罪（235条）**

相手の荷物を持ち去る、商品を万引きするなどした場合です。

⑨ **恐喝罪（249条）**

相手をおどしてお金や物を出させるなどした場合です。

⑩ **器物損壊罪（261条）**

教科書やノートに落書きをしたり、かばんを切り刻むなど持ち物を壊した場合です。

⑪ **現場助勢罪（206条）**

この他、直接手を出したわけではなくても、その場の雰囲気をあおるような行為をした場合には、現場助勢罪が成立する可能性があります。

5 弁護士をどうやって探せばよいのか

捜査段階での弁護士の役割は重要

弁護士会や国の制度を利用する

刑事手続きにおいて、被疑者・被告人の防御活動を助ける法律の専門家のことを弁護人といいます。弁護人は弁護士の中から選任されるのが原則です。

被疑者や被告人が自ら選任する弁護人を私選弁護人といいます。ただ、簡単に弁護士を探すといっても、普通の人にはなじみがないことが多いでしょう。自分の知人や親類の中に弁護士がいない場合には、弁護士会や国の制度を利用することもできます。

① 当番弁護士制度

日弁連では、全国の弁護士会と協力して、当番弁護士制度を設けています。被疑者として逮捕されてしまった場合、知り合いに弁護士がいなくても、その場で「当番弁護士を頼みたい」といえば警察署や裁判所などから最寄りの弁護士会に連絡が入り、すぐに弁護士が面会（接見といいます）に来ることになります。1回目の面会は無料です。

当番弁護士は、警察官の立会なしに逮捕された人と面会し、その人の言い分を聞いたり、その人の権利やこれからの手続きなどについて説明しますし、家族との連絡もとってもらえます。

② 国選弁護人制度

被疑者や被告人の中には、経済的な理由で弁護士に依頼できない人や、知り合いの弁護士がいない人もいるでしょう。このような場合、国選弁護人制度を利用することができます。

被疑者や被告人が貧困などで弁護人を選任できない場合には、被疑者や被告人の請求によって、裁判所が国選弁護人をつけます。また、殺人罪や強盗罪などの重大事件の被告人については、弁護人がいなければ刑事裁判を進められませんので（必要的弁護事件）、裁判所が職権で国選弁護人を付けます。

なお、被疑者に対し国選弁護人がつけられるのは、かつては被疑者が必要的弁護事件について勾留されている場合に限定されていましたが、刑事訴訟法改正により、平成30年6

第6章 裁判員制度・少年事件・その他の手続き

月からは被疑者が勾留されているすべての事件について国選弁護人をつけることができます。

この他、各県庁所在地にある弁護士会を訪ねて、そこに登録されている弁護士を紹介してもらう、という方法もあります。

被害者は法テラスの利用を検討するとよい

被害者（またはその遺族）は、民事訴訟を提起して、加害者などに対し損害賠償を請求することが考えられます。このとき、弁護士費用が高額で民事訴訟ができないという状況に対処するため、法テラス（日本司法支援センター）が費用の立替え制度を設けています。ただ、費用の立替えを受けるためには、勝訴の見込みがあるなど、一定の要件が必要です。

刑事訴訟については、法テラスの犯罪被害者法律援助制度を利用することができます。この制度は、生命・身体・自由・性的自由に対する犯罪の被害者（またはその遺族）が、刑事裁判、少年審判等手続、行政手続に関する活動を希望する際に、弁護士費用などを援助する制度です。

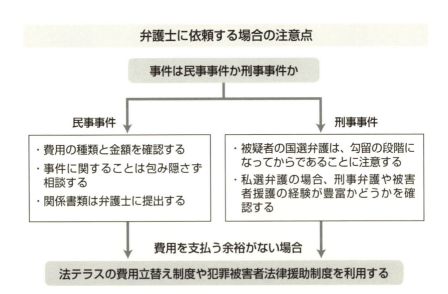

6 犯罪の被害者を救済する制度について知っておこう

被害者参加制度や損害賠償命令制度がある

第6章　裁判員制度・少年事件・その他の手続き

公的な制度を利用する

　犯罪の被害や交通事故にあえば、だれでも不安になり、捜査のことや犯人のことが気になります。犯罪の被害者になった場合には、まず、全国の警察署や検察庁の相談窓口を利用するとよいでしょう。

　たとえば警視庁に設けられている犯罪被害者ホットラインでは、被害者やその家族を支援するため、①捜査や裁判はどのように進むのか、②犯人はどのような手続きで処罰され

るのか、③捜査のため、被害者や家族にどのような協力をお願いするのか、④被害者やその家族が利用できる制度や相談窓口にはどのようなものがあるのか、などの情報を提供したり、電話相談に応じています。

被害者参加制度とは

　近年、犯罪被害者の保護が重要視される中で、被害者保護制度が刑事手続きの内外で設けられています。

　被害者参加制度とは、被害者やそ

おもな窓口相談

警視庁・犯罪被害者支援室	03-3581-4321
東京地検・被害者ホットライン	03-3592-7611
法テラス犯罪被害者支援ダイヤル	0570-079714
（IP電話からかける場合）	03-6745-5601
被害者支援都民センター	03-5287-3338
東京弁護士会・犯罪被害者支援センター	03-3581-6666
大阪弁護士会・犯罪被害者支援センター	06-6364-6251
全国暴力追放運動推進センター	03-3868-0247
日弁連・交通事故相談センター	03-3581-4724

213

の遺族が刑事手続きに参加して、公判期日に出席する、証人尋問・被告人質問・意見陳述を行うことなどができる制度です。

裁判所から刑事手続きへの参加を許可された被害者やその遺族を被害者参加人といいます。

被害者参加制度を利用できる人は、次のとおりです。①故意の犯罪行為で人を死傷させた事件（殺人・傷害・自動車運転死傷行為処罰法上の危険運転致死傷など）、または強制性交等・強制わいせつ・逮捕・監禁・過失運転致死傷（自動車運転死傷行為処罰法5条）などの事件における被害者、そして、②被害者が死亡している場合におけるその配偶者、直系親族、兄弟姉妹などです。

被害者参加人が、公判期日に出席したときは、検察官席の隣などに着席することになります。また、被害者参加人として出席せず傍聴のみをする場合でも、優先的に傍聴席を確保できるよう配慮されていることも特徴的です。

被害者参加人ができること

まず、証人尋問の段階において、被害者参加人は、情状に関する証人の供述の証明力を争うために必要な事項に限り、その証人を尋問することができます。なお、情状であっても犯罪事実に関する事項（動機・目的・計画性など）については、証人尋問を行うことができません。

次に、被告人質問の段階において、被害者参加人は、弁論としての意見陳述をするために必要と認められる

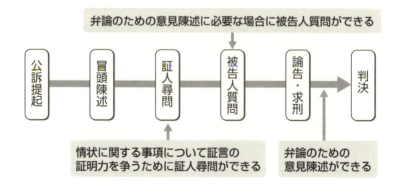

被害者参加制度として被害者参加人ができる行為

場合に、被告人に対して質問をすることができます。被告人質問は情状だけでなく、犯罪事実に関しても行うことができます。

そして、検察官の論告・求刑の後に、被害者参加人は、訴因として特定された事実の範囲内において、事実または法律の適用について意見を述べることができます（弁論としての意見陳述）。たとえば、「被告人は無期懲役にすべきである」のように被害者参加人が望んでいる刑などがここで述べられます。

損害賠償命令制度とは

損害賠償命令制度は、申立てを受けた刑事事件を担当する地方裁判所が、有罪判決があった後、引き続きその刑事事件の証拠を取り調べ、原則4回以内の期日で審理を終わらせて損害賠償命令をする手続きです。

損害賠償命令の申立てができるのは、故意の犯罪行為によって人を死傷させた事件（殺人・傷害など）の被害者またはその相続人に限られています。この制度では、刑事手続きの証拠を損害賠償の審理でも利用するため、被害者などによる被害事実の立証がしやすく、簡易迅速に手続きを進めることができるという特徴

があります。

また、損害賠償命令制度は、いつまでも利用できるわけではなく、期間制限が定められています。具体的には、損害賠償命令制度を利用するには、対象となる刑事事件が起訴された時から、地方裁判所における最終弁論が終結する時までの間に、損害賠償命令の申立てを行わなければなりません。

犯罪被害者等給付金支給法とは

犯罪に巻き込まれて死亡したり重度の後遺症が残った被害者や遺族に対しては、犯罪被害者等給付金支給法に基づき、遺族給付金（最高額2964万5000円）や障害給付金（最高額3974万4000円）が支給されます。また、犯罪被害によって重傷病を負った被害者には重傷病給付金が支給されます。重傷病とは、治療期間が1か月以上、かつ入院3日以上となる負傷・疾病のことです。

被害者保護に関する法律

被害者保護に関しては、犯罪被害者保護法や犯罪被害者等基本法が整備されています。

犯罪被害者保護法は、被害者の保護を図る目的で、平成12年に制定さ

第6章　裁判員制度・少年事件・その他の手続き

215

れました。犯罪の被害者やその遺族の心情を尊重し、被害の回復を図る措置を定めています。たとえば被害者の心情を考慮し、優先的に公判を傍聴できるように配慮することが明文化されている他、裁判所に申し出れば、訴訟記録の閲覧やコピーが許可されるようになりました。前述した「被害者などが刑事裁判に参加すること」「損害賠償請求に関し刑事手続の成果を利用できること」などに関する規定の他、「被害者などに訴訟記録の閲覧及び謄写を認めること」についての規定が設けられています。

そして**犯罪被害者等基本法**では、犯罪被害者などの権利や利益の保護を図ることが目的とされています。この法律では、犯罪被害者などのために、国や地方公共団体が二次被害の防止や安全確保、居住・雇用の安定に努めなければならないことが定められています。

公的相談機関・民間支援組織

犯罪の被害者になった場合には、まず、全国の警察署や検察庁の相談窓口を利用するとよいでしょう。

犯罪被害者を支援するさまざまな民間組織も全国に多数存在します。

個別の事件に応じて相談を受け付ける窓口としては、たとえば、都道府県ごとに置かれた「暴力追放運動推進センター」や、日弁連（日本弁護士連合会）の「交通事故相談センター」などがあります。

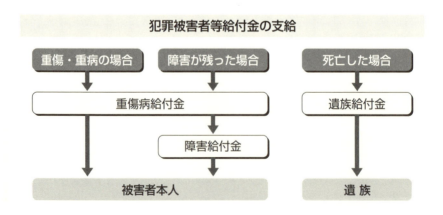

犯罪被害者等給付金の支給

第7章

民事事件の手続きと
賠償制度の知識

1 民事上の損害賠償とはどんなものなのか

債務不履行と不法行為の場合に請求できる

賠償請求するには

日常生活の中では、さまざまなトラブルに巻き込まれる可能性があります。日常生活で生じたトラブルに備えて、法は解決手段を用意しています。

ある人が他人にケガをさせてしまった場合のように、他人に損害を与えたときに、金銭の支払いによって償う方法を、**損害賠償**といいます。ただ、損害が発生したからといって、必ずしも賠償請求ができるとは限りません。賠償責任が発生するための一定の要件が必要になります。

損害賠償制度の特徴

損害賠償制度は、発生した損害を公平に分担するためのものであることから、以下のようなルールが存在します。

① **直接の加害者以外の者が賠償請求されることもある**

損害賠償は、加害者への懲罰を目的とするものではなく、被害者の損害を補償する（補てんする）ことを

目的としています。そのために、直接の加害者ではない人（加害少年の親など）にも賠償責任を負わせて、より確実に損害の回復を図っている場合もあります。

② **賠償請求は因果関係の範囲で**

損害賠償によって、発生した損害のすべてが補てんされるとは限りません。

生じた結果（損害）には、必ず原因があるはずです。この原因と結果の関係を**因果関係**といいます。ただ、因果関係は、無限に拡大していく可能性があります。

そこで、法は補てんされる損害について一定の基準を設けました。つまり、加害者の行為と「相当な因果関係」（**相当因果関係**）のある損害についてだけ賠償させるという基準を設けているのです。因果関係に基準を設けておかないと、損害賠償の趣旨である損害の公平な分担ができなくなるおそれがあるからです。

③ **精神的損害も請求できる**

損害賠償で補てんされるのは、財

218

産的損害（修繕費・治療費・逸失利益など）だけに限りません。悲しみ・恐怖・恥辱などによって生じる精神的損害（精神的苦痛）も、金銭に評価して補てんされます。この場合の補てんを**慰謝料**といいます。

④ 過失相殺や損益相殺もある

損害賠償制度は、損害の公平な分担を趣旨としますから、賠償の対象となる損害の発生または拡大について、被害者側にも過失（責任）がある場合には、過失の程度に応じて賠償額を調整することができます。これを**過失相殺**といいます。

また、被害を受けることによって、かえって利益を得るようなことのないように調整をします。これを**損益相殺**（228ページ）といいます。

債務不履行と不法行為がある

損害賠償責任を発生させる法律上の原因として、債務不履行による場合と不法行為による場合があります。

① 債務不履行

債務不履行とは、相手方に対して債務を負っている者が、行うべき債務の履行をしない（または履行できない状態にした）ことです。

② 不法行為

不法行為とは、故意または過失による違法な行為によって、相手方の権利や利益を侵害する行為をいいます。たとえば、自動車で他人をはねてケガをさせた、近所の人から意地悪なことを言われて精神的な苦痛を受けたなど、不法行為は非常に身近なところで起こっています。生活妨害や、社会問題となる公害まで、態様はさまざまです。

第7章　民事事件の手続きと賠償制度の知識

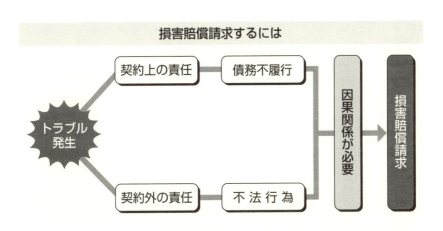

損害賠償請求するには

2 不法行為と損害賠償について知っておこう

一般的な不法行為と特殊な不法行為がある

ケースを詳しく知る

　不法行為とは、故意または過失によって他人の権利を違法に侵害し、損害を与える行為をいいます。不法行為には、一般的な不法行為と特殊な不法行為との2種類があります。

　一般的な不法行為の成立要件としては、次の4つが挙げられます。

① 加害者の故意または過失による行為に基づくこと

② 他人の権利や利益を違法に侵害したこと

③ 加害行為と損害発生の間に相当因果関係があること

④ 加害者に責任能力があること

故意または過失とは

　故意とは「わざと」行うこと、過失とは「不注意で」行うことです。

　不法行為においては、加害者による行為は加害者自身に責任があり、加害者以外の人は責任を負わないのが原則です。

　ただ、加害者が小学生で、同じ小学生にケガをさせたような場合には、小学生の保護者である親にも責任が及びます。この場合は、子どもが責任を負うのではなく、監督上の注意を怠った親（監督義務者）が責任を負うべきことになります。

過失の種類と区分について

　過失は、抽象的過失と具体的過失に分けられます。抽象的過失とは、一般人・普通人・標準人としてなすべき注意を怠ったことです。具体的過失とは、不法行為をした人の平常・普段の注意を怠ったことです。具体的過失の有無は、不法行為をした人の職業・地位・事件の環境を考慮した上で判断されます。

　なお、過失は重過失と軽過失にも区分されますが、これらは過失の量的な程度の差に応じて区分されます。

　重過失とは、不注意の程度が著しい場合のこと、軽過失とは、普通に「不注意」といえる程度のことです。重過失が認められると責任も重くなる傾向があります。

故意・過失がないことの証明

　加害者に故意または過失があったことは、被害者の方で証明しなければなりません。証明できないと訴訟上不利益を受けます。

　故意・過失の立証は困難な場合が多く、その立証責任を負う被害者は訴訟上不利な立場にあるといえます。そこで、被害者を保護するため、一定の場合には加害者側で故意・過失のなかったことを証明しない限り責任を免れないこともあります。

違法性がない場合

　不法行為は、加害者の行為に違法性があってはじめて成立しますが、何らかの事情により違法性がないと判断されると、損害賠償責任を負わないのが原則です。たとえば、民法上の正当防衛と緊急避難が成立すると、違法性がないと判断されます。

　正当防衛とは、他人の不法行為から自分や第三者の権利を防衛するために、やむをえず反撃行為をすることです。緊急避難とは、他人の物から生じた急迫の危険を避けるために、その物を破壊することです。

特殊な不法行為について

　被害者の救済のために、加害者以

外の者に対し損害賠償を請求することができる場合があります。

① 責任無能力者の監督者の責任

　責任無能力者（未成年者または精神上の障害で自分の行為の是非を判断できない者）による加害行為に対しては、責任無能力者を監督すべき義務のある者（法定の監督義務者）が損害賠償責任を負います。

　監督義務者としては、親や後見人、または法定の監督義務者に代わって監督する者（託児所の保母、幼稚園・小学校の教員など）が挙げられます。監督義務者は、監督の義務を怠らなかったことを証明すれば、損害賠償責任を免れます。

② 使用者の責任

　会社の従業員が仕事で運転中に事故を起こしたような、従業員（被用者）が職務上、他人に損害を与えた場合、従業員といっしょに会社（使用者・雇用主）にも損害賠償責任を負わせるものです。

　会社の経営者は、従業員の選任や監督について相当の注意をしたこと、または相当の注意をしても損害が生じたことを証明すれば、損害賠償責任を免れます。

③ 土地の工作物の責任

　塀がくずれて通行人が負傷したと

いうように土地の工作物の設置または保存に瑕疵（欠陥）があったために、他人に損害が生じたときは、その工作物の占有者（または所有者）が賠償責任を負います。

ただ、占有者が損害の発生を防止するのに必要な注意をしたときは責任を免れ、その場合は所有者が責任を負います。所有者には免責が認められていません（無過失責任）。

④ 動物占有者の責任

近所の飼い犬に噛まれた場合など、動物が他人に損害を与えたときは、その動物の占有者や保管者が賠償責任を負います。ただ、動物の管理について相当な注意をしていれば、損害賠償責任を免れます。

⑤ 共同不法行為

数人の者が不法行為によって他人に損害を加えたときには、数人の者が全額の不法行為責任を負います。これを共同不法行為といいます。

共同不法行為においては、各自の行為がそれぞれ不法行為の要件を充たしていれば、各自が全損害について連帯して損害賠償責任を負います。

不法行為をそそのかした者（教唆者）や手助けした者（幇助者）も、生じた損害全額について連帯責任を負います。

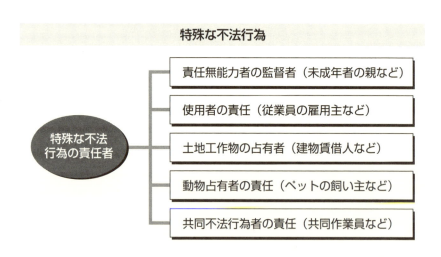

特殊な不法行為

3 損害にはどのようなものがあるのか

財産的損害と精神的損害がある

損害の種類について

損害賠償請求が認められるためには、損害が発生したことと、発生した損害が、債務不履行または不法行為によって生じたということが要件となります。

損害は、「財産的損害」と「精神的損害」（慰謝料）の2つに分けることができます。慰謝料と財産的損害は、被った損害を償うためのお金であるという点で共通しますが、その本質的な性質において異なります。

損害賠償は、事故でケガをしたときの治療費や、事故のケガで仕事ができなかったため収入が減ったことに対する損害など、財産上の損害を償うものです。

一方、慰謝料は、悲しみや恐怖など、精神的損害を償うためにあるものです。慰謝料は、精神的な損害という目に見えない損害についての賠償金であるので、目に見える財産的損害を償う損害賠償とは違った性質を有します。最近では、会社などの法人についても無形の損害はありう

るとして、慰謝料請求を認める傾向にあります。

財産的損害

財産的損害は、所有物の毀損や、治療費の支出など、現実に財産が減少したことによって生じた積極的損害と、働くことができれば得たであろう収入を失ったという、得べかりし利益（逸失利益）の喪失による消極的損害に分けられます。

① 所有物が滅失・毀損したとき

所有物が毀損された場合は、修繕費の額が損害となります。また、所有物が奪われた場合は、所有物を取り戻すのに必要な費用や、取り戻すまで所有物を利用できなかったことによる損失も、賠償の対象になります。

② 利用権が侵害された場合

建物などの賃借人の賃借権が、他人によって不法占拠されていた場合や、賃借人が賃貸借契約終了後も明渡しをしない場合などは、不法占拠している間の賃料相当額が損害の対象になります。

③ 担保権が侵害されたとき

土地や建物に抵当権といった担保権を設定している場合に第三者・債務者自身・物上保証人が、担保権の目的物を減失・毀損したり、担保権の価値を減少させたときは、その行為は不法行為に該当します。担保権が侵害された場合には、権利侵害として賠償請求できます。

④ 生命侵害

被害者を死亡させた場合は、財産的損害として、逸失利益を賠償することになります。

逸失利益は、生存していれば得られたであろう収入の減少のことをいいます。被害者が死亡したときの収入や、定年退職までの残りの可働年数、被害者の年齢、性別など、個別に損害額を算定していく必要があります。また、葬祭費用についても、相当な範囲で損害として認められています。

⑤ 身体傷害

被害者が身体に傷害を負った場合は、治療費や付添費、治療期間中の休業によって減少した収入分などが損害として認められます。傷害を負った場合も、逸失利益の賠償が認められます。

⑥ その他

名誉や信用が毀損された、あるいは営業妨害などによって収入が減少した場合は、減少した分の損害を賠償請求できます。なお、裁判の際に支出した弁護士費用を訴訟費用として敗訴者に負担させる法律の改正案が検討されています。

精神的損害

精神的損害は、悲しみや恐怖などといった被害者が受けた精神的苦痛に相当するものです。精神的苦痛に対する賠償は、慰謝料として請求できます。

しかし、慰謝料を算定するのは、なかなか難しいものがあります。性質上、明確な算定基準があるわけではないからです。

諸事情を総合的に考慮して慰謝料の額が算定されます。

慰謝料は、硬直化しがちな財産的損害に対する賠償額算定を調整する機能ももっています。

結局は、数多くの事例の中から、種々の類型ごとにおよその基準を作り出していくしかありません。また、たとえば暴力をふるわれ被害者が死亡した場合に、その近親者も多大な精神的ダメージを受けます。そこで、死亡した被害者の父母・配偶者・子

ども（判例は祖父母・兄弟姉妹等にまで範囲を拡大して認めた例があります）には、被害者本人の慰謝料請求権とは別に、自分自身の権利として慰謝料請求権が認められています。

賠償金は課税されるのか

利益が生じている者には、利益分の一定額を税金として、国や地方公共団体に納めてもらうのが、課税の基本的な考え方です。

損害賠償について見ると、治療費は実費相当額ですから、賠償を受けても利益はありません。休業損害もケガがなければ得られていたはずの収入ですから、賠償を受けても利益は生じません。損害賠償は、被害者の損害を補うためにありますから、通常、所得税の課税対象からはずれます。

慰謝料についても、暴行や傷害を受けたことによって被った精神的苦痛を補うために支払われたものですから、通常、所得税の課税対象からはずれています。

ただ、実際の損害を大きく上回るような金額を損害賠償や慰謝料として受け取った場合には、実際の損害を超えた部分については利益となりますから、一時所得として所得税の課税の対象となりますので、注意が必要です。

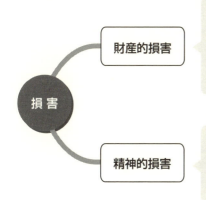

損害のしくみ

4 損害賠償請求権が時効消滅するのはどんな場合なのか

債務不履行は5年、不法行為は3年で消滅する

賠償請求にも時効がある

時効とは、一定の事実関係が続いている場合に、その続いている事実状態をそのまま権利関係としても認めようとする制度のことをいいます。

時効には、取得時効と消滅時効があります。

たとえば、ある人が、他人の土地を自分の所有地として使用し、その状態が一定期間継続した場合に、その土地の所有権を取得することを取得時効といいます。

これに対し、たとえば、飲食代の支払いという債務があるにもかかわらず、飲食代を支払わないままの事実状態が一定期間続いていた場合に、飲食代（債務）が消滅したのと同様に扱うことを消滅時効といいます。

損害賠償請求については、この消滅時効が問題になります。

時効は何年たつと成立するのか

平成29年の民法改正によって、債権の消滅時効について、従来の一般原則である「権利を行使できる時から10年」が経過したときに加えて、「権利を行使できることを知った時から5年」が経過した場合も時効によって消滅すると規定しました。つまり、「権利を行使できる時」という客観的起算点だけでなく、「権利を行使できると知った時」という主観的起算点からの時効期間を設けることで、法律関係の早期安定化をめざしているわけです。債務不履行による損害賠償請求権の消滅時効の年数は、原則としてこの期間に従います。

一方、不法行為による損害賠償請求権は、原則として、①被害者等が損害および加害者を知った時から3年間行使しないとき、②不法行為の時から20年間行使しないときに、時効によって消滅することになっています。

消滅時効の進行に関する「権利を行使できる」というのは、たとえば、債務不履行による損害賠償請求権であれば、履行期が到来したのに債務の履行がないとき、または債務の履行が不可能となったとき（不履

行時）を指します。この不履行時から損害賠償請求権を行使できるので、消滅時効も不履行時から進行を開始します。

一方、不法行為による損害賠償請求権は、被害者側が損害と加害者の双方を知ったときから消滅時効が進行します。「加害者を知る」とは、直接の不法行為者を知ることを意味すると考えてください。

時効が更新される場合もある

時効の進行を止めて、ゼロから再び時効を進行させるのが**時効の更新**という制度です。一方、時効が完成するのを一定期間だけ猶予するのが「時効の完成猶予」という制度です。

時効の完成猶予の例として、裁判外の手段（内容証明郵便の送付など）で相手に請求をする「催告」があります。ただ、催告は暫定的な方法にすぎないので、催告から6か月以内に裁判上の手段（訴訟提起など）を行使し、時効を更新させる必要があります。

一方、時効の更新の例として「承認」があります。承認とは、債務者（加害者）の方から債務の存在を認めることをいいます。

時効の援用

時効の援用とは、時効の利益を受けるという意思を表示することをいいます。時効は期間が経過しただけでは成立せず、当事者が時効の援用をしてはじめて成立します。

第7章 民事事件の手続きと賠償制度の知識

債務不履行の損害賠償請求権の消滅時効

更新がある場合

5年or10年

時効更新
（請求・承認など）

時効完成
（更新から5年or10年）

更新がない場合

5年or10年

契約成立 　債務不履行 　時効完成 　時効援用

5 過失相殺と損益相殺について知っておこう

保険金受取りや不注意により減額されることもある

損益相殺とは何か

損益相殺とは、被害者が不法行為や債務不履行によって損害を受けながら、その反面として利益を受けた場合に、受けた利益を損害額から控除して賠償額を決定することです。

具体例としては、被害者が不法行為を受けることによって、火災保険金あるいは自動車損害賠償保険金のような損害保険金を得た場合が考えられます。損害保険金は損害のてん補を目的としているものですから、保険金で得た分を控除しないと、損害額の二重取りになりますし、公平を欠くことにもなります。

また、被害者が死亡した場合に、逸失利益（224ページ）を算定する場合は、将来支出を免れない生活費を差し引くことになります。生活費は不法行為がなくても、だれにでもかかる費用だからです。ただ、任意加入の生命保険金や傷害保険金は、損害のてん補が目的ではないので、損益相殺の対象からはずれます。

被害者に過失があった場合

被害者に過失があった場合、過失相殺をして、賠償額を算定します。

過失相殺とは、不法行為または債務不履行に際し、被害者にも過失があって損害の発生や拡大の一因になった場合に、損害額から被害者の過失割合に相当する額を差し引くことをいいます。なお、平成29年の民法改正では、単に債務不履行そのものに過失がある場合だけでなく、債務不履行による損害の発生や拡大について被害者に過失がある場合も、過失相殺の対象に含まれると規定しています（418条）。

たとえば、500万円の損害額があっても、被害者の過失が3割と認定されれば、賠償金額は500万円×（1－0.3）＝350万円となります。

過失相殺における「過失」とは、不注意や落ち度があって、損害の発生や拡大の一因になったという程度の意味です。

過失相殺を行うには被害者にも責任能力が要求されます。ただ、過失

相殺で要求される責任能力は、不法行為の成立要件のひとつとして加害者に要求される責任能力の程度よりも低く、損害の発生を避けるために必要な行為をする能力があれば足りるとされています。

被害者側の過失を考慮

被害者と一定の関係にある被害者以外の者に過失があるときに、その者の過失も過失相殺を行うにあたって考慮されます。これが被害者側の過失と言われるものです。

被害者側の過失が認められるかどうかはケース・バイ・ケースです。たとえば、夫が運転する車に同乗していた妻が、夫の過失で起こした事故によって傷害を受け、損害賠償請求したケースがあります。この場合には、夫の過失が被害者側の過失として考慮されます。一方、保育園から帰る際に幼児が交通事故にあった場合、被害者である幼児を引率していた保育園の保母の過失は、被害者側の過失として考慮されません。被害者と密接な関係のある者の過失だけが考慮されるのです。

過失相殺の認定基準

過失相殺の場合も、慰謝料の算定の場合と同じように、過失の割合を認定する基準はなく、事案ごとに個別に判断することになります。つまり、裁判所の裁量によって、判断も変わるということです。

ただ、交通事故の場合は、衝突事故や人身事故の態様や事故発生場所などの事故現場の状況によって、ある程度定型化された過失相殺の基準があります。

過失相殺の計算

● 全体額が500万円
● 被害者の過失3割（150万円）

加害者の賠償金額
500万円－150万円＝350万円

6 賠償問題を解決する法的手段について知っておこう

事実関係を正確に把握し、証拠を残しておくこと

紛争を解決する方法

トラブルというと、必ず訴訟といった法的な手段を連想しがちですが、法的手段以前の解決方法を考えてみましょう。

① まずは話し合いが大切

どんなトラブルでも、まずは話し合いを持つことが大切です。裁判で決着するのは、たしかにトラブルの最終的な解決手段ではありますが、後々にシコリが残ります。たとえば、トラブルの相手が友人であり、その友人と友好関係を保ちたいのであれば、話し合いをもつべきです。

② 話し合いに臨む基本姿勢

話し合いのテーブルに着いたとしても、最初から譲歩する姿勢である必要はありません。

自分の主張すべき内容を主張しないで、後になってから、納得できないといって蒸し返すと、問題がさらにこじれる恐れがあります。適当なところで譲歩するのではなく、本当に納得のいくまで話し合うことが重要です。うまく解決するためには、

あらかじめ予想される相手の出方に応じて、譲歩できるラインを決めておくことが必要です。

示談による解決

話し合いによる解決のことを**示談**といいます。民事上のトラブルの大半は示談で解決されています。たとえば、事故を起こして相手方にケガを負わせてしまった場合、「一定額の損害賠償金を支払うことを約束します」といった内容を当事者双方で取り決めることが示談です。

示談では、当事者双方の過失の割合を考慮して賠償額を増減したり、賠償金を分割払いにするなど、話し合いで柔軟に解決することができます。また、示談には、費用・時間が節約できるという大きなメリットがあります。

示談の内容を書面化したものが**示談書**です。書面の形式には特に制約はありませんが、何が問題となっているか、どんな内容の和解がなされたのか、といったポイントを、明確

230

に記載することが大切です。

そして、約束した内容を確実にするためには、示談書を公正証書にしておいた方がよいでしょう。

公正証書とは、契約書や示談書などの書類について、公証役場の公証人に認証をもらうことで、法的な証明力を有するにいたった証書のことです。

公正証書の中に、「不履行があれば、強制執行をうけるものとする」という執行受諾文言があれば、相手方が履行しなかった場合には、裁判によらず強制執行することができます。

なお、話し合いの段階で、加害者が自分の非を認め、賠償に応じるといっている場合でも、賠償してもらえないこともあります。加害者に再三賠償を請求しても、何の返事もない状態が続くようでは、話し合いで解決した意味がなくなります。

そこで、後日の食い違いを避ける意味でも、賠償の方法についても詳細に定めて、示談書を取り交わしておくことが重要です。

さまざまな法的手段がある

民事についての紛争が生じた場合、最終的には訴訟となります。ただ、訴訟は、時間や費用がかかりま

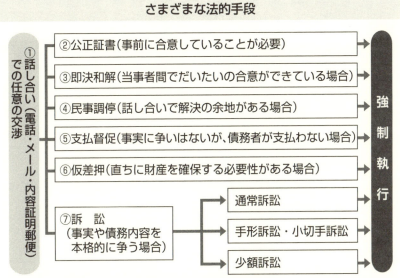

さまざまな法的手段

※その他にも労働トラブルを解決するための都道府県労働局のあっせんや、民事調停の一種で借金整理を専門的に取り扱う特定調停など、さまざまな法的手段がある。

す。したがって、訴訟以外の方法で紛争が解決できるのなら、それに越したことはありません。訴訟以外の手段としては以下のものがあります。

① 内容証明郵便

だれが、どんな内容の郵便を、だれに送ったのかを郵便局が証明してくれる特殊な郵便です。配達証明付で送れば、郵便物を発信した事実からその内容、さらには相手に配達されたことまで証明をしてもらえます。内容証明郵便は、受取人が1人の場合でも、同じ内容の文面の手紙を最低3通用意する必要があります。

内容証明郵便は後々訴訟になった場合、証明力の高い文書として利用することができます。ただ、一度送ってしまったら、後で訂正はできません。このことから、内容証明郵便で出す文書は、事実関係を十分に調査・確認した上で正確に記入することが必要です。内容証明郵便で1枚の用紙に書ける文字数には制約があります。縦書きの場合も横書きの場合も用紙1枚に520字までを最大限としています（次ページ）。

② 公正証書

公証役場で作成してもらう書面です。公証役場では、法務大臣に任命された法律の専門家が公証人をつと

めています。執行受諾文言がついた公正証書があると、訴訟を経ずに強制執行をすることができます。

③ 調停

調停（民事調停）は、相手方との協議を行う際に裁判所を利用するものです。裁判所における調停には、一般民事事件を扱う民事調停と、家庭事件を扱う家事調停があります。調停が成立すると調停調書が作成されます。調停調書は確定判決と同一の効力をもちます。しかも調停は訴訟に比べ、費用も時間も大幅に節約できます。平均3回の調停期日で、申し立てられた調停の多くが、およそ3か月以内に決着しています。

ただ、任意的な手続のため、相手が調停に応じなければこの手続を利用することはできません。相手が調停に応じて合意が成立した場合、合意内容を記した調書には訴訟における確定判決と同じ効力があります。

④ 支払督促

支払督促は、簡易裁判所の書記官を通じて、相手方に対して債務を支払うように督促する手続です。相手方との間で債権の存在の有無について食い違いがない場合に効果があります。ただし、相手方が督促内容に異議申立てを行うと、支払督促の内

容そのものについての争いとなるため、通常の訴訟手続へと移行します。支払督促は、申立て金額に制限がない上、書類審査だけ（証拠書類不要）で相手方の言い分を聞くことなく発付されます。なお、支払督促は相手方に送達されることが条件になっていますから、たとえば債務者が国外にいて送達できないような場合には利用できません。

送達後2週間しても相手方からの異議申立てがなければ、債権者は裁判所に仮執行宣言の申立てをして、強制執行に移ることができます。

仮執行宣言とは、支払督促が確定していなくても、仮に強制執行してもよい、というものです。仮執行宣言の申立ては、その申立てが可能になった日から30日以内にしないと、支払督促自体が失効しますから注意してください。

⑤　仮差押・仮処分

訴訟は意外に時間がかかります。その間に、相手方の財産が他人の手に渡ってしまったり、財産を隠したり、名義変更されては本番の訴訟で勝っても、それまでの苦労が水の泡になってしまいます。そこで本番の訴訟前に相手の財産を差し押さえたり、処分を禁止する必要がでてきます。

民事保全制度は、訴訟において判決が確定するまでの間、被告側の財産を一時的に差し押さえたり、差し迫った被害や危険を避けるためにとられる暫定的な措置をいいます。民事保全法という法律には、仮差押と仮処分があります。

仮差押とは、金銭の支払いを目的

内容証明郵便の書き方

用　紙	市販されているものもあるが、特に指定はない。 B4判、A4判、B5判が使用されている。
文　字	日本語のみ。かな（ひらがな、カタカナ）、漢字、数字（漢数字）、かっこ、句読点。 外国語は不可（英字は固有名詞に限り使用可）。
文字数と 行　数	縦書きの場合　　：20字以内×26行以内 横書きの場合①：20字以内×26行以内 横書きの場合②：26字以内×20行以内 横書きの場合③：13字以内×40行以内

第7章　民事事件の手続きと賠償制度の知識

とする債権（金銭債権）のための保全手続で、金銭の債務者が所有する特定の財産について現状を維持させるものです。実際によく利用されるのは、勝訴判決を得た債権者が強制執行の前段階として、債務者の財産を維持・確保する場合です。

仮処分とは、金銭債権以外の権利を保全する際に行われる手続きです。仮処分には、「係争物に関する仮処分」と「仮の地位を定める仮処分」があります。具体的には、出版物の事前差止めの仮処分などがあります。

⑥ 訴訟

紛争の最終的な解決手段として利用されることが多い手続です。

・通常訴訟

裁判所に対して訴訟を提起し、勝訴判決を得ることによって相手に義務の履行を実現させることができます。ただし、勝訴しても、相手方が判決の内容に従わない場合には、強制執行の手続きにより、財産の差押えや競売を実行します。

なお、紛争の対象が金額にして140万円以下の事件であれば、簡易裁判所を利用することになります。

たとえば、元本140万円の金銭返還請求を起こす場合、利息や遅延損害金を含めた金額が140万円を超え

たとしても、簡易裁判所が管轄することになります。

・少額訴訟

回収しようとする金額が60万円以下の場合に利用できる簡易な訴訟です。たとえば、動産の引渡しを請求する訴えなどの場合には、この手続は利用できません。訴訟を提起する裁判所は、簡易裁判所となります。手続が簡単なため、自分で手軽に利用できます。少額訴訟では、原則として1回の期日で双方の言い分を聞いたり証拠を調べて、直ちに判決が言い渡されます。この点は、迅速な解決を望む者にとっては歓迎すべきことですが、一方で、事前準備を十分に行わなければ敗訴するおそれが高いともいえます。

さらに、通常の民事訴訟では、提出が認められている証拠について特に制限はありませんが、少額訴訟では、すぐに取り調べることができる証拠に限られています。少額訴訟で提出できる証拠としては、出頭している当事者本人、当事者が連れてきた証人、当事者が持参した書証や検証物などを挙げることができます。

7 通常訴訟手続きの流れはどうなっているのか

訴え→口頭弁論→判決という流れになる

どこの裁判所に訴えを起こすか

基本的には被告の住所地を管轄する裁判所に訴えを起こします。被告が会社などの法人である場合には、原則として主要な事務所または営業所の所在地を管轄する裁判所に訴えを起こすことになります。

中には被告の住所地以外の裁判所が管轄になる訴訟もあります。たとえば、不法行為の場合には不法行為がなされた場所、不動産に関する訴えなら不動産所在地などに訴えを起こすこともできます。

第一審手続きはどうなっている

民事訴訟は、当事者の一方が訴状を裁判所に提出することによって始まります。訴状が提出されると、裁判所は、訴状の副本（コピー）を被告に送付します。あわせて、訴状に書いてある事実を認めるのか反論するのかを書いた答弁書を、裁判所に提出するよう求めます。また、裁判所は、期日に裁判所へ出頭するように当事者双方に呼出状を送ります。

この期日が口頭弁論期日です。

口頭弁論期日には、まず、原告が訴状を口頭で陳述します。次に、被告がすでに提出してある答弁書に基づいて、原告の陳述内容を認めるのか、それとも反論するのかを口頭で答えます。実際の陳述は簡略化されていて、原告は「訴状記載のとおり陳述します」と述べ、被告は「答弁書記載の通り陳述します」と言って終了するのが普通です。

次に、争点を整理する作業が行われます。原告の請求のうち、被告がどのような点を争い、どのような点は争っていないのかを明確にするのです。事実関係について争いがあれば、どちらの主張が正しいのかを判断するために証拠調べが行われます。証拠調べは裁判官の面前で行われますが、どんな証拠を提出するかは当事者の自由です。

証拠調べを経て、争いがある事実につき原告・被告のいずれの主張が正しいのかを裁判官が認定し、訴状の内容の当否について裁判所が判断

第7章 民事事件の手続きと賠償制度の知識

できるようになると、口頭弁論は終結します。

　最後に、裁判所は判決を言い渡します。判決は、原告の請求に対する裁判所の判断です。裁判所が、原告の請求が正しいと判断したときは、原告の請求を認容します。この場合は、訴状の「請求の趣旨」欄に記載されたとおりの判断、たとえば、「被告は原告に対し金○○を支払え」といった判決を言い渡します。一方、原告の請求が正しくないと判断したときは、請求棄却（訴えそのものは受け付けるが原告の請求が正当ではないとするもの）の判断になります。この場合は、「原告の請求を棄却する」という判決を言い渡します。この判決により第一審の手続は終了します。

■訴訟上の和解をすることもある

　訴訟上の和解は、原告と被告が、訴訟手続の進行中に、口頭弁論期日において裁判所（裁判官）の面前で、お互いに譲歩して訴訟を終わらせる意思を述べることによって成立します。和解に応じるか否かは当事者が時間的・経済的負担を考慮して判断すべきです。訴訟上の和解が成立すると、訴訟は当然終了します。和解

の内容が和解調書に記載されると、この調書には訴訟による確定判決と同様の効力が生じることになります。

■判決に不服がある場合

　判決に対して、原告・被告双方とも不満を抱くことなくそのまま受け入れれば、その後2週間で判決は確定します。しかし、原告・被告のいずれかが判決に不服で、控訴という手続をとると、判決は確定しません。訴訟は、上級の裁判所へ移ることになります。控訴審の裁判所でも、第一審とほぼ同様の流れで口頭弁論が開かれ、証拠調べが行われ、再び判決が下されます。

　控訴審の判決が確定すれば訴訟はそれで終了します。控訴審の判決に不服があれば、さらに上告という手続をとり、また一つ上級の裁判所で審理してもらうこともできます。

■強制執行とは

　苦労して手に入れた勝訴判決でも、それだけでは権利の実現も完全ではありません。被告が判決にしたがって、自主的に判決内容を実現してくれればよいのですが、中には、判決などまったく意に介さない人もいます。そのような場合には、強制執行

をしなければなりません。

強制執行は、国家機関によって、権利者の権利内容を強制的に実現してもらえる手続です。たとえば、貸金の返還請求訴訟に勝訴した原告が強制執行する場合には、判決に基づいて裁判所や執行官などの執行機関が被告の財産を差し押さえ、競売にかけてお金に換え、それを原告に渡します。

強制執行するには、まず、強制執行の根拠となる債務名義とよばれるものを手に入れなければなりません。債務名義は、判決が代表的なものですが、それ以外に執行受諾文言付公正証書や調停調書・和解調書・仮執行宣言付支払督促などがあります。

次に、債務名義の末尾に「強制執行をしてもよろしい」という「執行文」をつけてもらいます。さらに、あらかじめ債務者にあてて、債務名義の主旨を送達するか、または執行と同時に示すように義務づけられています。そして債務者がその通知をたしかに受け取ったという送達証明書を手に入れます。送達証明書は、債務者に「こういう内容の強制執行をします」という予告です。

強制執行を行う権限があるのは、地方裁判所か、地方裁判所にいる執行官です。被告のどのような財産に強制執行するかについては、基本的に原告の自由です。被告が不動産をもっていれば不動産を対象に、そうでなければ自動車などの動産や、銀行預金などの債権を対象にします。

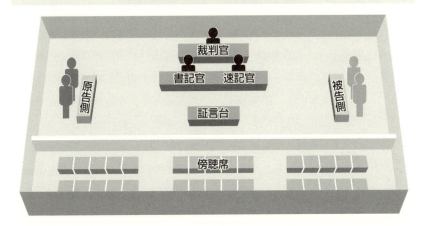

法廷内部の様子（民事裁判の場合）

8 交通事故の責任について知っておこう

人身事故では自賠法が民法に優先して適用される

■ どんな法律が関係してくるか

　交通事故をめぐる法律は、民事と刑事（または行政）の2つに大きくわかれます。民事は、事故の当事者間における問題を解決するためのものです。民法と自賠法（自動車損害賠償保障法）が民事の法律です。これに対して、刑事（または行政）に関する法律は、国が加害者に対して加える刑罰または制裁について定めています。刑法と道路交通法が刑事（行政）に関する法律です。

■ 事故を起こしたときの責任とは

　交通事故は、大きく人身事故と物損事故に分けることができます。人身事故とは、文字通り人の身体に危害が及ぶ事故です。人身事故には、死亡事故と傷害事故があります。物損事故とは、自動車同士の破損のように、物に危害が及ぶ事故です。ひとつの事故で人身事故と物損事故の両方が問題になる場合もあります。

　事故が発生すると加害者には、行政責任、刑事責任、損害賠償責任

（民事責任）の3つの責任が発生する可能性があります。被害者に対して損害を賠償するのが民事責任です。死亡事故や傷害事故の場合には民事責任だけではなく、刑事責任（刑法・道路交通法上の懲役、禁錮、罰金など）や行政上の責任（道路交通法による反則金、免許の停止・取消など）が発生する場合もあります。

■ 被害者に対する民事上の責任

　交通事故が起きた場合に最も重要となるのは、被害者の保護をどのように図るかということです。被害者の受けた損害を直接カバーするのは加害者による損害賠償と保険制度です。これらについて定めている法律が、民法（不法行為の規定）と自賠法（自動車損害賠償保障法）です。自賠法とは、自動車の所有者であれば必ず加入しなければならない自賠責保険について定めた法律です。

　いずれの法律も、発生した損害を金銭で賠償して、被害者を保護しようという趣旨に基づいています。

人身事故であろうと物損事故であろうと民法上の不法行為（219ページ）にあたる可能性が高いので、まずは民法による事故の解決を検討することになります。ただ、人身事故の場合、自賠法がまず適用されて、そこに規定がない事項が問題となった場合や、自賠法の適用がない場合にはじめて、民法が適用されることになります。一方、物損事故の場合には、自賠法の適用がありません。民法の不法行為の規定によって解決することになります。

刑事上の責任と行政上の責任

交通事故に対しては、刑事責任が問われたり、行政責任が問われることもあります。

まず道路交通法は、重大で悪質な交通犯罪に対して、罰金・禁錮・懲役などの刑罰を定めています。

また、自動車運転死傷行為処罰法は、交通事故を起こした当時の状況に応じて、厳しい罰則を設けています。たとえば、自動車の運転手が運転時に「アルコール・薬物や運転に支障を及ぼす病気の影響により、正常な運転に支障が生じるおそれがある状態」で人を負傷させた場合は12年以下の懲役、死亡させた場合は15年以下の懲役に処せられます。

交通事故解決までの流れ

交通事故が起きた場合に当事者がすべきことは、①２次災害防止のための処置、②警察署への事故報告、

こうした法律で解決される

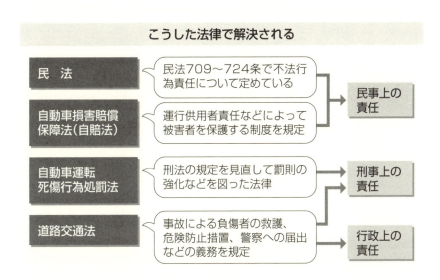

③被害者（加害者）の連絡先の確認です。任意保険に加入していれば、④保険会社に報告をします。その後、傷害事故の被害者であれば、治療やリハビリの必要がなくなった時点で加害者（または保険会社）に対して、損害賠償や慰謝料を請求します。

そして、当事者間で示談がまとまると示談書を作成し、それに従い加害者は示談金を支払います。

緊急措置義務と事故報告義務

交通事故を起こした場合、運転者はすぐに車を停めて、負傷者を救護しなければなりません（救護義務）。負傷者に対する救護活動として、事故現場での応急措置の他、119番通報や病院への搬送などがあります。

また、事故現場で二次災害が発生しないように、後続車の誘導などをすることも必要です（危険防止義務）。

このように、運転者が事故現場で被害者を救護し、被害拡大を防ぐ義務のことを緊急措置義務といいます。

特に人身事故の場合、負傷者を救護しなかった運転者は、救護義務違反の点だけでも「5年以下の懲役または50万円以下の罰金」に処せられます。ただし、負傷の原因を作出した運転手の救護義務違反は「10年以下の懲役または100万円以下の罰金」と刑罰が加重されています。

さらに、運転者は、交通事故が発生した日時・場所、被害の内容・程度、現場で取った措置などを警察に報告する義務（事故報告義務）があります。運転者が事故報告義務を怠ったときは「3か月以下の懲役または5万円以下の罰金」に処せられます。

なお、道路交通法上の事故報告義務は、加害者だけでなく被害者にも義務づけられています。事故の程度が軽いからといって事故報告義務を怠る被害者もいますが、保険金の支払いを受けるための条件になっていますから（警察から交通事故証明書を発行してもらうのに届出が必要です）、必ず警察に届け出ましょう。

保険金の請求には事故証明が必要である

自動車保険には、強制保険と任意保険があります。強制保険は加入することが法律で義務づけられている保険で、自動車損害賠償責任保険（自賠責保険）ともいいます。強制保険に加入していない車は公道を走ることができません。ただ、強制保険は被害者を保護するための最低限

の補償しかありません。そこで、強制保険でまかなえない部分を補うのが任意保険です。任意保険に加入するかしないかは自由です。

どちらを請求する場合にも「交通事故証明書」と「事故発生状況報告書」が必要になります。事故証明書には、事故が、いつ、どこで、どのようにして起きたかが記載されています。自動車安全運転センターに申し込めば発行してもらえます。

前述した警察への届出をしていないと、交通事故証明書が発行されず、その後の手続きに遅れが出てしまいますので、気をつけましょう。

任意保険に加入している場合

保険契約は、「約款」によって行われます。約款というのは、多数の取引を画一的に処理するために、あらかじめ契約内容を定型化したものです。自動車保険約款では、保険契約者または被保険者は事故発生を知った後すみやかに、事故発生の日時・場所、事故の概要を保険会社に通知しなければならない、とされているのが通常です。

事故について最初に保険会社に連絡する際は電話でもかまいませんが、その後、書面で詳細を通知する必要があります。書面での通知には、事故発生の日時・場所、被害状況、被害者の住所・氏名（または名称）、事故について証人がいる場合はその者の住所・氏名（または名称）、損害賠償の請求を受けた場合はその内容を記載します。

通知を怠ると保険金が支払われない場合もあります。人身事故の場合、事故発生日の翌日から起算して60日以内に通知をしないと、原則として保険金を受け取ることはできません。

法律で定められている加害者の義務

加害者の義務

1 停車して被害状況を確認する

2 負傷者を救護する

3 危険防止の措置をとる

4 警察に事故を通報する

9 交通犯罪についての刑事手続きを知っておこう

軽微な事故は簡易な手続きで処理される

交通反則通告制度とは

駐車違反や信号無視など、道路交通法に反する軽微な交通違反については、交通反則通告制度という行政処分で処理されます。刑事処分は原則として科されません。

交通反則通告制度というのは、警察官が違反者に交通違反があったことを告知して、反則金の支払いを命じるものです。すぐに反則金を納付した者は刑事訴追を免れます。

日々大量に発生する交通違反をその都度、刑事裁判にかけていたのではとても処理しきれませんし、違反者すべてに刑罰（罰金）を科すことにすると、大勢の国民が「前科者」になってしまいます。そこで、簡易な手続きで、反則金という刑罰とは異なるペナルティを違反者に科そうと交通反則通告制度ができたのです。

反則金は、警察本部長の通告に基づいて反則者が任意に納付する行政上の制裁金とされており、「前科」として残ることはありません。

反則金の「告知」を受け取ってから7日以内に反則金を納付せず、次に「通告」という書面を受け取ってから10日以内にも反則金を納付しない場合は、刑事裁判の手続きに入ることになります。

略式手続とはどんな手続きなのか

略式手続とは、公開の法定で裁判をするのではなく、書面だけで刑を言い渡す簡易な刑事裁判手続きのことです。略式手続によって行われる裁判のことを略式命令といいます。100万円以下の罰金または科料の刑罰を言い渡す場合に、簡易裁判所で行われる手続きです。

略式手続は、大量に発生する交通犯罪などを簡易・迅速に処理するために設けられた制度です。

略式手続は、被疑者の同意がなければその手続きによって処理することはできません。

また、被告人が略式命令に不服があれば、通常の裁判で争う途も開かれています。

懲役・禁錮にあたる犯罪は地方裁判所に起訴される

交通事故などの交通犯罪を起こした場合に科せられる刑罰としては、金銭を支払う罰金や科料の他、懲役または禁錮があります。

そして、懲役または禁錮にあたる事件は、地方裁判所に起訴されます。

軽微な交通事故は起訴されない

交通事故のうち運転過失致死傷罪の被疑者（加害者）が起訴される割合は、検挙者数に対してわずか10%程度と言われています。なぜ、ここまで起訴される割合が少ないのでしょうか。

1つの理由としては、軽微な交通事故についてまで加害者を「犯罪者」あるいは「前科者」としてしまうことは、加害者の更生にとってかえってよくないことが挙げられます。また、保険制度の普及など被害者の救済方法が充実してきたことで、加害者に刑罰を科さなくても被害者感情がおさまるというケースも多くあります。

さらに、軽微な交通事故よりも、危険運転致死傷、殺人、強盗、放火などの重大犯罪を優先的に処理し、裁判制度を効率的に運用する必要もあります。

これらの理由から、交通事故の加害者に対する起訴率が低くなっているのです。

交通犯罪についての刑事手続き

軽微な交通違反 軽微な交通事故	不起訴	裁判制度の効率化のために起訴しない
	交通反則通告制度	反則金を納付すれば刑事訴追を免れる
100万円以下の罰金または科料にあたる事件	略式手続	簡易裁判所で書面だけで刑を言い渡す
懲役または禁錮にあたる事件	通常の裁判	地方裁判所に起訴される

10 交通事故の示談交渉で必要なことは何かを知っておく

示談をする場合には必ず示談書を作成すること

示談で解決するということ

　交通事故は、多くの場合、示談によって処理されています。

　示談とは、事故当事者双方の話し合いによって、紛争を処理する方法で、和解契約のことです。

　たとえば、事故を起こして相手方にケガを負わせてしまった場合、「一定額の損害賠償金を支払うことを約束します」といった内容を当事者双方で取り決めることが示談です。

　人身事故のうち90％程度のトラブルが示談によって解決しています。示談では、賠償額を当事者双方の過失の割合に応じて増減したり、賠償金を分割払いにするなど、話し合いで柔軟に解決することができます。費用・時間が節約できることも大きなメリットといえます。

　ただ、話し合いの段階では、加害者の方が自分の非を認め、賠償に応じると言っていたにもかかわらず、実際には賠償してもらえないということもあります。加害者に再三賠償するように請求しても、何の反応も

ないようでは、話し合いで解決した意味がなくなります。

　そこで、後日のトラブルを避ける意味でも、賠償の方法について示談書を取り交わしておくことが重要です。示談書には、自筆で署名してもらうようにします。

　示談の内容を書面化したものが示談書です。書面の形式には特に制約はありませんが、何が問題となっているか、どんな内容の和解がなされたのかを、明確に記載することが大切です。

　被害者が示談を行うにあたって注意すべきことは、いったん示談が成立し、示談書を作成してしまうと、その後に示談時に確認した事実関係と異なる事実が発覚しても、原則として、示談をやり直すことができないということです。したがって、相手との話し合いは慎重に行う必要があります。可能であればボイスレコーダーを利用して交渉の内容を録音しましょう。

244

被害者が保険会社との示談交渉で注意すること

事故の加害者が任意保険に加入している場合、被害者は保険会社の担当者と示談交渉をすることになります。保険会社によっては、非常に誠実な対応をしてくれるところもありますし、逆にまったく誠実さのないところもあります。被害者としては、交通事故についてのある程度の法律知識を身につける必要があります。

示談の成立は刑事手続きに影響するか

警察での捜査が終了すると、捜査結果が検察官に送られます。ただ、そこで必ず起訴されるわけではなく、さまざまな事情を考慮して、検察官が起訴するかしないかを決定します。その際、示談の成立は起訴を猶予する場合の有力な判断材料となるので、加害者は、警察官もしくは検察官の前で、必ず示談書を提示して、示談の成立を証明することになります。

仮に起訴されたとしても、被害者との間に示談が成立すると、今度は裁判官の心証を良くする方向に働きます。加害者は示談書を必ず証拠として提出します。有罪となっても、懲役刑が罰金刑に、実刑が執行猶予に、というように刑事処分を軽減してもらえる可能性もあります。

損害賠償の示談交渉に必要な書類

1 交通事故証明書

請求先は自動車安全運転センター。いつ、どこで、どんな事故があったかを証明してもらえる書面

2 診断書と診療報酬明細書

請求先はどちらも治療を受けた病院（有料）。診断書は傷害の内容を記載した書面。診療報酬明細書は治療内容の明細書で、入院日数、通院日数、どんな薬を使い、どんな注射をしたか、治療費・入院費などが詳細に書いてある

3 領収書

治療費、入院費、付添人費用、入院諸雑費（日用雑貨品費、栄養補給費、通信費、交通費など）などの領収書はすべて取っておくとよい

4 被害者の収入の証明書

勤務先の給与証明書か源泉徴収票。自営業者は納税証明書や確定申告書の写しなど

245

そのため、交通事故の加害者が被害者に「できるだけ早く示談をしてほしい」と要求することもあります。加害者の立場としては、少しでも刑を軽くしたい（特に実刑判決で刑務所に行くのは避けたい）でしょうから、すぐに示談交渉を持ちかけていくわけです。

ただ、これは加害者側の一方的な都合による要求であり、被害者がまだ入院していたり、損害額がまだ確定していない段階では、示談に応じることはできないはずです。このような被害者側の事情も考えなければいけません。

加害者が示談にのぞむ心構え

事故を起こしたとき、示談代行つき自動車保険に加入していれば、被害者との間の示談交渉はすべて保険会社が代行してくれますから、加害者の負担はかなり軽減されます。ただ、加害者は被害者へのお見舞いなどに誠意を尽くす必要があります。これを怠ったために被害者の感情が悪化し、示談が難航することがありますから注意しましょう。

示談代行つき自動車保険に加入していない場合には、自分で被害者と示談交渉をしなければなりませんが、

この場合に被害者が過大な請求をしてくることがあります。

加害者という負い目があるからといっても、不当に過大な請求に応じる義務はありません。そのような請求は拒否すればよいのですが、それでも相手方が過大な請求をしてくる場合には加害者側から損害賠償額を確定してほしいという趣旨の調停申立てや、（公財）交通事故紛争処理センターなどに対する示談あっせんの申立てをする方法もあります。

不合理な内容の念書の効力は

加害者の立場になったとき、事故直後の現場で被害者から、「私の全面的過失によるものですから全損害を賠償します」「新車に買い替える費用を負担します」といった念書を書くように要求されることがあります。

裁判所では、このような事故直後の気が動転しているときに書いた不合理な内容の書面の効力はまず認められません。しかし、効力が認められにくいとはいえ、示談が難航する原因となりますから、加害者としては念書を絶対に書かないようにしなければなりません。

11 示談書の上手な作成のしか
たを知っておこう

示談書案ができ上がったら弁護士に見てもらうのもよい

示談書には何を書けばよいのか

交通事故の加害者と被害者との間に示談が成立したら、必ず示談書を作成します。

示談書の様式については、法律上特に決まりがありません。ただ、示談も一種の契約ですから、だれが見てもわかるように整然と客観的に書く必要があります。損害保険会社から保険金請求用の書類を一式もらうと書き込み式の示談書が入っていますから、これを活用してもよいでしょう。

ただ、保険会社のものは「事故の原因・状況」「示談内容」の欄がせまいので、詳しく事故の詳細や示談条件などを記入するには十分とはいえません。特に加害車両が複数いるような事故の場合、当事者としてすべての加害者がサインをする必要がありますが、スペースが足りません。そのような場合は、保険会社の書式に一通り記入し、スペースが足りない欄については、「別紙記載のとおり」と注記した上で、別紙に詳しく

記載して示談書に添付します。

また、保険会社の書式などを参考にして、独自の示談書を作成するというのでもよいでしょう。示談は一度成立してしまうと原則としてやり直すことができないので、不安な点については弁護士に相談することが大切です。

では、示談書に書くべき事項と注意点について見ていきましょう。

① **事故当事者の住所・氏名**

加害者、被害者、運転者と自動車の所有者が異なる場合は自動車の所有者の氏名・住所も記入します。当事者が亡くなったために相続人が示談をした場合や、複数車両による事故のため加害者が何人かいる場合は、そのすべての人の住所と氏名を記入する必要があります。

② **事故が発生した年月日、時間と場所**

これによって事故を特定するわけです。「平成○○年○月○日、午前（または午後）○時○分ころ」「○○区○町○丁目○番○号先交差点」と

いうように正確に記載します。

③ 加害車両と被害車両の車種とナンバー（車両番号）

事故車両を特定するために車のメーカーと車種（具体的に）、それに車両番号を記載します。

④ 事故の原因や状況

事故が起きた過程と事故状況をできるだけ詳しく記載します。客観的事実に沿って書くようにします。自動車安全運転センターが発行する「交通事故証明書」と事実関係が一致していなければなりません。

⑤ 示談の内容

加害者と被害者との間でどのような示談が成立したのかを具体的に記載します。支払うべき損害賠償や慰謝料の金額、支払方法（一括なのか分割なのかなど）、支払時期や支払期限、支払いを怠った場合の遅延損害金（支払期限までに支払わなかった場合にペナルティとして課される金額のこと）、期限の利益喪失約款（支払いを何回か怠ったときは残額を一括で支払うこととする旨の取り決め）などを書いておくべきです。

遅延損害金の支払条項によって、支払期限に遅れたら、1日あたりいくらかの利息を支払うことになりますから、相手に心理的な圧力をかけ、結果的に支払を促す効果があります。さらに、連帯保証人をつけることも効果的です。加害者の親などの近親者の中で資力があり、安定した収入がある人に連帯保証人になってもらえれば安心でしょう。

また、示談が終了してから後遺症が出た場合はどうするかも決めておくべきです。一般的には、「示談で決めたもの以外は、今後一切請求しないものとする」といった記載をします。ただ、この記載があるからといって、以後の加害者の責任が完全に免責されるわけではありません。示談が成立した以上、被害者は加害者に対し示談書以外の事項を一切請求できないとなると、後遺症が出た場合などに被害者が救われないことになります。そこで、判例においても、示談当時には予想できなかった後遺症が発生した場合に限っては、前の示談とは別に、改めて損害賠償を請求できるとしています。

なお、後遺症が出るかどうかわからないが、早めに示談をしてしまいたいという場合は、「後遺症が出たときは改めて示談交渉を行うものとする」という記載を入れておくとよいでしょう。

⑥ 示談が成立した日

通常は示談書を作成した日と一致します。ただ、示談書を公正証書（231ページ）にする場合などは示談成立日と示談書作成日が一致しないこともあります。

⑦ 署名押印

①の事故当事者の全員が自署（自分で自分の名前を書くこと）し、実印（印鑑登録した印鑑）を押すのが最も理想的です。後日、示談のことで裁判になったときには、自署の上、押印がしてあれば本人が自分の意思に基づいて書いたという証拠になります。

PCの文字入力ソフトなどで名前を記載し、横に認印を押しただけでは、後日「自分は示談書にサインした覚えはない」と言われた場合に、示談書を偽造したものと疑われる可能性もあります。

示談書に法律的な強制力をつける手段を知っておく

示談書自体には強制執行（裁判所が強制的に財産を取り上げ、または換価し配当すること）を申し立てる効力がありませんので、示談内容の履行を確実なものにするために、示談書を公正証書にして、執行認諾文言をつけてもらうのがよいでしょう。執行認諾文言というのは、「債務者（加害者）が債務（賠償金）の支払いを怠ったときは、強制執行を受けても文句は言わない」という旨の約束のことです。

なお、示談する上で加害者側に連帯保証人をつけさせた場合は、その連帯保証人にも公証役場まで同行してもらい、連帯保証人として公正証書にサインしてもらうようにするとよいでしょう。

示談書に書くべきこと

	記載事項	注意点
1	事故が発生した日時	正確に記載する
2	事故が発生した場所	できるだけ詳しく書く
3	加害者の住所・氏名	正確に記載する
4	被害者の住所・氏名	正確に記載する
5	加害車両と被害車両の車種とナンバー	正確に記載する
6	事故の原因と事故発生状況	できるだけ詳しく書く
7	示談が成立した日	正確に記載する
8	署名押印（自署押印）	実印を使用する

第7章 民事事件の手続きと賠償制度の知識

交通事故証明書サンプル

示 談 書

事故発生日時	平成○ 年 ○ 月 ○ 日 ^{午前}/_{午後} ○ 時 ○ 分頃
事故発生場所	東京 ⑳道府県 ○○区○○町○丁目○番先路上

加害者甲	住所	東京都○○区○○町○丁目○番○号
	氏名 ○○○○	自動車登録番号 ○○○○○○○○○○

被害者妻乙	住所	東京都○○区○○町○丁目○番○号
	氏名 ○○○○	

事故原因・状況

　　丙（乙の夫）は横断歩道を横断中、信号を無視して進入してきた甲運転の車両と接触し、全身を強打して死亡した。

示 談 内 容

1. 甲は乙に対し、上記の交通事故による損害の賠償として、金○○○○万円の支払義務のあることを認める。
2. 上記損害賠償金の内訳は
   (1) 乙に対する慰謝料　金○○○○万円也
   (2) 丙の死亡に関連して支出した葬祭費用　金○○○○万円也
3. 甲は乙に対し、上記損害賠償金額を以下のとおり支払うものとする。
   (1) 平成○年○月に金○○○○万円を支払う。
   (2) 残金は平成○年○月から平成○年○月まで分割して毎月○○円を支払う。
   (3) 甲は上記金額を月末までに乙方に送金して支払う。たとえ1回でも期限までに支払われない時は、乙の催告を要せずして甲は期限の利益を失い、残金を一時に乙に支払わなければならないものとする。遅滞後は年15％の遅延損害金を支払うものとする。
4. 乙は甲の自賠責保険、その他保険金に関しての請求、受領に協力するものとする。

　　上記の通り示談が成立しましたので、今後本件に関しては、相互に債権債務がないことを確認し、一切の異議、請求の申立てをしないことを誓約致します。

平成○ 年 ○ 月 ○ 日

　　　　　加害者甲　　住所　東京都○○区○○町○丁目○番○号

　　　　　　　　　　　氏名　　　　○○○○　㊞

　　　　　被害者妻乙　住所　東京都○○区○○町○丁目○番○号

　　　　　　　　　　　氏名　　　　○○○○　㊞

12 医療事故について知っておこう

事前準備をしてから示談に臨むことが必要である

医療事故とは

　医療トラブルとは、医療関係者が巻き込まれるトラブル一般を広く意味しています。かなり広い概念なので、これには「医療事故」も「医療過誤」も含まれます。

　そして、医療事故とは、医療に関わる場所で、医療の全過程において発生するすべての人身事故を意味します。医療従事者の過失の有無を問いません。これには、「医療過誤」が含まれるという関係にあります。

　一方、医療過誤とは、医療従事者が、医療の遂行において、医療的準則に違反して患者に被害を発生させた行為をいいます。医療従事者側に、過失が認められる場合です。

民事・刑事・行政責任を問われる

　医療過誤を起こしてしまうと、一定の法的責任を追及されます。もちろん、「あの医者はヤブだ」などといった世間からの非難は受けますが、それは社会的な責任追及です。

　法的責任には、民事責任、刑事責任、行政責任の3つがあります。この点は、自動車事故を起こしてしまった場合と似ています。

民事責任とは

　民事責任とは、原則として、民事上の損害賠償責任を意味します。訴訟になって判決を下されなくても、当事者間で処理し、責任を果たすことはできます。

　法的性質としては、債務不履行責任と不法行為責任があります。

　債務不履行責任（219ページ）とは、契約によって課される債務を、債務者が履行しないがために発生する責任です。医療過誤を起こすと、診療契約に基づき病院（医療施設開設者）が患者に対して負っている債務を履行しなかったことになります。この責任は、契約当事者間にしか発生しません。したがって、病院に雇用されている医療従事者（医師・看護師など）は、患者に対してこの責任を直接負いません。

　不法行為責任（219ページ）とは、

第7章　民事事件の手続きと賠償制度の知識

251

故意または過失によって違法な行為を行って他人に損害を発生させた場合に生じる責任です。双方に契約関係は必要ありません。たまたま出会った他人を、自動車事故で傷つけてしまう場合のような責任です。原則として、金銭による損害賠償になります。契約関係を必要としないので、病院だけでなく、直接医療に従事した者にも生じます。

実際の訴訟では、債務不履行責任、不法行為責任の一方または両方が追及される可能性がありますので、①病院だけが被告になるケース、②病院と医療従事者（医師・看護師など）の双方が被告になるケース、③医療従事者だけが被告になるケース、があります。

刑事責任とは

医療過誤では、刑事責任（刑罰法規に規定されている犯罪に該当するため、刑罰を科される責任）も問題になります。

具体的には、刑法211条前段で「業務上必要な注意を怠り、よって人を死傷させた者は、5年以下の懲役もしくは禁錮または100万円以下の罰金に処する」と規定されている業務上過失致死傷罪の成否が問題に

なります。病院や医療従事者にとって、医療行為はその社会的地位に基づいて反復継続して行うものなので業務に該当します。その業務を行うにつき、必要な注意を怠って、過失により、患者に致死または致傷の結果を生じさせたので、その責任を負うことになるのです。

医療過誤の場合、それほど悪質とは思えないケースでも刑事裁判に発展することがありますが、執行猶予（一定期間、刑の執行をしないこととし、その期間に罪を犯さなければ言い渡された刑罰が失効する制度）がつけられることも多いようです。

行政責任とは

医療過誤の場合でも、自動車事故と同様に、行政責任が追及されることがあります。

医療事故が発生した場合の行政責任については、医師法が規定しています。医師法によると、以下のいずれかに該当する場合、厚生労働大臣は、戒告、3年以内の医業の停止、免許の取消から選択して、医師に対して行政処分をすることができます。
① 罰金以上の刑に処せられた場合
② 医事に関して犯罪または不正行為があった場合

③ 医師としての品位を損ねるような行為があった場合

ただし、厚生労働大臣が、独断で一方的に行政処分を行えるわけではありません。医師法により、諮問機関である「医道審議会」の意見を聴いてから、処分をしなければならないとされています。また、医療側としても申し開きをしたいことがあるはずなので、弁明の機会が与えられることになっています。

示談する際の注意点

病院側の責任を徹底的に追及するという場合には民事訴訟（235ページ）を利用することになりますが、訴訟となると時間的・金銭的な負担が伴うので、大半のケースでは示談（230ページ）でトラブルの解決を図ることになります。

示談に臨むにあたっては、患者側としては、できるだけ感情を抑えて交渉に臨むことが大切です。おもなポイントとしては、以下のものが挙げられます。

① 専門家に関与してもらう

患者側は多くの場合、法律については素人です。それに対して、病院側、特に大きな医療機関であれば、顧問弁護士などを抱えている可能性があります。そのため、事前に専門的な法律の知識がないままで示談交渉に臨むと、不利な示談が成立してしまうおそれがあります。そこで、

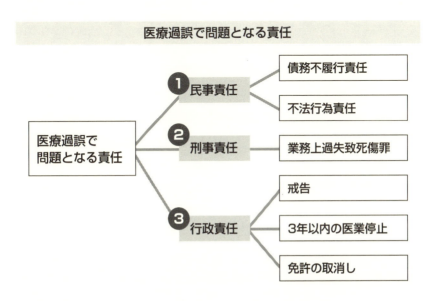

医療過誤で問題となる責任

弁護士に代理を依頼するか、最低でも事前に相談しておくぐらいのことは必要です。

また、患者側は、医療についても専門知識を持ち合わせていません。指摘している医療過誤などが、医学的に見てどのように評価されるのかを、知っておくことが必要な場合もあるでしょう。その場合には、他の医師に診察してもらい、診断書を作成しておくのもよいでしょう。

② 後遺障害に配慮する

時々問題になるのは、示談の際には生じていなかった後遺障害が、示談成立後に現れてきた場合です。

示談が成立したものの、しばらくしてから後遺障害が発生し、その分の責任について紛争になるケースはよくあります。裁判例の大勢としては、後遺障害については示談の対象になっていなかったとして、後からの責任追及を認める傾向にあります。それでも、示談の際には、後遺障害が出た場合は後に検討する含みをもたせておくべきでしょう。

③ 示談書を作成する

示談書は必ず作成し、双方が同じものを1通ずつ保管するようにします。また、記名押印（または署名押印）するのは、病院側を法的に代表する権限をもつ者であることを確認しておきましょう。

なお、各施設によって、異なった内部的手続が定められていることがあるので、それらがきちんと踏まれているのかを、尋ねて確認しておくべきです。

④ 補償の対象の確認

病院側に示談金を払う意思があっても、保険会社が補償の対象外であると判断していると、後で支払いが滞ることがあります。難しい医療事故であると思ったら、その点を医療側に確認しておきましょう。

⑤ 医師の謝罪についての記載

今、患者・遺族の願いとして、謝罪と再発防止がキーワードとなっています。事故が起こった際、事実関係をきちんと説明し、謝罪を行えば、深刻な紛争になることは稀であるといえるでしょう。事故を一つの教訓とし、今後、そのような事故を起こさないことが誓約されることは、被害に遭った患者のせめてもの救いといえます。実際、謝罪に関する文言が示談書に記載されるケースも見られます。

Column

困ったときは交通事故相談所を利用する

　被害者が自分で示談交渉をする場合、法律の知識を十分にもっていないと、損害賠償の請求の仕方などがわからないものです。

　また、相手（加害者）の保険会社から提示された損害賠償額が妥当なのかどうか判断できない場合もあります。このような場合、民間や自治体の相談機関にいく方法もあります。損害賠償などの法律問題について相談したいときは弁護士会の相談所、保険関係の手続きについては、自動車保険請求センター、その他一般的な相談は都道府県や市区町村の相談所へ行くのがよいでしょう。

　交通事故については、任意保険の保険会社間の示談交渉で解決する場合が多いものです。しかし、任意保険に加入していなかった場合は自分で示談交渉することになりますから、（公財）交通事故紛争処理センターや（公財）日弁連交通事故相談センターに相談してみるのもよいでしょう。日弁連交通事故相談センターは予約制ではなく、相談所の数も多いので、法律相談だけですむのであれば日弁連交通事故相談センターの方がよいでしょう。なお、無料で相談が受けられる回数など利用方法については各相談所によって違う点もあるようです。この他、交通損害賠償専門ではありませんが、自賠責保険・共済紛争処理機構もあります。

■ 紛争処理センターでの示談・あっせんの流れ

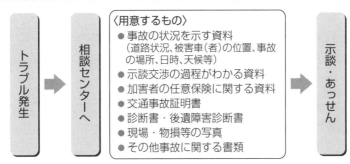

【監修者紹介】
木島　康雄（きじま　やすお）

1964年生まれ。京都大学法学部卒業。専修大学大学院修了。予備試験を経て司法試験合格。弁護士（第二東京弁護士会）、作家。過去30冊以上の実用書の公刊、日本経済新聞全国版でのコラム連載と取材の他、多数の雑誌等での掲載歴あり。現在、旬刊雑誌「税と経営」にて、200回を超える連載を継続中。作家としては、ファンタジー小説「クラムの物語」（市田印刷出版）を公刊。平成25年、ラブコメディー「恋する好色選挙法」（日本文学館）で「いますぐしよう！作家宣言2」大賞受賞。弁護士実務としては、離婚、相続、遺言、交通事故、入国管理、債権回収、債務整理、刑事事件等、幅広く手がけている。
監修書に『図解で早わかり　行政法のしくみ』『パート・派遣・請負をめぐる法律知識』『最新　マンションを「売るとき」「買うとき」の法律マニュアル』『入門図解　交通事故の過失割合　ケース別288』『刑事訴訟法のしくみ』『入門図解　民法【債権法】大改正』『図解　民法【財産法】のしくみ』『債権回収のしくみがわかる事典』（小社刊）がある。

木島法律事務所
〒134-0088　東京都江戸川区西葛西6丁目12番7号　ミル・メゾン301
TEL：03-6808-7738　FAX：03-6808-7783
Meil：a-kitaki@lapis.plala.or.jp

すぐに役立つ
入門図解　最新
告訴・告発・刑事トラブル解決マニュアル

2018年6月30日　第1刷発行

監修者	木島康雄
発行者	前田俊秀
発行所	株式会社三修社
	〒150-0001　東京都渋谷区神宮前2-2-22
	TEL　03-3405-4511　FAX　03-3405-4522
	振替　00190-9-72758
	http://www.sanshusha.co.jp
	編集担当　北村英治
印刷所	萩原印刷株式会社
製本所	牧製本印刷株式会社

©2018 Y. Kijima Printed in Japan
ISBN978-4-384-04787-5 C2032

JCOPY 〈出版者著作権管理機構 委託出版物〉
本書の無断複製は著作権法上での例外を除き禁じられています。複製される場合は、そのつど事前に、出版者著作権管理機構（電話 03-3513-6969　FAX 03-3513-6979　e-mail: info@jcopy.or.jp）の許諾を得てください。